新时代
意识形态安全论纲

○ 王仕民 ……… 著

山西出版传媒集团　山西教育出版社
·太原·

图书在版编目(CIP)数据

新时代意识形态安全论纲 / 王仕民著. -- 太原：山西教育出版社, 2024.2
ISBN 978-7-5703-3753-8

Ⅰ.①新… Ⅱ.①王… Ⅲ.①意识形态—国家安全—研究—中国 Ⅳ.① D631

中国国家版本馆 CIP 数据核字 (2024) 第 026536 号

新时代意识形态安全论纲
XINSHIDAI YISHIXINGTAI ANQUAN LUNGANG

王仕民　著

选题策划	白　宁
责任编辑	白　宁
复　　审	崔　璨
终　　审	闫果红
装帧设计	薛　菲
印装监制	蔡　洁
出版发行	山西出版传媒集团·山西教育出版社
	（地址：太原市水西门街馒头巷7号　电话：0351-4729801　邮编：030002）
印　　装	山西新华印业有限公司
开　　本	720×1020　1/16
印　　张	25
字　　数	290千字
版　　次	2024年10月第1版　2024年10月山西第1次印刷
书　　号	ISBN 978-7-5703-3753-8
定　　价	70.00元

如发现印装质量问题，影响阅读，请与山西教育出版社联系调换。电话：0351-4729718。

前 言

意识形态是指观念、观点、概念、思想、价值观等要素的总和。它是指系统地、自觉地反映社会经济形态和政治制度的思想体系，是特定阶级和社会集团根本利益的体现。意识形态安全是指一个国家的主流意识形态相对处于没有危险和不受内外威胁的状态，以及保障持续安全状态的能力。

中国共产党维护意识形态安全具有优良传统。党的十八大以来，习近平总书记立足世界百年未有之大变局，从中华民族伟大复兴的战略高度出发，根据新时代意识形态安全领域的复杂情况，果断作出加强党对意识形态工作领导的战略部署，形成了习近平关于意识形态工作的系列重要论述，是新时代维护意识形态安全的指导纲领。

中国共产党第十八届中央委员会第三次全会提出，设立国家安全委员会，完善国家安全体制和国家安全战略，确保国家安全。[①]2014年1月24日，中共中央政治局召开会议，研究决定中央国家安全委员会设置。中央国家安全委员会作为中共中央关于国家安全工作的决策和议事协调机构，向中央政治局、中央政治局常务

[①]《中国共产党第十八届中央委员会第三次全体会议公报》（2013年11月12日中国共产党第十八届中央委员会第三次全体会议通过），《人民日报》2013年11月13日。

委员会负责，统筹协调涉及国家安全的重大事项和重要工作。①2014年4月15日上午，习近平主持召开中央国家安全委员会第一次会议并发表重要讲话。习近平强调，要准确把握国家安全形势变化新特点新趋势，坚持总体国家安全观，走出一条中国特色国家安全道路。习近平指出，当前我国国家安全内涵和外延比历史上任何时候都要丰富，时空领域比历史上任何时候都要宽广，内外因素比历史上任何时候都要复杂，必须坚持总体国家安全观，以人民安全为宗旨，以政治安全为根本，以经济安全为基础，以军事、文化、社会安全为保障，以促进国际安全为依托，走出一条中国特色国家安全道路。②2015年1月23日，中共中央政治局召开会议，审议通过《国家安全战略纲要》。制定和实施《国家安全战略纲要》，是有效维护国家安全的迫切需要，是完善中国特色社会主义制度、推进国家治理体系和治理能力现代化的必然要求。③在中国共产党第十九次全国代表大会上，习近平强调，有效维护国家安全，坚持总体国家安全观。④2018年4月17日下午，习近平主持召开十九届中央国家安全委员会第一次会议并发表重要讲话。习近平强调，要加强党对国家安全工作的集中统一领导，正确把握当前国家安全形势，全面贯彻落实总体国家安全观，努力开创新时代国家安全工作

---

① 《中共中央政治局召开会议研究决定中央国家安全委员会设置审议贯彻执行中央八项规定情况报告》，《人民日报》2014年1月25日。
② 习近平：《坚持总体国家安全观　走中国特色国家安全道路》，《人民日报》2014年4月16日。
③ 《中央政治局召开会议审议通过〈国家安全战略纲要〉》，《人民日报》2015年1月24日。
④ 习近平：《决胜全面建成小康社会夺取新时代中国特色社会主义伟大胜利》，《人民日报》2017年10月19日。

新局面，为实现"两个一百年"奋斗目标、实现中华民族伟大复兴的中国梦提供牢靠安全保障。① 2020年10月29日，中国共产党第十九届中央委员会第五次全体会议提出，坚持总体国家安全观，统筹发展和安全，建设更高水平的平安中国。② 总体是一种理念，强调的是国家安全的全面性和系统性。总体是一种状态，强调的是国家安全的相对性和可持续性。总体是一种方法，强调的是对国家安全的科学统筹。在中国共产党第二十次全国代表大会上，习近平提出，坚定不移贯彻总体国家安全观，把维护国家安全贯穿党和国家工作各方面全过程。③ 2023年5月30日下午，习近平主持召开二十届中央国家安全委员会第一次会议指出，中央国家安全委员会坚持发扬斗争精神，坚持并不断发展总体国家安全观，推动国家安全领导体制和法治体系、战略体系、政策体系不断完善，实现国家安全工作协调机制有效运转、地方党委国家安全系统全国基本覆盖，坚决捍卫国家主权、安全、发展利益，国家安全得到全面加强。会议强调，当前我们所面临的国家安全问题的复杂程度、艰巨程度明显加大。国家安全战线要树立战略自信、坚定必胜信心，充分看到自身优势和有利条件。④

以史为鉴，深刻认识意识形态安全的极端重要性。回望中国共

---

① 习近平：《全面贯彻落实总体国家安全观开创新时代国家安全工作新局面》，《人民日报》2018年4月18日。
② 《中国共产党第十九届中央委员会第五次全体会议公报》，《人民日报》2020年10月30日。
③ 习近平：《高举中国特色社会主义伟大旗帜为全面建设社会主义现代化国家而团结奋斗》，《人民日报》2022年10月17日。
④ 习近平：《加快推进国家安全体系和能力现代化以新安全格局保障新发展格局》，《人民日报》2023年05月31日。

产党百年奋斗的历史，我们党始终把意识形态安全放在极端重要的位置，把意识形态工作的领导权牢牢掌握在自己手中。鉴往知来，新时代要维护意识形态安全，就必须站在坚定拥护"两个确立"、坚决做到"两个维护"的高度，增强主动性、掌握主动权、打好主动仗，坚定不移地维护意识形态安全。

新时代维护意识形态安全，要以党的二十大精神为指引。新时代要增强做好意识形态工作的政治自觉、思想自觉、行动自觉，把建设具有强大凝聚力和引领力的社会主义意识形态作为为国家立心、民族立魂的重要工作抓紧、抓实、抓细、抓牢，不断巩固马克思主义在意识形态领域的指导地位，巩固全党全国人民团结奋斗的共同思想基础，为全面建设社会主义现代化国家、实现中华民族伟大复兴中国梦的奋斗目标提供强大精神力量和坚强思想保证。习近平总书记在党的二十大报告中指出，"拥有马克思主义科学理论指导是我们党坚定信仰信念、把握历史主动的根本所在"[1]。作为社会主义意识形态的旗帜和灵魂，马克思主义是开放的、与时俱进的科学理论，是中国共产党领导中国人民不断取得革命、建设和改革胜利的强大思想武器。新时代以来，以习近平同志为核心的党中央从理论和实践结合上不断推进马克思主义中国化时代化，以全新的视野深化对共产党执政规律、社会主义建设规律、人类社会发展规律的认识，提出一系列原创性的治国理政新理念新思想新战略，创立了习近平新时代中国特色社会主义思想，实现了马克思主义中国化时代化新的飞跃。

新时代维护意识形态安全，要巩固壮大主流思想舆论。新时代

---

[1] 习近平：《高举中国特色社会主义伟大旗帜为全面建设社会主义现代化国家而团结奋斗》，《人民日报》2022年10月17日。

我国意识形态安全形势发生了带有全局性、根本性的转变，但是，意识形态领域的斗争依然激烈。因此，新时代维护意识形态安全，要坚持以人民为中心，坚持以立为本、立破并举，做大做强正面宣传工作，"巩固壮大奋进新时代的主流思想舆论"①。以习近平同志为核心的党中央在统揽伟大斗争、伟大工程、伟大事业、伟大梦想中全面回应人民愿望心声，不断引领社会多样性思想，壮大主流舆论，进一步巩固了马克思主义的指导地位和全国人民团结奋斗的共同思想基础。新时代必须坚持以党的创新理论凝心铸魂。党和国家指导思想在我国社会主义意识形态中占据统摄地位，习近平新时代中国特色社会主义思想是指导全党全国人民沿着中国特色社会主义道路、以中国式现代化全面推进中华民族伟大复兴的正确理论，更好把科学理论转化为认识世界、改造世界的强大力量。要按照方向明、主义真、学问高、德行正的要求，培育壮大自觉以回答中国之问、世界之问、人民之问、时代之问为学术己任的哲学社会科学人才队伍。

新时代维护意识形态安全，要全面落实意识形态工作责任制。党的二十大报告提出，要"牢牢掌握党对意识形态工作领导权，全面落实意识形态工作责任制"②。新时代维护意识形态安全，要全面落实意识形态工作责任制，认真贯彻落实党中央关于意识形态工作的决策部署和指示精神，坚持党管宣传、党管意识形态、党管媒体，切实抓牢领导权、善用管理权、掌控话语权。习近平总书记明确指出，"要压实压紧各级党委（党组）责任，做到任务落实不马

---

① 习近平：《高举中国特色社会主义伟大旗帜为全面建设社会主义现代化国家而团结奋斗》，《人民日报》2022年10月17日。
② 习近平：《高举中国特色社会主义伟大旗帜为全面建设社会主义现代化国家而团结奋斗》，《人民日报》2022年10月17日。

虎、阵地管理不懈怠、责任追究不含糊"。始终坚持马克思主义在意识形态领域指导地位的根本制度，切实把党的领导、党的意志、党的主张贯彻到宣传思想工作之中，把制度优势更好转化为意识形态工作的实际效能，推动意识形态工作责任制落到实处。新时代维护意识形态安全必须强化责任意识，全党动手、全党参与，调动各方面力量，发挥各方面优势，从而形成维护意识形态安全的强大合力。习近平新时代中国特色社会主义思想是当代中国马克思主义、21世纪马克思主义，彰显出强大的科学性、真理性、人民性、实践性、开放性和时代性，呈现出独特的思想魅力和巨大的实践伟力，蕴含着新时代推进意识形态安全的新思维、新理念、新方法，是新时代维护意识形态安全的根本遵循，为新时代建设具有强大凝聚力和引领力的社会主义意识形态提供了坚实的思想保障。

新时代维护意识形态安全，必须牢牢占领网络意识形态阵地。阵地是保障意识形态安全的基本依托。打赢网络意识形态斗争，关键的问题是要管好治好互联网。习近平总书记指出："打赢网络意识形态斗争，必须提高网络综合治理能力，形成党委领导、政府管理、企业履责、社会监督、网民自律等多主体参与，经济、法律、技术等多种手段相结合的综合治网格局。"习近平总书记指出，"网络意识形态安全风险值得高度重视"。"掌握网络意识形态主导权，就是守护国家的主权和政权。"新时代必须加强网络意识形态安全，把维护网络意识形态安全作为守土尽责的重要使命，适应网络新媒体传播方式和发展变化趋势，提高懂网用网管网的能力，善于运用互联网技术和信息化手段开展工作，使互联网这个"最大变量"成为事业发展的"最大增量"，让互联网释放出"最大正能量"，使之成为新时代维护意识形态安全的强大助力。新时代要积极制作一批面向社会、面向大众、面向青少年的喜闻乐见的新媒体作品，增加优质内容供给，克服自说自话式的表面繁荣和审美疲劳，进一步扩大党史和文献成果的覆盖面和影响力，让党的理论和历史成为网络空间的主流。新时代要"加强全媒体传播体系建设，塑造主流舆论新格局"。按照"健全网络综合治理体系，推动形成良好网络生态"的要求，推进依法治网，促进网络意识形态空间更加积极健康清朗，使主流意识形态在竞争比较中不断增强传播力、引导力、影响力、公信力和主导权。新时代网络是意识形态斗争的主阵地、主战场、最前沿。新时代维护网络意识形态安全直接关系我国意识形态安全和政权安全。新时代网络是我们面临的"最大变量"，搞不好会成为"心头之患"，谁掌握了互联网，谁就把握住了时代主动权；谁轻视互联网，谁就会被时代所抛弃。要坚持正能量是总要求、管得住是硬道理、用得好是真本事，科学认识网络传播规律，不断提高用网治网水平。

新时代维护意识形态安全，必须增强阵地意识，坚决守好意识形态安全"责任田"。意识形态思想阵地，马克思主义的思想不去占领，各种非马克思主义的思想甚至反马克思主义的思想就会去占领。新时代维护意识形态安全必须做到守土有责、守土负责、守土尽责，决不允许主阵地丢失而成为法外之地、舆论飞地这种现象的发生。新时代维护意识形态安全必须加强队伍建设，坚决建好维护意识形态安全的"生力军"。按照习近平总书记提出的"不断增强脚力、眼力、脑力、笔力，努力打造一支政治过硬、本领高强、求实创新、能打胜仗的宣传思想工作队伍"，要发扬斗争精神，敢于发声，敢于亮剑，将增强斗争魄力、勇气和提高斗争艺术、能力结合起来，切实增强底线思维，切实维护好新时代的意识形态安全。

目 录

绪 论 /1

    第一节　意识形态安全的基本问题研究　/3

    第二节　国外意识形态安全相关问题研究动态　/33

    第三节　国内外意识形态安全研究述评与展望　/44

第一章　新时代意识形态安全概述 /49

    第一节　新时代意识形态安全的内涵阐释　/51

    第二节　新时代意识形态安全的内在规定性　/78

    第三节　新时代意识形态安全的极端重要性　/94

第二章　新时代意识形态安全的理论前提 /107

    第一节　马克思主义经典作家意识形态安全理论　/109

    第二节　中国化马克思主义意识形态安全思想　/121

    第三节　习近平新时代意识形态安全论述　/138

第三章　新时代意识形态安全面临的现实境遇　/ 157

第一节　全球化境遇下意识形态安全面临的机遇与挑战　/ 159

第二节　市场化境遇下意识形态安全面临的机遇和挑战　/ 178

第三节　网络化境遇下意识形态安全面临的机遇与挑战　/ 191

第四章　新时代网络意识形态安全问题　/ 207

第一节　新时代网络意识形态概念　/ 209

第二节　新时代网络意识形态安全问题与特征　/ 237

第三节　新时代网络意识形态安全管控　/ 258

第五章　国外意识形态安全理论与经验借鉴　/ 273

第一节　西方国家意识形态安全的理论流派　/ 275

第二节　西方资本主义国家维护意识形态安全的谋略　/ 291

第三节　社会主义国家意识形态安全的问题　/ 312

第六章　新时代意识形态安全维护策略　/ 337

第一节　新时代意识形态安全维护的基本要义　/ 339

第二节　新时代意识形态安全维护的方针与原则　/ 355

第三节　新时代维护意识形态安全的战略举措　/ 368

主要参考文献　/ 380

后　记　/ 388

绪　论

在意识形态研究中，意识形态安全是一个非常重要的范畴。无论是意识形态理论层面的研究还是意识形态实践层面的研究，最终落脚点都是意识形态安全问题，这也是研究意识形态的根本目的所在。所谓意识形态安全，是指一个国家占统治地位的思想观念体系不受威胁、没有危险、免遭危害。它是总体国家安全的本质要求和重要基石。中国特色社会主义进入新时代，改革开放进入新时代，我国国家安全面临新情况，意识形态领域面临复杂严峻的形势，并呈现多样化社会思潮并存并立、竞争斗争的态势。高度重视并确保新时代我国意识形态安全，坚持并牢牢掌握党对意识形态工作的领导权，建设具有强大凝聚力和引领力的社会主义意识形态，事关党的前途命运，事关国家长治久安，事关民族凝聚力和向心力。因此，确保新时代我国意识形态安全，坚持并牢牢掌握党对意识形态工作的领导权，建设具有强大凝聚力和引领力的社会主义意识形态，是必须认真应对的现实课题。当前学术界对新时代意识形态安全相关问题的研究已经取得一系列丰富的理论成果，为研究意识形态安全提供丰富资源和理论基础。

第一节 意识形态安全的基本问题研究

党的十八大以来，国内学者从不同视角对新时代意识形态安全进行了深入的解读和研究，为本研究提供了良好的理论支撑。因此，有必要从意识形态安全的内涵、意识形态安全的境遇、文化与意识形态安全、新时代意识形态安全思想以及新时代意识形态安全对策等方面，作一个必要的梳理。这是研究新时代意识形态安全的前提。

一、意识形态安全的内涵研究

从现有的研究成果来看，国内学者对意识形态安全的内涵研究往往是从意识形态的概念入手研究。意识形态是近代随着西方哲学的发展而形成的一个重要概念，主要是指"观念的科学"或"思想的科学"，旨在与经院哲学、宗教哲学区分开来。当前国内学者一般认为，由于所反映的阶级、阶层或集团的利益不同，意识形态具有不同的属性。只要社会主义和资本主义两种制度同时存在，意识形态领域的斗争就不会终结，意识形态安全是一个恒长的命题。

（一）意识形态安全的内涵解读

按照一般的理解，意识形态属于社会的思想上层建筑，是一定社会或一定社会阶级、集团基于自身根本利益对现存社会关系形成的某种观念系统。在这种观念系统中，既包括关于政治、法律、哲学、道德、艺术、宗教等方面的认识，又反映观念系统自身所具有的性质、品味、特点和态势。不同的阶级或者利益集团有不同的意识形态，反映统治阶级根本利益的核心价值观和核心价值体系可以称为主流意识形态。意识形态安全是对当下主流意识形态客观稳定性的一种主观评估和判断。受各种主客观因素的影响，目前国内学者对意识形态安全尚未有比较统一的定义，主要从功能、内容、衡量标准或者实现程度等视角进行界定。

一是从功能方面界定，意识形态安全是一种具有维护国家安全和利益的状态或能力。"意识形态工作不仅事关意识形态自身的发展，更事关国家长治久安和党的执政安全。"①牛晋芳、孔德宏认为意识形态安全是维护国家利益的前提和保障，维护意识形态安全就是维护国家利益，维护国家利益必然要保证意识形态安全的建设与可持续性。②田改伟认为，意识形态安全是国家安全体系的有机组成部分，是文化安全的主要内容，也是一种保持国家的统一和领土完整，基于合理的条件维持它与世界其他部分的经济联系，防止外来力量打垮它的特质、制度和统治，以及控制它的边界的能力。③一个国家的意识形态安全与国家利益存在着密不可分的关系，意识形态安全作为国家安全的一部分，本质上涉及一个国家的利益维护问题。袁三标、莫岳云认为意识形态安全其实是某种能力和状态的表现形式，关涉民族和国家的根本利益和发展战略④。他们在意识形态安全方面的观点趋于相对一致，认为所谓的意识形态安全就是指一个国家主体意识形态地位不受任何威胁的相对稳定状态，并能

---

① 夏云：《坚决维护新时代意识形态安全》，《前线》2022年第3期。
② 牛晋芳，孔德宏：《必须重视网络时代我国意识形态的安全问题》，《理论探索》2003年第1期。
③ 田改伟：《试论我国意识形态安全》，《政治学研究》2005年第1期。
④ 袁三标：《从软实力看当代中国国家意识形态安全》，《河南师范大学学报》（哲学社会科学版）2010年第3期。

够始终保持健康发展和发挥其作用的能力。①杨永志、吴佩芬等认为意识形态安全是指一个国家以核心价值体系和核心价值观为标志的主流意识形态，其地位能否长期保持稳定，及其自身能否阻挡外来冲击、避免内部思想混乱的状态和能力。②林建华指出，意识形态安全意味着一个国家占统治地位的思想观念体系不受威胁、没有危险、免遭危害，它是总体国家安全的本质要求和重要基石。③

二是从内容方面界定，意识形态安全是多层次的概念。郭明飞认为，意识形态安全是社会指导思想的安全、社会政治信仰的安全、社会道德秩序的安全、民族精神的安全。④陈金龙指出，意识形态安全是国家安全系统的有机组成部分，具体包括道德安全、舆论安全、理论安全、政治信仰安全等。⑤任志锋、郑永廷则从社会矛盾和现实出发来分析意识形态面临的挑战，并在强调主次矛盾内容的基础上对意识形态安全进行界定，认为意识形态领域属于社会结构中与经济基础相适应并在其上的"观念上层建筑"，是推动社会发展的动力之一，是由主流意识形态构成的安全系统。⑥张平、赵昊杰

---

① 莫岳云：《抵御境外宗教渗透与构建我国意识形态安全战略》，《湖湘论坛》2010年第4期。
② 杨永志，吴佩芬等：《互联网条件下维护我国意识形态安全研究》，南开大学出版社2015年版，第2页。
③ 林建华：《我国意识形态安全的新时代意蕴和旨归》，《当代世界与社会主义》2018年第6期。
④ 郭明飞：《网络发展与我国意识形态安全》，中国社会科学出版社2009年版，第21页。
⑤ 陈金龙：《文化交流与当代中国意识形态安全》，《湖湘论坛》2010年第4期。
⑥ 任志锋，郑永廷：《当前我国意识形态领域的失衡现象及对策研究》，《教学与研究》2015年第1期。

认为意识形态安全可以阐述为主体安全、秩序安全和效果安全三个向度。①

三是从衡量标准或实现程度界定意识形态安全的问题。部分学者认为，意识形态安全是国家安全的重要组成部分，强调的是作为价值理想的意识形态在现实中的吸引力和凝聚力。韩卉认为党和国家的意识形态安全主要是指马克思主义在意识形态领域的指导地位和社会主义核心价值体系不受干扰、威胁和侵犯，在全社会践行社会主义核心价值观，巩固全党全国人民团结奋斗的共同思想基础，凝聚社会力量、维持社会稳定。②

还有部分学者从网络视角探讨意识形态安全的概念，认为网络意识形态的凝聚力和引领力是衡量网络意识形态安全的标准之一。路媛、王永贵指出网络空间意识形态安全治理一定不能是强行的划定一种意识形态活动的范围，而是要在多元、多样、多变的网络空间意识形态氛围中重塑主导意识形态的引领力、夯实主流意识形态的凝聚力、锤炼意识形态主体的践行力，从根本上实现"思想掌握群众"的目的，进而建立起具有强大凝聚力和引领力的社会主义意识形态。③

（二）意识形态安全的价值属性

意识形态安全关系我们党的执政地位和执政安全，关系国家安危、民族存亡和百姓福祉，是一个国家占统治地位的阶级的政治纲

---

① 张平，赵昊杰：《新时代意识形态领域安全的三重向度研究》，《长白学刊》2019年第2期。

② 韩卉：《改革开放以来高校意识形态安全的基本经验》，《贵州社会科学》2018年第12期。

③ 路媛，王永贵：《网络空间意识形态边界及其安全治理》，《南京师大学报》（社会科学版）2019年第1期。

领、社会理想、价值取向等。意识形态是否安全，事关国家政权问题。一个政权的瓦解往往是从思想领域开始的，随着意识形态在国际竞争中的地位日益凸显，意识形态安全的重要性研究备受关注。在对意识形态安全问题进行多维度解读的基础之上，学者们从国家、高校和网络等视角对意识形态安全的价值问题进行了探索。

从国家视角去探讨意识形态安全的价值属性，是研究意识形态安全的重要视域。赵兴伟认为，意识形态安全始终是国家安全体系中的重要组成部分，是维护民族利益、保证国家安全的一道坚固屏障。意识形态领域的争夺和斗争并没有因为冷战的结束而走向终结，由于社会制度的根本对立，西方国家从未放弃对中国"西化"、颠覆的图谋。[①]黄世虎认为，意识形态安全是国家安全的重要内容，它在维护国家政治安全、经济安全和文化安全等方面具有积极作用。当前，我国意识形态安全面临着经济体制市场化、世界经济全球化、信息传播网络化、思想观念多元化等诸多挑战。因此，我们必须站在全球化的高度，以宽阔的视野和全新的思维去审视挑战，积极探索巩固我国意识形态安全的具体对策。[②]胡惠林强调意识形态是一种国家力量形态，包含着深刻的国家战略利益，是现代国家能力的重要战略组成部分与存在方式。不同国家的性质是由不同国家的意识形态来定义的。现代国家的一切行为都可以归结为意识形态行为。意识形态安全正是在这个意义上对于维护国家安全具有特别重大的

---

① 赵兴伟：《关于我国社会主义意识形态安全的若干思考》，《社会科学辑刊》2012年第4期。
② 黄世虎：《论当前我国意识形态安全面临的挑战与对策》，《理论月刊》2012年第7期。

价值。①

有的学者从高校视角去探讨意识形态安全的价值属性。高校意识形态安全与"为谁培养人，培养什么人"这一高等教育根本问题休戚相关，对于培养新时代中国特色社会主义事业的合格接班人与优秀建设者具有重要意义。史明艳认为加强高校意识形态工作和保障高校意识形态安全，对于我国高校学生坚持马克思主义、坚持中国特色社会主义、践行社会主义核心价值观，为实现中华民族伟大复兴的"中国梦"奋斗具有重要的现实意义。②万丽娜指出，意识形态工作是党的一项极端重要的工作，必须从扎实办好中国特色社会主义高校、加快落实党中央关于建设世界一流大学和一流学科战略决策部署的高度，充分认识加强高校意识形态工作的重要性和紧迫性，直面问题与挑战，找准工作切入点和着力点，以维护意识形态安全和保障大学文化安全，促进中国特色的"双一流"大学建设。③

还有的学者从网络视角去探讨意识形态安全的价值问题。国内学界普遍认识到网络发展给我国意识形态工作带来的全面而深刻的影响，指出互联网成为意识形态传播的主要阵地和意识形态斗争的重要战场。学者们首先从对网络空间的研究作为意识形态及其意识形态安全问题研究的前提。田海舰、黄逸超从互联网自身的本质设计和应用、自然属性和社会属性、内在价值和外在价值等角度，从

---

① 胡惠林：《国家意识形态安全关系："新冷战"趋势下中国意识形态安全策论——兼论中美国家意识形态安全关系治理》，《学术月刊》2018年第10期。
② 史明艳：《高校意识形态工作问题研究》，《学校党建与思想教育》2018年第9期。
③ 万丽娜：《加强高校意识形态安全工作的若干思考》，《学校党建与思想教育》2018年第8期。

网络主体、网络信息、网络语言、网络文化等方面展开了充分的分析和论证,认为互联网具有明确的意识形态属性。①邢云文、肖扬认为,维护我国网络意识形态安全意味着坚持马克思主义在网络意识形态领域的指导地位,有助于抵制蓄意诋毁党和政府的不良网络思潮,确保主流意识形态话语体系在网络阵地占据主导地位,引导网络舆论顺应中国特色社会主义现代化建设的时代要求,为中国特色社会主义的繁荣发展积极建言,实现我国网络意识形态健康有序发展。②

二、意识形态安全面临的挑战问题研究

国内学界一致认为,随着国际国内形势的深刻变化,意识形态安全的现实境遇是新机遇与新挑战共存。其中有来自内部的问题,也有来自外部的冲击。学者们纷纷对当前我国意识形态安全的基本状况、面临挑战等问题进行多方面分析,尤其是重点关注了经济全球化浪潮、世界社会主义运动低潮、转型期的利益格局变化、互联网广泛应用、西方文化渗透、社会思潮滋生蔓延等带来的挑战,并从不同维度提出维护意识形态安全的具体对策。

(一)意识形态安全的时代挑战问题

一是经济全球化浪潮对意识形态安全带来的影响。曾向红和田嘉乐认为,"意识形态安全是国家安全的重要组成部分。对于中国来说,意识形态安全既是推进中国式现代化、实现中华民族伟大复兴

---

① 田海舰,黄逸超:《关于互联网的意识形态属性及其论争》,《河南师范大学学报》(哲学社会科学版)2017年第6期。
② 邢云文,肖扬:《以习近平总体国家安全观为指引加强网络意识形态安全建设》,《思想教育研究》2018年第3期。

的重要前提，也是其重要保障"①。全球化背景下由信息化、市场化、现代化带来的社会变化，使社会主义意识形态领导权和主导权面临着前所未有的机遇与挑战。一方面，有利于增强和扩大社会主义意识形态领导权和主导权的应变能力和辐射范围；另一方面，全球化所带来的文化冲突、思想渗透、主权冲击等挑战也冲击着社会主义意识形态的主导作用。②王锁明认为，随着经济全球化的深入发展，各国文化交流日趋频繁，以美国为首的少数西方发达国家趁机对包括我国在内的广大发展中国家进行文化和意识形态渗透，不利于我国维护社会主义意识形态的安全。③

二是西方国家的文化渗透对意识形态安全的威胁。胡惠林认为，政治意识形态安全面临的主要安全风险是来自以欧美为代表的西方价值观和意识形态体系对中国社会制度、政治制度以及由此而建立的意识形态制度的无休止的批评、否定与攻击。这种攻击尤其是通过和借助互联网，对中国民众和整体性社会舆论心理产生和造成了极大的负面影响。④布超认为，西方国家利用网络霸权强化对意识形态话语权的控制与操纵，通过网络文化产品输出价值观。西方国家把意识形态问题包装成经济、文化、社会甚至是环保、气候等个案进行集中炒作，用民生问题挑动民主政治话题。利用其中最为隐蔽的是对所谓"高尚生活方式"的推崇而在无形中稀释社会主义核

---

① 曾向红，田嘉乐：《"百年未有之大变局"背景下维护国家意识形态安全的挑战与路径》，《兰州大学学报》（社会科学版）2023年第2期。
② 郑永廷，任志锋：《社会主义意识形态领导权和主导权研究》，《教学与研究》2013年第7期。
③ 王锁明：《让主流意识形态建设"强"起来》，《人民论坛》2017年第23期。
④ 胡惠林：《国家意识形态安全关系："新冷战"趋势下中国意识形态安全策论——兼论中美国家意识形态安全关系治理》，《学术月刊》2018年第10期。

心价值观和优秀传统文化的正面作用，构成对我国意识形态安全的威胁。①

三是社会转型时期多元价值取向对主流意识形态的冲击。周宏、吕世荣认为，当代中国的社会转型是带有范式转换意义的深刻变化，它包括社会结构转换、机制转轨、利益调整和观念转变，由此带来人们生活方式的明显变化。无论是经济、政治，还是社会生活，都在一定程度上影响着社会精神现象产生前所未有的复杂和多变，从而给社会主义意识形态建设和意识形态工作带来巨大的挑战。②许力双认为，当代中国意识形态领域的多元化与西方社会思潮的涌入密切相关，而这种意识形态领域的多元化必将在一定程度上分化、削弱马克思主义作为主流意识形态的话语权。③丁振国、陈华文认为，我国正处于经济体制转轨和社会结构调整的深刻变化时期，各种社会矛盾和冲突的客观存在，必然对大学生的意识形态认知产生冲击，导致少数大学生重现实功利、轻理想信念，制约着高校意识形态安全工作的实效性。④

四是西方社会思潮影响我国主流意识形态的认同问题。高世杰认为，当前西方文化、后现代思潮和大众文化的泛滥与渗透，严重影响高校师生的政治信仰养成、人生观和价值观确立以及道德人格

---

① 布超：《全媒体时代维护我国意识形态安全面临的新挑战》，《学校党建与思想教育》2019年第7期。
② 周宏，吕世荣：《当代中国社会转型的意识形态效应》，《苏州大学学报》（哲学社会科学版）2012年第3期。
③ 许力双：《当代中国马克思主义主流意识形态的内省与坚守》，《学术交流》2016年第6期。
④ 丁振国，陈华文：《高校青年教师社会主义核心价值观培育的困境及对策》，《学校党建与思想教育》2016年第22期。

塑造，是当前意识形态领域面临的重要现实问题。① 庞超认为，批判历史虚无主义是维护我国主流意识形态安全的一场严肃的、持久的政治斗争。历史虚无主义借"解放思想""范式转换""历史揭秘""追问真相"等由头，打着学术研究、价值中立、标新立异的幌子，任意歪曲历史、颠覆传统、解构英雄，消解中华民族的历史记忆和心理积淀，瓦解中国人民同心同德的思想根基、冲击国家主流意识形态。② 秦在东、靳思远认为，社会思潮对我国主流意识形态安全既有积极的作用，又有消极的影响，二者相互联系、相互影响、相互制约。错误社会思潮主要通过消解人们对中国特色社会主义的道路认同、理论认同、制度认同、文化认同来威胁我国主流意识形态安全。③

五是信息网络化对我国意识形态话语权形成挑战。学界普遍认识到网络信息技术的发展是把"双刃剑"，它带给社会主义意识形态建设既有机遇，又有挑战，需要切实做好安全风险和防范工作。赵欢春认为，我国正面临着由网络社会虚拟化无界性特征而衍生的网络意识形态话语权的当代挑战：一方面，以美国为代表的西方国家控制着互联网的"制网权"和"制信息权"，挤压着社会主义主流意识形态的话语空间；另一方面，网络负面信息呈放大效应、网络舆论引导力式微，使得主流意识形态话语权的影响力和控制力面临压力。因此，牢牢把握网络意识形态话语权成为维护我国意识形态安

---

① 高世杰：《当前高校意识形态安全工作的几点思考》，《思想教育研究》2016年第5期。
② 庞超：《意识形态安全视阈下历史虚无主义批判的基本路向》，《马克思主义与现实》2018年第4期。
③ 秦在东，靳思远：《错误社会思潮对我国主流意识形态安全的威胁及其治理》，《思想教育研究》2019年第1期。

全的新课题。^①郑洁认为，在经济、文化、技术保持快速发展的大数据时代，如何构建社会主义意识形态的话语权，如何维护、完善、保护社会主义意识形态的话语方式，如何在社会思潮多元化的时代潮流中更多地发出社会主义的声音，如何在信息高速流通的大数据时代发挥社会主义意识形态应有的掌控力，是一个关系到社会主义国家前途命运的重大现实问题。[②]王宗礼、周方认为，网络新媒体对高校意识形态安全工作的社会影响存在两面性：既为高校意识形态工作带来正确的价值观、正向信息源、信息与价值观的个性化选择等难得机遇，又因网络立法不完善及信息审查不到位而使其面临严峻挑战。[③]

（二）意识形态安全的对策问题

维护意识形态安全的基本原则是坚持马克思主义在意识形态领域的指导地位，马克思主义理论是我国意识形态的理论基础，是旗帜、是灵魂。如果动摇了马克思主义的指导地位，就会因失去思想灵魂而迷失方向。习近平在建党95周年大会上讲话中指出："马克思主义是我们立党立国的根本指导思想。背离或放弃马克思主义，我们党就会失去灵魂、迷失方向。在坚持马克思主义指导地位这一根本问题上，我们必须坚定不移，任何时候任何情况下都不能有丝

---

① 赵欢春：《论网络意识形态话语权的当代挑战》，《河海大学学报》（哲学社会科学版）2017年第1期。
② 郑洁：《大数据时代我国意识形态安全面临的机遇、挑战与对策》，《教学与研究》2017年第11期。
③ 王宗礼，周方：《网络新媒体对高校意识形态安全的冲击及应对》，《思想教育研究》2018年第10期。

毫动摇。"①在此基础上，学者们从不同视角对维护国家意识形态安全进行深入研究，提出了不同而具有建设性的思路和对策。

一是建构主流意识形态理性权威的角度，认为维护意识形态安全需要全方位建设具有凝聚力和引领力的社会主义意识形态。林建华认为，新时代做好意识形态安全工作要做好三方面工作：一是总结维护和巩固我国意识形态安全的成功经验；二是探索建设具有强大凝聚力和引领力的社会主义意识形态的现实性路径和针对性举措；三是进一步释放社会主义意识形态的强大凝聚力和引领力，既要在基础性、战略性工作上下功夫，也要在关键处、要害处下功夫。②赵佳寅认为，要从多方发力维护网络意识形态安全，包括通过加强党委对网络安全工作的统一领导，加大政府部门对网络安全工作的管理力度，提高公安情报部门侦查能力素质，推动司法部门严格执行法律法规，以及汇集社会力量形成网络治理合力，从而实现强化中国网络意识形态安全的目标。③

二是从文化软实力建设的角度，提出维护意识形态安全要提高文化自觉、文化认同与文化自信。王瑾认为，提升文化软实力对抵制文化霸权和维护国家意识形态安全有着重要意义。维护国家意识形态安全，必须建构一种与经济基础、政治制度相适应的核心价值体系，从而激励与整合人们对社会和国家的集体认同，形成全民族的向心力和凝聚力，为中国特色社会主义政治经济制度的建立和运行提供合法性的理论解释及广泛的社会基础，为促进国家软实力提

---

① 习近平：《在庆祝中国共产党成立95周年大会上的讲话》（2016年7月1日），人民出版社2016年版，第9页。
② 林建华：《我国意识形态安全的新时代意蕴和旨归》，《当代世界与社会主义》2018年第6期。
③ 赵佳寅：《多方发力维护网络意识形态安全》，《人民论坛》2019年第9期。

升提供精神动力和思想保证。①沈贺认为,价值观的冲突与较量成为文化与意识形态斗争和冲突的焦点,文化的交流交融交锋已经成为新常态。加强社会主义核心价值观的国际传播,及时发出中国声音,是维护我国国家文化安全、意识形态安全、提升文化凝聚力的现实需要。②

三是从空间形态的视角出发,提出维护网络空间中主流意识形态安全的策略。维护网络意识形态安全,需要强化网络意识形态领导责任,加强对互联网的管控,强化意识形态治理。李艳艳从当前意识形态安全形势出发,提出积极组建从事网络意识形态工作的"正规军",包括培育"网评员"队伍,扶持一些爱国网站,培养忠于党和国家的网络意见领袖等。③刘刚、颜玫琳、王春玺则认为,需要发展和利用好网络信息技术,筑好维护主流意识形态安全的"防火墙",建设好信息技术高地,以掌握网络意识形态斗争的主动权。与此同时,建立和完善社会主义主流意识形态话语体系,搭建形式多样的网络传播平台,提升主流意识形态的传播力、解释力和影响力。④付安玲、张耀灿立足于大数据的时代背景,提出运用大数据的理念和方法,推进网络意识形态安全治理大数据战略的实施、建立和完善网络意识形态安全治理的大数据预警机制、大数据舆情

---

① 王瑾:《文化软实力建设与意识形态安全》,《当代世界与社会主义》2009年第6期。
② 沈贺:《文化软实力视域下社会主义核心价值观的国际传播》,《社会主义核心价值观研究》2018年第2期。
③ 李艳艳:《如何看待当前网络意识形态安全的形势》,《红旗文稿》2015年第14期。
④ 刘刚,颜玫琳,王春玺:《网络意识形态安全的隐患及其防御》,《思想教育研究》2016年第6期。

应急机制以及大数据保障体系等。①赵丽涛在具体层面上提出维护网络意识形态的策略，即把"阵地建设"和"议题设置"有机结合，创新意识形态宣传方式，增强意识形态舆论引导能力。②陈联俊认为，正是因为较多网络资源受外资或私人资本控制，使得一些网络媒体对主流意识形态建设重视不够，对错误思潮管理不到位，提出应积极改善网络空间的资本结构比例，增加网络空间国有资本的投资，从而为主流意识形态安全维护奠定坚实的经济基础。③此外，还有学者提出的观点值得重视。蒋桂芳认为，网络意识形态关系政党、政权是否稳固和执政党能否长期执政的问题，是国家安全的最大变量。要牢牢掌握意识形态工作的领导权、建设具有强大凝聚力和引领力的网络意识形态，包括创新网络意识形态安全的国家治理体系、高度重视网络意识形态安全的社会治理体系、抓紧完善网络意识形态安全的法治保障体系以及加快研发网络意识形态安全的技术保障体系。④

三、文化与意识形态安全研究

意识形态安全是文化发展研究领域中的核心问题。学者们认为国内外形势的深刻变化对维护我国文化和意识形态安全提出新的更

---

① 付安玲，张耀灿：《大数据助力网络意识形态治理及提升路径》，《马克思主义研究》2016年第5期。
② 赵丽涛：《我国主流意识形态网络话语权研究》，《马克思主义研究》2017年第10期。
③ 陈联俊：《网络空间中马克思主义认同的挑战与应对》，《马克思主义研究》2017年第6期。
④ 蒋桂芳：《关于网络意识形态建设的思考》，《思想理论教育导刊》2019年第1期。

高要求，必须制定出符合我国实际的意识形态安全战略策略，以确保国家文化和意识形态安全。①因此，围绕文化与意识形态安全的问题进行研究是一个非常重要的论域，主要集中在文化发展与意识形态安全的关系研究、文化视域下的意识形态安全维护研究、意识形态安全视域下的文化建设发展研究等方面。

（一）文化发展与意识形态安全的关系研究

意识形态概念和文化概念构成了马克思主义理论的重要范畴，从其伊始就成为学界重点关注和着力解读的问题，也是现实中的重大理论和实践难题。对两者关系的解读往往关涉到能否同时实现文化发展与意识形态安全维护的问题。沈江平认为，文化与意识形态具有内在必然的联系。从广义而言，意识形态具有文化属性。从内政外交而言，意识形态往往附着在一定的文化形态上，它可以表现为一定的文化产品、思想言论、对外政策等方面。文化应从存在意义和发展旨趣上为人类提供一种导向性牵引。与此同时，作为文化核心要素的意识形态，则以"观念上层建筑"的存在形式来反射、评议和透析整个现实世界，并借助一定群体或阶级的共有身份，以期在价值观念和目标认知等维度实现认同。②

对于文化与意识形态安全的关系问题，学者们从不同角度去阐释两者的辩证统一性，并达成高度共识。张博颖、苗伟认为，全球化时代是一个真正意义上的文化时代。文化时代的到来，使文化安全成为人类面临的共同文化境遇。文化软实力作为一种确保文化安全的文化力，逐渐成为时代发展的重要主题和关注焦点。在中国特

---

① 石云霞：《当代中国文化发展中的意识形态安全问题》，《中国特色社会主义研究》2012年第2期。
② 沈江平：《文化的意识形态性与意识形态的文化性》，《教学与研究》2018年第3期。

色社会主义现代化建设过程中，西方文化霸权与和平演变相互交织，文化繁荣与文化危机并存，因而文化安全集中地表现为社会主义意识形态的安全。①揭晓认为，国家意识形态安全是国家安全的重要组成部分，是文化安全的核心和灵魂，关系到民族、国家和政党的生死存亡。文化软实力在维护和巩固国家意识形态安全上发挥着不可替代的作用。因此，必须以文化软实力为立足点，通过提升文化软实力来维护国家意识形态安全。②郑元景同样认为，意识形态安全是文化软实力竞争的核心。网络时代的意识形态安全需要一种文化上的战略性自觉，而非被动地作为强势文化的模仿者和接受者；需要一种广泛、深刻的主流文化认同，以取得文化领导权与舆论的主动权。只有文化视野繁荣发达、文化产业富有竞争力，国家意识形态安全才有足够的文化底蕴、理论依据与现实支撑。③

（二）文化视域下的意识形态安全维护研究

关于文化视域下的意识形态安全维护研究，有学者认为可以通过追求文化认同，依托文化本体，扩大文化宣传，加强文化建设，进而提升文化软实力，从而确保社会主义意识形态安全。张宗伟认为，我国正处于提升国家文化软实力的战略机遇期。作为在文化软实力中居于核心支配地位的意识形态，其安全与否直接影响着文化软实力的强弱，基于当前我国社会主义意识形态的安全状况，要提升国家文化软实力，我国应大力发展社会主义先进文化，繁荣发展文化事业和文化产业，努力建设具有中国特色的主流文化，毫不动

---

① 张博颖，苗伟：《文化软实力与社会主义意识形态安全》，《天津社会科学》2010年第3期。
② 揭晓：《文化软实力与国家意识形态安全》，《前沿》2011年第16期。
③ 郑元景：《网络时代文化软实力竞争与国家意识形态安全》，《科学社会主义》2012年第3期。

摇地坚持主流意识形态。①曾庆玲认为，提升文化软实力，才能增强人们对社会主义意识形态的自觉和自信，掌控意识形态竞争的战略主动，消解对西方社会制度和价值观念的迷信与追求，夯实社会主义意识形态安全的文化基础和思想根基。②

（三）意识形态安全视域下的文化建设研究

关于意识形态安全视域下的文化建设研究，国内学者在深入阐述传承和弘扬中华优秀传统文化对维护国家意识形态安全重要性的基础上，提出如何更好地进行社会主义文化建设。王永友、史君深入阐释了以意识形态为核心提升文化软实力的实践逻辑。其中，逻辑基础在于意识形态对文化软实力具有"定责、定向、定性"作用；逻辑要求在于保持意识形态的客观性、警惕西方意识形态的渗透、坚持社会主义意识形态的主导性；实践要求在于坚持社会主义意识形态的对内说服力、对外影响力和全球竞争力。③孙邵勇、郑人杰认为，红色文化是中国共产党领导广大人民在长期革命斗争中孕育而成的一种特色鲜明的文化形态，属于社会主义意识形态的范畴。红色文化增进社会主义意识形态认同主要表现在四个维度：政治认同上彰显中国共产党的政治定力；经济认同上凸显社会主义市场经济的原则导向；文化认同上涵养中国特色社会主义的文化自信；社

---

① 张宗伟：《文化软实力建设与维护我国意识形态安全》，《东岳论丛》2012年第10期。
② 曾庆玲：《文化软实力提升与社会主义意识形态建设关系研究》，《思想政治教育研究》2016年第6期。
③ 王永友，史君：《以意识形态为核心提升文化软实力的实践逻辑》，《马克思主义研究》2015年第4期。

会认同上强化社会主义的情感认知。[1]李楠、王懂礼认为，传承和弘扬中华优秀传统文化，有助于提高民族凝聚力和向心力、汇集实现中华民族伟大复兴中国梦的磅礴力量，有助于增强"四个自信"、坚定中国特色社会主义的共同理想信念，有助于提升国家文化软实力和扩大国际影响力、竞争力、号召力，对维护国家意识形态安全具有重要意义。[2]彭国柱认为，巩固意识形态领导权是夯实党执政根基的需要，是最大限度凝聚全社会、全民族力量为中国特色社会主义事业奋斗的需要。用好红色文化，有助于强化"四个自信"，有助于中国共产党牢牢掌握意识形态的领导权，维护国家的意识形态安全。[3]

四、新时代意识形态安全思想研究

时代是思想之母，任何思想文化都源于时代并以不同的方式反作用于时代。新时代意识形态安全思想将意识形态安全视为集内部安全和外部安全、国土安全和国民安全、传统安全和非传统安全、发展问题和安全问题、自身安全和共同安全等为一体的总体安全状态，并涉及新时代意识形态安全的态势与维护等方面内容。国内学界对新时代意识形态安全思想的研究，始于对新时代的总体国家安全观的现实研究。

---

[1] 孙邵勇，郑人杰：《红色文化增进社会主义意识形态认同的四维解析》，《湖北社会科学》2017年第11期。
[2] 李楠，王懂礼：《国家意识形态安全视域下中华优秀传统文化的传承和弘扬》，《思想理论教育导刊》2019年第4期。
[3] 彭国柱：《用好红色文化　巩固意识形态领导权》，《人民论坛》2019年第6期。

(一) 总体国家安全观研究

意识形态安全与总体国家安全紧密关切。国内学界对这一问题的研究普遍置于总体国家安全观的视阈下进行考察，具体观点包括以下四个方面。一是"问题导向型"，从现实问题出发探究具体路径。徐成芳、罗家锋提出，要从根本上确立意识形态安全的国家战略和正确处理社会主义意识形态问题的基本原则；持之以恒地推进意识形态领域的立论、驳论、攻辩、创新和引领工作；坚定不移地推进中国特色社会主义的伟大实践，切实把我国意识形态安全建立在富强、民主、文明、和谐和可持续发展的社会主义社会基础之上。① 二是"理论创新型"，主张以理论创新提升维护意识形态安全的能力。李辽宁认为，意识形态安全与马克思主义理论学科建设有内在一致性，维护国家主导意识形态安全是马克思主义理论学科的历史使命，马克思主义理论学科的建设水平也直接关系到主导意识形态的安全程度。② 三是"实践互动型"，利用理论与实践的相互作用，探索社会转型与维护意识形态安全相互促进的新模式。胡伯项、刘东浩认为，社会转型和社会变迁带来了公民价值观的多元化，我国的社会现代化进程导致意识形态产生新变化和冲击。意识形态的安全建设是在实践中生成和发展的，意识形态与社会现代化建设必须在互动中前进，基于两者互动关系中的功能考察，才能对我国现代化进程中的意识形态安全建设进行正确理论思考。③ 四是"全面

---

① 徐成芳，罗家锋：《试论当前中国意识形态安全面临的主要问题》，《政治学研究》2012年第6期。
② 李辽宁：《当代中国意识形态安全与马克思主义理论学科的创新发展》，《思想理论研究》2015年第1期。
③ 胡伯项，刘东浩：《我国社会现代化与意识形态安全建设互动研究》，《学术论坛》2014年第3期。

探索型",涵盖从顶层设计到具体部署的各环节。周振彦认为,面对国际国内诸多挑战,维护我国意识形态安全只有贯彻落实总体国家安全观。具体来说,要以全面深化改革、完善分配制度、继续反"四风"来夯实我国意识形态安全发展的社会基础,以社会主义核心价值观、社会主义意识形态吸引力、加强意识形态工作队伍建设为抓手加强我国主流意识形态理论体系的自我建构,借力全球治理、强化东方理念、传播中国声音,掌握我国主流意识形态国际话语权。①

（二）新时代意识形态安全态势研究

有学者认为,全媒体时代的到来改变了信息生产和传播的方式,促成了传播权力的再分配,使得维护我国意识形态安全面临的难度愈加增大。如何厘清并有效应对全媒体时代维护我国意识形态安全面临的新挑战,成为当前学术界的重要关注点。西方发达国家凭借其强大的互联网技术和资源优势,主导世界网络信息传媒的话语权。杜仕菊、刘林认为,"微时代"在对主导意识形态形成新的挑战的同时,也为主导意识形态的话语转型带来了新的机遇。符号信息流的时空转换日益高速化、内容形式日益碎片化和娱乐化,依附于符号信息流的多元化社会价值在网络空间碰撞与融合,构成了对主导意识形态话语领导权的新挑战。②金民卿认为,新时代国内意识形态安全工作的复杂性不断增加,使得意识形态安全呈现出尖锐性和复杂性,西方意识形态渗透的力度不断加强,中国遭遇和平演变和"颜色革命"的风险不断加大。这就迫切需要建设具有强大凝聚力和

---

① 周振彦:《新形势下维护我国意识形态安全的战略思考》,《探索》2014年第4期。
② 杜仕菊,刘林:《"微时代"主导意识形态的场域定位与话语转型》,《思想理论教育》2018年第10期。

吸引力的社会主义意识形态。①有学者以西方文化渗透对我国意识形态安全的影响为研究视角，认为西方文化思潮是影响我国意识形态安全的重要因素。陈坤、李佳认为，西方敌对势力假借全球化之名，利用网络新媒体输出资产阶级意识形态和价值观念，严重动摇了马克思主义在意识形态领域的领导权和话语权。②郑淑芬、闫明明认为，欧美国家霸权文化利用新媒体信息的传播特性，宣扬和鼓吹新媒体文化的自由、反权威和去中心化的新特征，冲击我国人民的价值取向，模糊国家公民概念和民族意识，进而淡化我国公民的政治情感。③谭向阳从生态学的维度指出，当前高校意识形态安全文化生态建设面临的现实困境，包括多元文化相互激荡导致高校意识形态安全文化生态建设的文化环境之困；错误思潮渗透蔓延导致高校意识形态安全文化生态建设的思想环境之困；以及网络传媒异军突起引发高校意识形态安全文化生态建设的网络环境之困。④侯欣、谢成宇认为，西方国家以"民主、人权"等口号，以社会思潮为抓手，加大对我国的意识形态渗透。尤其是新自由主义思潮、历史虚无主义思潮和"普世价值"带着政治目的并试图削弱人们对社会主义意识形态的认同。⑤

---

① 金民卿：《增强意识形态安全意识的时代依据和对策思考》，《当代世界与社会主义》2018年第6期。
② 陈坤，李佳：《新媒体时代我国意识形态安全面临的挑战及应对着力点》，《思想理论教育导刊》2016年第9期。
③ 郑淑芬，闫明明：《新媒体时代我国意识形态安全构建的路径选择》，《理论探讨》2017年第4期。
④ 谭向阳：《高校意识形态安全文化生态建设的困境与路径》，《学校党建与思想教育》2018年第5期。
⑤ 侯欣，谢成宇：《国家意识形态安全风险防范能力提升刍议》，《思想教育研究》2019年第7期。

（三）新时代意识形态安全维护研究

研究新时代意识形态安全问题的目的是维护国家意识形态的安全。从国内研究文献中可以看出，相关的研究视角主要集中在三个方面，即以互联网为研究视角探求维护意识形态安全，从高校意识形态安全为视域来探索意识形态安全，以及立足于党或国家的立场来探讨意识形态安全的建设问题。学者认为，必须科学把握意识形态在新时代、新阶段、新环境的变迁，加强对其前沿问题的分析和解读，了解其新动向、新态势、新特点，并作出有针对性的应对之策。①

第一，以互联网为研究视角探求维护意识形态安全。此类研究是探求互联网意识形态安全存在的问题并提出相关的维护路径。缪锦春、易华勇认为："信息技术的更新迭代和网民数量的急剧增加使得网络舆论生态系统发生了颠覆性变革，增添了意识形态安全的风险。5G的广泛应用深刻改变了网络舆论生态系统原有生产逻辑，破坏了网络舆论治理的传统程序。消极舆论的肆意传播严重威胁着我国主流意识形态安全。"②冷文勇认为，维护网络微环境下国家意识形态安全是一项全面而系统的工作，社会各有关方面应当通力配合，顺势而为，不断促进网络微媒体与意识形态工作的有机融合，积极探索工作的新内容、新方法和新路径，从巩固国家对意识形态工作领导权、控制权和话语权三个方面，维护网络微环境下意识形态的

---

① 冯刚：《新形势下意识形态相关问题研究》，光明日报出版社2014年版，第2页。
② 缪锦春，易华勇：《5G时代网络舆论治理面临的挑战与应对理路——基于意识形态安全视角》，《江南大学学报》（人文社会科学版）2022年第1期。

安全。①解决意识形态安全问题要从全局、历史的高度来加强舆论引导和意识形态维护。具体而言，在国内要通过网络舆论引导，以新时代取得的巨大成就所显示出的社会主义优越性为基础，把解决实际问题与解决思想问题结合起来，用小故事阐释大道理，把有意义的事情讲得更有意思，坚定人们对马克思主义的信仰，对社会主义和共产主义的信念，对中国特色社会主义道路、理论、制度、文化的自信。在国际方面，就是要讲好中国故事、传播好中国声音、阐释好中国特色、维护好中国形象。②

第二，以维护高校意识形态安全为目的探求维护意识形态安全。梅旭成、熊嘉鑫认为："当前，国内外意识形态安全风险叠加，不稳定因素进一步增多。在各种社会现象的观照下，各类思潮在高校舆论场集中出现，知识群体的政治光谱更趋对立，外部意识形态风险渗透加剧。高校要坚持破立并举，健全意识形态引领机制；管建并行，夯筑意识形态工作阵地；虚实并重，防范意识形态领域风险；惩防并用，实现意识形态治理创新。"③李悦针对各种网络传播社会思潮对高校意识形态安全的影响，提出高校要加强定向引导与全面管控，努力构建中国特色学科体系、话语体系，深入进行理论学术研究和教育教学，进一步取得学科攻关、高地攻坚的标志性成果，

---

① 冷文勇：《网络微环境下维护国家意识形态安全的途径》，《河北学刊》2018年第2期。
② 徐世甫：《新时代网络舆论引导缺场生成的意识形态安全问题》，《毛泽东邓小平理论研究》2018年第11期。
③ 梅旭成，熊嘉鑫：《新时代高校意识形态安全研究》，《学校党建与思想教育》2022年第2期。

坚决打好网络阵地战。①孙贺认为，高校思想政治理论课具有保障和促进意识形态安全的职能和使命。高校思想政治理论课话语体系要紧紧抓住意识形态安全的政治方向，坚持以马克思主义意识形态理论为指引，牢牢把握高校思想政治理论课话语体系建设的意识形态领导权、主导权和话语权，把意识形态安全思想贯穿于高校思想政治理论课话语体系建设全过程，确保建构的高校思想政治理论课话语体系充分反映意识形态安全的需要。②杨延圣、邢乐勤认为，高校应从教育防范、制度防范和合力防范三个方面构建基于意识形态安全的防范模式和机制，确保马克思主义在高校意识形态领域中的指导地位。③

第三，从国家的立场来探求维护意识形态安全。朱培丽认为，知识分子是意识形态较量的关键主体。知识分子话语权的价值性具有鲜明的意识形态导向，是提升国家文化软实力、维护文化意识形态安全的现实需要。建构当代中国知识分子话语权需要坚定知识创新的社会主义方向、拓展国际比较的文化视野。增强中国特色话语体系创新。④陈坤、李旖旎认为，维护新时代意识形态安全，需要不断完善外交话语体系，用马克思主义理论对"和平、正义、民主、平等、自由"等观念进行阐释；应拓宽我国意识形态传播的载体和

---

① 李悦：《网络传播社会思潮与高校意识形态安全研究》，《思想理论教育导刊》2017年第10期。
② 孙贺：《高校思想政治理论课话语体系建设的意识形态安全思维》，《思想理论教育导刊》2017年第8期。
③ 杨延圣，邢乐勤：《宗教渗透与高校意识形态安全研究》，《新疆社会科学》2018年第5期。
④ 朱培丽：《意识形态安全视阈下当代中国知识分子话语权的建构》，《马克思主义研究》2016年第8期。

渠道，创新话语表达方式，既让世界听到中国声音，又让世界信服中国话语；应继续发挥负责任大国作用，推动世界信息传播新秩序的建立，以改变西方发达国家独占和控制世界信息的局面，实现国际话语的多样化。①

总而言之，从国内学术界的理论成果来看，学者们认为维护新时代意识形态安全，就是要建设具有强大凝聚力和吸引力的社会主义意识形态，全面做好网络意识形态工作。新时代要科学把握引领网络文化发展方向，大力加强对网络文化引领；既要引领好网络文化发展方向，又要有力抵制腐朽的、错误的网络思想动向；既要在网络文化发展中强调最大的包容性，又要坚决维持意识形态底线的不可触动性。

（四）新时代网络意识形态安全思想研究

作为现实生活意识形态在虚拟社会的呈现，网络意识形态是网络技术为基础而产生的个体看待网络社会的思想体系。杨露露、张立红、吴春颖指出："网络意识形态安全在大数据环境下面临新的风险挑战，大数据环境也给网络意识形态风险治理提供了新的解决思路。"②网络意识形态是不同社会阶层、不同风俗习惯、不同利益需求、不同政治立场的网民在网络社会的价值观念表达结果。新时代网络意识形态思想是新时代中国特色社会主义思想的重要组成部分，是在马克思主义意识形态思想精髓的基础上，针对网络而提出的意识形态的新概念和新思想。党的十八大以来，国内学者从不同视角对新时代网络意识形态安全思想进行了深入的解读和研究，从现有

---

① 陈坤，李旖旎：《建设具有强大凝聚力和引领力的社会主义意识形态》，《人民论坛》2018年第20期。
② 杨露露，张立红，吴春颖：《大数据环境下网络意识形态风险建模与治理策略研究》，《中国人民警察大学学报》2022年第2期。

的研究成果，国内学者对新时代网络意识形态安全研究主要从网络意识形态安全的理论问题和现实问题两个方面来展开研究。

网络意识形态是人类在网络时代的一种崭新认识范式和思想体系的更高样态。网络意识形态理论重在探讨网络意识形态的本质内涵、逻辑结构和功能属性等基础性问题，是深入研究新时代网络意识形态安全思想的基本前提。对网络意识形态基本内涵的解读，目前国内学界代表性的观点主要有三种：一是将网络意识形态当作一种对网民的行为具有价值指引功能的思想体系。李怀杰、吴满意、夏虎认为，网络意识形态是国家及各级管理部门基于多元互联网平台进行文化生产、思想教育、价值传播、舆论引导的社会主义意识形态的总称。[①] 张宽裕、丁振国认为，网络意识形态是网民看待世界的有机的思想体系，代表着网民的阶层利益，指导着网民的行动，并通过虚拟社会反作用于现实社会，是人类社会意识形态的一种新的范式。[②] 二是将网络意识形态视为传统意识形态在空间上的拓展。姚元军认为，网络意识形态是基于网络信息工具的使用而产生的新的意识形态领域，是传统意识形态各要素在网络信息空间的延伸和再现，并在一定条件下反作用于现实世界，对现实世界产生影响。[③] 卢黎歌、岳潇、李英豪认为，网络意识形态是以网络为载体产生的意识形态新领域，是传统意识形态从现实向网络延伸的生存

---

① 李怀杰，吴满意，夏虎：《大数据时代高校网络意识形态建设探究》，《思想教育研究》2016年第5期。
② 张宽裕，丁振国：《论网络意识形态及其特征》，《学校党建与思想教育》2008年第2期。
③ 姚元军：《网络意识形态安全问题探究》，《江汉大学学报》（社会科学版）2014年第5期。

现象。①三是将网络意识形态界定为从特定阶级中产生并代表特定阶级和社会集团根本利益的思想观念。张志丹认为，互联网上的信息总是处于一定社会关系中的具有现实利益要求和价值观的人或机构发布的，必然或隐或显地夹带着特定的利益要求，有所指向，具有意识形态属性，不可能"价值无涉"。②研究视角的差异，学界对网络意识形态特征的概括呈现出不同的侧重点。当前国内学界主要从主体角度、动态角度、场域角度三个方面探究网络意识形态特征。第一，主体角度重在强调网络意识形态主体存在方式、社会交往模式等方面呈现出的新特征。赵欢春指出，网络意识形态作为一种意识形态新样态，其根本属性没有发生变化，改变的仅仅是其外在形态。具体来说，主要是意识形态主体自我存在的样态、意识形态主体所处的社会关系样态以及意识形态主体间互动样态发生变化。③第二，动态角度侧重强调网络意识形态在动态建设过程中呈现的新特征。黄冬霞、吴满意从生成的技术性、成长的互动性、信息的符号化、内容的渗透性以及效果的累积性四个方面概述了网络意识形态在生产、传播过程中所呈现的新特点。④第三，场域角度强调将网络作为意识形态生长的新场域，探寻网络意识形态给整个意识形态领域带来的新变化。李俊卿、张泽一将网络意识形态的表征概括

---

① 卢黎歌，岳潇，李英豪：《当前我国网络意识形态的博弈与引导》，《思想教育研究》2017年第6期。
② 张志丹：《新媒体时代我国网络意识形态建设：危局、误读与突围》，《河海大学学报》（哲学社会科学版）2017年第1期。
③ 赵欢春：《论网络意识形态话语权的当代挑战》，《河海大学学报》（哲学社会科学版）2017年第2期。
④ 黄冬霞，吴满意：《网络意识形态内涵的新界定》，《社会科学研究》2016年第5期。

为网络意识形态斗争场景的文艺化、网络意识形态载体的日益影像化和视觉化、消费主义至上成为网络意识形态传达的重要内容。①关于网络意识形态功能，国内学者更多是将意识形态的解释论证、凝聚整合、引领动员等功能与网络自身的传播机制特点相结合进行研究。郑元景认为网络意识形态应具有维护与批判、引导与整合、动员与激励三方面的功能，以最终保障虚拟与现实社会的健康协调发展。②陈建波、庄前生则从互联网自身的传播属性出发，将网络意识形态的功能概括为信息传播、表达阐释、互动凝聚和监督纠错四大功能。③陈联俊认为，移动网络空间中感性意识形态兴起的价值省思为价值传播创造了机遇，注重从图像叙事传播、社群思维导向、意识形态对话、理想愿景塑造等进行价值导引，将有助于形成价值共识。④此外有少数学者认为，中国网络媒介的主流意识形态需要发挥维护政治合法性、政治动员和激励、有效整合社会资源、价值导向引导等四项功能。

网络意识形态安全是当前我国网络治理以及意识形态建设的重点内容，关系党的执政地位和社会主义的发展方向。赵惜群、黄蓉指出，维护我国网络意识形态安全，要不断保持和提升我国社会主义意识形态在网络空间中的解释力、吸引力和凝聚力，其

---

① 李俊卿，张泽一：《互联网背景下我国意识形态表征、安全风险及防范》，《思想理论教育导刊》2016年第10期。
② 郑元景：《当代我国网络意识形态话语权的变迁与重构》，《社会科学辑刊》2015年第6期。
③ 陈建波，庄前生：《作为意识形态技术的互联网：执政党的视角》，《新闻与传播研究》2016年第11期。
④ 陈联俊：《移动网络空间中感性意识形态兴起的价值省思》，《马克思主义与现实》2018年第2期。

实质在于牢牢掌握社会主义意识形态的网络主导权。①网络意识形态安全的实现必须构建领导上的影响力、技术上的硬实力以及话语上的认同力。近来，学界结合领导权、话语权理论来解读网络意识形态安全的研究日益增多，大大丰富了网络意识形态安全理论研究。如刘波亚结合葛兰西的意识形态领导权理论指出，网络意识形态领导权是主导意识形态为获得大多数网民的自愿认可和赞同，与其他意识形态自由竞争通过非强制影响力，最终取得相应的意识形态的地位。它的生成既需要自上而下使网民服从的思想权威，又需要自下而上的网络民意的选择与支持。②郑元景则从话语权角度将网络意识形态安全理解为信息传播主体通过虚拟世界意识形态的生产支配，获取潜在的对现实社会的影响力，使隐含主流价值的话语通过网络平台渗透到大众中，进而引导和掌控现实社会思想舆论。③实现网络意识形态安全不仅需要明确其内涵，也需要科学把握其原则。网络意识形态作为意识形态的新样态，并未脱离当前意识形态工作的总体格局，更不能背离意识形态工作的大方向。因此，必须旗帜鲜明地坚持马克思主义在网络意识形态中的指导地位不动摇，努力争取网络意识形态话语权，以维护国家安全和政治稳定，使网络成为意识形态安全的"最大变量"。这些原则是学者们研究中的普遍共识。同时，鲁宽民、徐奇从网络发展与网络意识形态安全维护的逻辑关系角度进

---

① 赵惜群，黄蓉：《我国网络意识形态安全长效机制的构建》，《湖南科技大学学报》（社会科学版）2014年第6期。
② 刘波亚：《网络空间中意识形态领导权的构建》，《湖南社会科学》2016年第2期。
③ 郑元景：《当代我国网络意识形态话语权的变迁与重构》，《社会科学辑刊》2015年第6期。

行思考并指出，马克思主义指导思想是维护网络意识形态安全的方向指导，以人民为中心是维护意识形态安全的核心价值理念，德法并重是维护网络意识形态安全的基本方略。[①]

[①] 鲁宽民，徐奇：《网络发展与网络意识形态安全维护的逻辑关系》，《学校党建与思想教育》2017年第9期。

第二节　国外意识形态安全相关问题研究动态

"意识形态"自特拉西提出以来，一直是西方学界争论的焦点。意识形态整体上经历了从传统意识形态向现代意识形态、从革命意识形态向日常生活意识形态、从经验社会的意识形态向网络社会意识形态的转向问题。学界对意识形态概念的理解虽然有不同的观点，但在其基本问题上达成一定共识。在肯定意义上把它理解为一种表征特定阶级利益的合法化话语问题。在理论形态上主要包括以卢卡奇、葛兰西和柯尔施等为代表的意识形态革命论，以法兰克福学派为代表的意识形态批判论以及以曼海姆、阿隆、贝尔、福山、亨廷顿等为代表的意识形态终结论。虽然这些理论的影响很大，但也遭到许多不同学者的质疑。关于意识形态的各种思想观念纷争不断、此起彼伏，而围绕意识形态安全论题，国外学者主要聚焦于意识形态终结论、文化安全与意识形态的价值、意识形态安全重要性等方面进行深入研究。

一、空间的意识形态终结论

"意识形态终结论"产生于20世纪50年代，是冷战时期西方右翼学者在社会主义与资本主义两大阵营对抗的时代背景下形成的一个理论思潮。自爱德华·希尔斯在1955年米兰会议上提出"意识形态的终结"的命题起,"意识形态之争是否终结"的问题就成为西方学界热议的话题。雷蒙·阿隆、丹尼尔·贝尔等人都对这一问题作出了肯定性的回应,对"意识形态终结论"思潮的形成与泛滥起了极大的推动作用。意识形态终结论者基于对现代成熟的工业国家的认同和西方民主的接纳,否定阶级斗争和革命激情,宣称意识形态之争已经平息。这一思潮指向的不是一般意义上的意识形态终结,而是西方国家意识形态的图谋;以实证主义的理论前提来演绎这一结论,实质上仍然体现了西方资产阶级于冷战时代的思想实质,具有强烈的意识形态色彩。雷蒙·阿隆明确地把马克思主义、共产主义视为一种意识形态。他认为马克思主义就是"展现了一种对世界的全面解释,在人们心中激起了与任何时代的信徒都相近的情感,并确立了价值等级和行为规范"①的理性力量。所以,雷蒙·阿隆认为的意识形态的终结,就是激情的政治神话的消亡,是总体性的信仰的终结。李普塞特更是直接提出,意识形态的终结就是"国内政治的终结"。贝尔同样把意识形态的终结直接指向了激进政治的终结,他认为激情的信仰和全面改造生活方式的革命理想,是包罗万象的总体性的解释体系。贝尔最终断言意识形态失去了感召力,意识形态终结就是这样的一种信仰模式的终结。意识形态终结论是资产阶级意识形态的表达,体现了自满于工业社会的成熟和资本主义民主政治的资产阶级的思想共识,具有无可否认的意识形态性质。

二、文化安全与意识形态的价值研究

部分西方学者认为文化与意识形态安全是实现国家利益的重要

---

① [法国] 雷蒙·阿隆:《知识分子的鸦片》,吕一民,顾杭译,凤凰出版传媒集团、译林出版社2005年版,第272页。

手段。后冷战时期，文化成为推行或反抗霸权的重要手段。弗雷德里克·杰姆逊认为，全球化实际上是多国资本主义阶段的文化现象。①美国是当代实施国家文化和意识形态安全战略最具代表性的国家。亨廷顿认为，国家利益来源于国家认同，包括文化与信仰。他同时强调，在冷战后美国应在政治意识和普遍价值观上取得新的认同的一致，进而发展美国的国家利益。亨廷顿指出国家利益是滑动概念，民主利益是国家对外政策的内容。价值是权力的重要缘起，民主因素成为国家利益的重要组成部分。

有的西方学者指出意识形态与文化安全是执政党合法性的思想前提和理论基础。合法性是政治学的核心概念之一。按照西摩·马丁·李普塞特的解释，合法性是指政治系统使人们产生和坚持现存政治制度的社会最适宜制度之信仰的能力。②有的西方学者认为合法性是一种信念，即认为某个决策系统是正确的、适当的或正当的，并在道义上服从该系统的决策。任何决策系统的合法性不仅取决于系统满足社会公众需求的有效性，而且取决于该系统的决策规则与社会公众价值信仰的一致性。③尤尔根·哈贝马斯认为不能随便使用合法性的概念。只有在谈到政治制度时，我们才能说合法性。合法性就是承认一个真正制度的尊严。④弗兰克·帕金认为，政治合法性

---

① 弗雷德里克·杰姆逊：《后现代主义与文化理论》，唐小兵译，陕西师范大学出版社1987年版，第6页。
② ［美］西摩·马丁·李普塞特：《政治人：政治的社会基础》，张绍宗译，上海人民出版社1997年版，第55页。
③ Magdalena Bexell: Global Governance, Legitimacy and Legitimation, Routledge, 2017. p. 35.
④ ［德］尤尔根·哈贝马斯：《重建历史唯物主义》，郭官义译，社会科学文献出版社2000年版，第262页。

的试金石是"当主子没有力量惩罚反对者时,他的下属是否还愿意服从他的命令"[①]。由此可见,合法性是一个国家有效统治和政治稳定的基础,同时也是维护一个国家文化安全和文化执政的重要前提。这种合法性不是通过颁布法律就必然获得的合法性,也不是指按照一定的法律规范获得就必定具有合法性的那种情况,而是指社会大众对政权的认同和忠诚、政治体制的价值与其社会成员的价值的一致性。它不是统治者单向作用的结果,而是在统治者的执政意志和执政理念中,充分体现社会群体的利益和要求,是被社会群体成员认为是合理的产物。正是源自这种合理性基础上的合法性,才是国家文化安全和社会文化繁荣的保障。

还有的西方学者认为文化安全与意识形态影响国家对外战略制定及对外关系走向。他们立足于经济全球化背景,指出文化安全和意识形态作为影响国家对外关系性质与走向的重要因素,如何以国家大战略的视角出发维护意识形态安全成为世界各国政府的普遍共识。对于国家文化安全的关注,进而影响到全球化条件下国家文化战略的制定,是由于文化和意识形态在现代国家发展和国际关系中日益显示出其价值和作用而产生的。对此,国外学者进行了相关独到的论述。莱斯利·A·怀特认为,在决定民族国家特征的众多因素中,只有固存于民族国家身上的特殊文化心理或意识才是关键性的因素,其他诸如内部种族和外部结构等只能起到辅助作用。

---

① [英] 弗兰克·帕金:《马克斯·韦伯》,刘东,谢维和译,四川人民出版社1987年版,第125页。

三、意识形态安全战略研究

冷战结束以后，以美国为代表的西方国家高度重视意识形态安全的维护，并凭借军事与科技的强大优势，试图将美式西方自由、民主的价值观念变成全世界的普遍观念。围绕如何更好地维护意识形态安全，提高文化软实力的竞争，西方学者从不同角度进行了论述。

一是从政治文化和价值观角度去探讨意识形态安全的维护。约瑟夫·奈认为，国家软实力主要来源于文化、政治价值观和外交政策。他指出，软实力实质上"是一个国家的文化与意识形态诉求"①。西方发达国家为实现自身利益，将西方价值观念、意识形态和思维方式编码在整个文化机器中，竭力对发展中国家进行文化渗透与控制，从而造成"文化同质现象"。这种表面上平等而实际上不平等的文化传播实际上是一种"文化殖民"。这种在新的历史条件下延续着前殖民主义"幽灵"的文化侵略扩张，被约翰·汤林森冠名为"文化帝国主义"。还有学者指出文化的认同对意识形态安全维护极为重要。英国学者认为，人们的社会地位和认同是由其所认同的文化理论所决定的，也就是说文化具有传递认同信息的功能。②

二是从文化产业和文化市场角度去探讨意识形态安全的维护。西方学者认为，文化商品不仅具有一般商品所具有的物质效用和价值，同时承载着丰厚的文化内涵和精神效用。有学者认为，文化传播涉及技术媒介或物质手段的运用，通过网络技术处理的过程，符

---

① [美]约瑟夫·奈：《软力量——世界政坛成功之道》，吴晓辉，钱程译，东方出版社2005年版，第11页。
② Monica Shelley, Margaret winck: Aspects of European Cultural Diversity, Routledge, 1995. p. 194.

号形式被生产出来并加以传播。①伴随着网络技术和数字技术的发展，世界文化产业发展趋势进入全新阶段，同时引发更多的国家意识形态安全问题。布热津斯基明确指出，美国大众文化具有一种磁铁板的吸引力，尤其是对全世界的青年。它的文化吸引力可能来自它宣扬的生活方式的享乐主义的特征，但是它在全球的吸引力却是不可否认的。②

三是利用网络传播媒体去探讨意识形态安全的维护。网络信息技术的发展对促进各国文化交流具有不可替代作用，也是国家维护意识形态安全的重要手段。网络已成为现代社会最突出的标志。美国学者曾经预言，全球性的电脑国度掌握政治领空之前，落后国家根本不需要经过一场混战，已经消亡。③伴随着网络信息技术的无国界，国家在国际关系中地位的相对弱化，以托夫勒为代表第三次浪潮文明观的"超国家主义"观点在网络广为流传。托夫勒的"超国家主义"认为，我们现有的国家观念是工业革命的产物，而随着第三次浪潮文明，即信息革命的发展，这种国家观念再也不符合新文明的要求，因此旧的民族国家观念必然要被新的国家观念所取代。正如有的西方学者认为，国家在传统的信息传播领域可以实行有效的监管和控制，但在网络空间中的多重机构是实行分散化的管理，没有任何一个实体能够完全控制整个网络。此外，学者们认为主体在网络上交流的是信息，也是思想。尽管网民的真实身份和地

---

① John B. Thompson: Ideology and Modern Culture, Stanford University Press, 1990. p. 3.
② ［美］兹比格纽·布热津斯基：《大棋局：美国的首要地位及其地缘战略》，中国国际问题研究所译，上海人民出版社1998年版，第35页。
③ 尼葛洛庞帝：《数字化生存》，胡泳、范海燕译，海南出版社1997年版，第278页。

位可能不太一样,但在思想交流上是平等的。美国学者奈斯比特在谈到这种平等时指出,在网络组织里,信息本身就使得一切事物都趋于平等。在网络组织中成员彼此平等相待,因为最重要的是信息,它使一切变得平等。

四、网络意识形态及其网络意识形态安全研究

国外学者对网络意识形态及其安全思想的研究相对比较早。美国学者马克·斯劳卡在其《大冲突:赛博空间和高科技对现实的威胁》中认为,一场前所未有的技术革命正缓缓登上历史的舞台,它颠覆了传统概念对"人类"的定义。直接的交流已经不再是人们最主要的交流方式,人们通过互联网,去追求新闻、娱乐、友情等。他深刻指出,"数字革命在它的深层核心,是与权力相关的"[①]。美国学者尼葛洛庞帝对数字化时代进行了详细的分析介绍,并认为数字化时代具有分散权力、全球化、追求和谐和赋予权力的特点。[②]中国学者郑腾川进一步阐述了美国学者尼葛洛庞帝的观点,并认为数字化时代对人们产生了潜移默化的影响,"从某种意义上说,数字化时代是抽象的,它并不像以往的任何社会革命一样,从生产方式和历史形态上带来全面的变革;但从我们生活的方式看,数字化时代的脚步又是实实在在的,只是这种变化就像空气一样无声地渗透进了日常生活"[③]。曼纽尔·卡斯特在其发表的《网络社会的崛起》一书中形成了他的网络社会理论。他的主要观点体现在三个方面:

---

① [美]马克·斯劳卡:《大冲突:赛博空间和高科技对现实的威胁》,黄锫坚译,王明杰校,江西教育出版社1999年版,第29页。
② 尼葛洛庞帝:《数字化生存》,胡泳、范海燕译,海南出版社1997年版,第269页。
③ 郑腾川:《数字化生存导读》,湖南科学技术出版社2007年版,第98页。

第一，网络社会的概念。网络社会的形成是网络组织了特定时代的支配性功能与过程，重新构建了新的社会形态，并且网络化的逻辑改变了生产经验权力与文化过程中的操作与结果。第二，网络社会的属性。网络社会形成了新的社会形态和新的思维模式：一方面新的社会形态，经济发展的全球化趋势、文化形态的多样化、自由轻松的工作形式、职业结构的两极化。另一方面，网络社会带来的开放多边的思维模式，不再是古板、陈旧的封闭式思维方式。第三，网络社会的作用。网络社会促进了网络经济的发展，为经济注入了新活力。网络社会拓宽了人类的发展空间，主要表现在人们生活、工作、交往方面。[①]美国著名学者阿尔温·托夫勒在《第三次浪潮》一书中指出人类社会经历了三次浪潮，包括农业阶段、工业阶段、信息化阶段。在著名的三次浪潮理论中，他主张人类应在思想、政治、经济、家庭领域进行一场革命，以适应第三次浪潮。[②]托夫勒进一步指出，以科技信息革命驱动的第三次浪潮完全颠覆了现代文明，这一里程碑式的变化早已渗透到社会的各个方面，使得一个新兴的文明线路崭露头角。

费尔德曼（Feldman T.）在其文章 *An Introduction to Digital Media* 中介绍了数字时代的网络媒介，将网络媒介与传统媒介进行了区别，并分析了网络媒介，作为当前意识形态传播的主要工具，具备的区别于传统媒介的优势特点。西奥多·L·格拉瑟（Theodore L. Glasser）和查尔斯·T·萨尔蒙（Charles T. Salmon）在其著作 *Public Opinion and the Communication of Consent* 中将社会意识形态与网络传

[①] 曼纽尔·卡斯特：《网络社会的崛起》，夏铸九，王志弘等译，社会科学文献出版社2001年版，第525页。
[②] ［美］阿尔温·托夫勒：《第三次浪潮》，朱志焱，潘琪，张焱译，生活·读书·新知三联书店1984年版，第23页。

播相结合，对民意与信息的有效传递问题进行了研究。约瑟夫·奈首次提出了"软实力"概念，他认为"一个国家的综合国力除了经济、军事和科技实力等硬实力之外，还有文化、意识形态体现出来的软实力"①。网络意识形态处于一个十分重要的位置，拥有网络空间优势成为强国的必要条件。另外，还有部分学者对于网络意识形态发展持有错误观点，需要我们在研究网络意识形态思想时引起重视，提高警惕，并防止被错误思想渗透。从当前网络空间的现实来看，意识形态的主体条件和社会基础依然存在。网络空间本身没有界限，但是，各种活动主体把自身的意识形态物化于网络空间，使互联网技术服从于人。同时，现实社会中的财富、知识等方面的差异成为网络空间意识形态的社会基础。所以，网络空间并不是没有边界的，意识形态不仅不会在网络终结，反而更加激烈而又深刻。因此，鼓吹网络空间意识形态新自由主义思想，认为网络空间不能被任何边界所局限的思想是错误的。

凯瑞·布朗和吕增奎在《21世纪中国共产党的意识形态》一文中阐述了中国历代领导集体对意识形态理论的阐述，文章认为，"意识形态为中国的共产主义精英领导人提供了一种方法，使之能够确立一种政治纲领，解决明显的社会分裂和巨大的权利失衡"②。荷兰莱顿大学汉学家柯雷教授在接受新华社采访时，强调当前中国社会多元的文化和思想观念正在深刻影响着中国人的道德伦理和价值观念，这些改变也带来了一些人的行为变化。此外，俄罗斯学者杰柳辛的《社会主义理想与社会的"和平演变"》、埃及学者萨米尔·

---

① [美]约瑟夫·奈:《软力量——世界政坛成果之道》，吴晓辉，钱程译，东方出版社2005年版，第11页。
② 凯瑞·布朗，吕增奎:《21世纪中国共产党的意识形态》，《马克思主义与现实》2012年第3期。

阿明的《历史资本主义的发展轨迹与21世纪马克思主义在三大洲的使命》、英国学者艾瑞克·霍布斯鲍姆的《论当前世界趋势》等研究成果，也为我们了解西方研究中国意识形态的视角提供了一定的现实参考。

关于网络意识形态安全的研究，国外学者提出了许多深刻的见解。在互联网环境下，新闻媒体作为意识形态建设中的信息"过滤者"的作用将被削弱。作为"网络媒介"的互联网，以"去中心化"的传播效能，突破了信息掌控和舆论把关的风险阀门。以互联网为代表的信息技术的深刻社会影响之一，就是对传统等级科层制组织的权威瓦解以及对社会个体言论的直接表达。曼纽尔·卡斯特认为，新的信息技术释放了网络的力量，并使权力分散了，事实上打破了单向结构和垂直的官僚监控的中央集权的逻辑。① 美国学者尼葛洛庞帝进一步指出，网络数字化生存具有四大特质：分散权力、全球化、追求和谐以及赋权。他认为互联网使"沙皇退位，个人抬头"，使电脑不再是少数人拥有权力的象征，它既可以为个人服务，也可以为群体服务，"分权心态正逐渐弥漫在整个社会中……传统的中央集权的生活理念将成为明日黄花"②。莫斯科大学的基里尔·捷林教授认为，在现代国家治理体系中，必须要有政党与社会、政党与公民之间的对话。公民参与越多，政党的合法性就越强。特别是在网络信息空间，不能由党和政府单一管理，必须要有公民的参与。莫斯科大学的瓦列里·伊万诺维奇·科瓦连科教授进一步指出，在网络信息空间构建强国观念，核心任务之一就是鼓励公民参与、发

---

① ［美］曼纽尔·卡斯特：《认同的力量》（第二版），社会科学文献出版社2006年版，第333页。
② 尼葛洛庞帝：《数字化生存》，胡泳、范海燕译，海南出版社1997年版，第62页。

展公民社会。

还有很多国外学者也谈及对网络空间意识形态安全与管理问题的思考,并着重从网络道德、网络伦理、网络文化的建设提出了自身的见解。美国学者理查德·斯皮内洛在其著作《铁笼,还是乌托邦:网络空间的道德与法律》中,从伦理学的角度探讨了网络空间的兴起所引起的社会代价和道德问题。他认为,道德应当是网络空间的终极管理者,为个人行为和组织政策划定边界。在当今时代,要重视从道德的角度来对网络意识形态进行建设和管理。另外,还有普拉特的《混乱的联线——因特网上的冲突与秩序》、劳拉·昆兰蒂罗的《赛博犯罪:如何防范计算机犯罪》等专著都涉及了关于网络空间意识形态的道德与法律建设问题。

第三节　国内外意识形态安全研究述评与展望

伴随全球化浪潮和互联网快速发展影响的日益广泛，意识形态安全问题作为一个具有现实意义的重大命题，已经成为学界讨论的热点问题。国内学者们基于马克思主义理论、传播学、政治学和社会学等学科背景知识，从不同的角度展开了探索，取得了丰硕的研究成果，并基本形成"问题—对策"式的研究模式。国外学者更多是从文化角度去阐述意识形态安全的重要性，并深入阐释如何通过媒体传递国家核心价值观，进而达到维护国家利益的目的。由此可见，意识形态安全问题是中西方学术界都极为关注的理论课题和时代话题。

一、意识形态安全问题研究述评

从国外研究现状来看，随着意识形态因素在国家关系中作用的日益突出，越来越多的西方学者开始从文化视角去研究意识形态安全在国际关系和外交中的价值功能，并对国际关系中的文化安全以及意识形态安全等相关问题进行多角度探讨，提出许多具有建设性的观点。但是西方学者的学术研究存在明显的价值倾向性，他们研究的目的就是为美国以及西方文化霸权战略进行辩护，有的研究则是试图以西方意识形态来整合世界而提供理论依据和学理支撑。

从国内理论成果而言，在东欧剧变和苏联解体之后的国际大局势和背景下，随着经济全球化和信息全球化以及国家之间软实力竞争的日益增强，国家的意识形态安全问题也越来越受到重视，日益成为学者们关注和研究的重要问题。相关资料显示，随着各种思潮影响力的增加，在经济全球化和互联网信息技术发展的背景下，在国家间的竞争从显性向隐性转变的趋势下，国内学术界更加关注意识形态安全的研究。对意识形态安全问题的研究，不同学者研究的视域存在着较大差异。其中，有代表性的研究就是从网络化的背景、全球化的各种思潮、文化软实力的竞争等各种不同的视角出发来进行意识形态安全的研究，其研究的目的是为了在意识形态安全的建设路径上提出各自的理论性观点和建议，因此，研究具有很强的实践性和应用性。概而言之，当前意识形态安全研究领域呈现出"百家争鸣"的特点，形成了中国独特的关于意识形态安全的概念和不同视角下的理论并存的格局。国内学者为该领域研究成果的丰富和发展做出了贡献，也为我国意识形态安全的建设提供了可借鉴的、具有参考性的意见和建议。

与此同时，我们应当看到现有理论成果依然存在研究空间。在研究方法上可以更加丰富多彩。通过梳理文献发现，学者之间在研究视角、思维逻辑等方面存在一定的共通性，大家更多地采用历史研究法、文献综述法和抽样调查法等方法，但缺乏相关理论模型的构建和可操作性的评估方法，在研究深度上有待深化。从对近年来的文献分析可以明显发现，在意识形态安全问题的研究上存在一定的局限性。目前，在意识形态安全问题的研究方面，主要集中在意识形态理论研究，包括意识形态的概念变迁、意识形态的内容和功能等问题；意识形态的影响因素，涵括网络化、大数据、自由主义思潮等问题；意识形态的建设者，集中于高校、国家、执政党等方面，所有这些研究都可以进一步深化。因此，意识形态安全问题的研究还有许多领域，研究的空间仍然很大。虽然近年来研究热度一直在攀升，但是受既定的模式或者说范式的影响，新的研究成果仍然参考和沿用传统的研究理念，研究有待于进一步突破与创新。此外，对意识形态安全的空间归属和本质属性没有完全界定清楚，一些研究成果仅仅是建立在对意识形态安全的一般性研究。同时，对意识形态安全的内涵和外延的研究还可以进一步深化，对意识形态安全的本质问题与内在结构问题可以深入研究。尤其是关于网络空间与意识形态安全的关系问题，依然缺乏深度探究。可见，深入探讨网络空间中的意识形态安全问题，存在着十分广阔的理论和实践空间，需要继续展开深入研究，以不断推进该学术命题的系统化和整体化研究。

二、意识形态安全问题的研究展望

新时代以来，学术界围绕意识形态安全及其相关问题开展了许多富有成效的研究，取得了一系列重要突破，这些突破为本研究提供了丰富多样的研究视角和理论参照。与此同时，关于意识形态安全的研究尚存需要进一步拓展的理论空间，主要体现在以下几个方面：

第一，研究范式亟待创新。当前意识形态安全研究范式大致有三方面特征：一是整体性分析，即将意识形态安全看作浑然一体的整体性概念，而较少探讨其内部要素、结构样态、实现类型等问题；二是背景性透视，即将意识形态安全放置在全球化、信息化、市场化、现代化等时代背景下，侧重时代背景对主导性的影响和挑战，而较少涉及二者相互关系、有机联动的内在关系；三是防御性取向，即从单纯战略防御角度探讨如何增强社会主义意识形态安全，而较少探讨社会主义意识形态安全的时代问题。这种研究范式应该说对于我们从宏观上认识和把握意识形态安全问题，增强社会主义意识形态建设的紧迫感，有着极为重要的意义。但是，如果不能深入意识形态安全的内部，透视意识形态安全的要素构成和功能样态，不能把握社会主义意识形态安全实现的内在机理，则难以推动相关研究的不断深化，更难以真正确保与维护社会主义意识形态安全。

第二，研究视角需要立足于新时代的现实境遇与变化特征，从国家总体安全视阈下研究意识形态安全问题。具体而言，应当在研究中加强两个层次的联系，一是要将意识形态安全与新时代相联系，这是一种外在的关联性；二是把意识形态安全与国家总体安全相联系，这是一种内部的关联性。未来的研究方向应当立足于当前世界多极化、经济全球化、社会信息化、文化多样化的时代场域。意识形态安全问题不仅仅是一个国家内部的问题，同时也是一个与国际环境紧密相关的问题。与此同时，要进一步研究意识形态安全与国家整体战略的内在联系，明确意识形态安全是国家安全维护的重要组成部分，避免孤立地、空洞地探究意识形态安全问题，而是从联系的角度去阐述意识形态安全是什么、为什么如此重要、怎么去维护等问题，既能够拓宽对该问题的认知范围，同时深化意识形态安全的实践研究，促使这一论题更具有战略性与科学性。

第三，研究内容亟待系统化与整体化。一是基础性问题需要廓清。概念厘清是任何理论研究的基础和难点。特别是在意识形态领域，人们对意识形态概念理解的境况，不同学术背景的学者对意识形态有不同的理解与阐述。对意识形态安全的概念而言，当前尚未有比较一致的共识。如何对新时代意识形态安全的内涵、结构、功能、特征、理论基础等方面进行科学界定与透视，是当前需要进一步思考的问题。这些问题不解决，就难以切实把握意识形态安全的实质，更无法切实提出确保或维护意识形态安全的战略和对策。与此同时，新时代意识形态安全面临的境遇问题是重要关注点，包括全球化意识形态的激烈交锋、新媒体对意识形态安全的双重影响、主流意识形态建设等一系列现实境况。如何在厘清现实境遇基础上，提出新时代意识形态安全的治理与维护举措，是未来研究的出发点与落脚点。

第一章

新时代意识形态安全概述

第一节 新时代意识形态安全的

安全"是指一个国家主体意识形态地位不受任何威胁的相对稳定的状态"①。因此，安全的意识形态即"从理想的角度来看，指的是一个群体或集团所接受的思想体系，在特定的时空条件下能够给行为者带来稳妥的物质生活水平、稳定的人身安全以及个体与个体、个体与群体及群体与群体之间的和睦相处及互通有无"②。意识形态安全既是一个理论问题，其关涉到意识形态的内在本质与发展规律的一系列重要议题，同时也是一个现实问题，其关涉到国家主流意识形态的巩固、国家政权的稳定、社会秩序的维护以及人民精神生活的满足等一系列问题。同时，新时代表达着新的历史方位，是意识形态安全问题产生的时空场域。进入新时代，意识形态安全面临着诸多的风险和挑战。因此，从理论与现实的双重维度对新时代意识形态安全问题进行研究具有重要的理论价值和现实意义。

---

① 莫岳云：《抵御境外宗教渗透与构建我国意识形态安全战略》，《湖湘论坛》2010年第4期。
② 王水雄：《论制度变迁中的意识形态安全》，《江海学刊》2007年第1期。

第一节　新时代意识形态安全的内涵阐释

意识形态作为一个重要的哲学概念，其具有丰富的内涵。因此，厘清意识形态的概念内涵，并且基于新时代这一现实的时空场域，从历史与逻辑的结合、理念与现实的贯通、本质与意义的契合来理解这一概念，具有重要的理论价值。同时，要弄清楚意识形态安全问题，也必须首先对意识形态的内涵、内在构成要素及其结构形式要有充分的认识。也就是说，探讨意识形态的内在结构是明确意识形态安全问题的必要前提。

一、意识形态的内涵及其特征

意识形态这一概念，既具确定性，也具非确定性。其确定性在于它的客观现实性，即无论你承认不承认它、接不接受它，它都一直存在并不断地被研究和利用。而其非确定性表现为在不同历史时期、基于不同的阶级立场和利益诉求，意识形态常常被赋予不同内涵和价值。因此，要理解和解决意识形态问题，首先必须要搞清楚意识形态的基本内涵和特征。

（一）意识形态的内涵

古希腊哲学家柏拉图提出"洞穴比喻"是对意识形态概念的最早思考。柏拉图认为，人的感官所能够感知到的事物并非实在，如同洞穴中呈现给囚徒的影像。因此，如何从黑暗中走向光明、从可见转向可知世界成为迫切需要。然而，即使到了中世纪，这一理念并未得以实现。相反，人的思想精神却被种种"虚假的意识"和"错误的观念"带入一种脱离现实的虚幻之中。直到17世纪英国哲学家弗兰西斯·培根提出导致人类认知出现局限的"四假相说"，受制于人性、教育、习惯、对文字的误解、传统理论等因素，人无法真正获知真理。之后英国哲学家约翰·洛克在《人类理解论》中对观念提出四种错误判断尺度触及了思想意识问题，进一步催生了意识形态概念的产生。18世纪法国哲学家特斯杜·德·托拉西将意识形态定义为"观念的科学"，用来反对宗教神学和错误思想的统治。但这一概念与现实政治实践联系在一起，带有政治情绪和贬义色彩。黑格尔在《精神现象学》中以意识发展的各个形态、各个阶段为研究的具体对象，认为意识形态是精神异化的产物，为意识形态概念进一步奠定思想根基。费尔巴哈虽未使用意识形态的概念，但他批判宗教异化现象，揭示宗教产生的根源，树立唯物主义的权威，为马克思意识形态理论提供了思想来源。马克思为批判青年黑格尔派的唯心主义历史观，将意识形态概念进行了改用和再造，在《德意志意识形态》中从否定性意义上进行批判，以意识形态统称德国社会当时流行的各种社会思潮，揭示了意识形态的虚假性和阶级性。

马克思、恩格斯指出，要真正地祛除宗教的迷雾和幻象，实现"人"的"解放"，单纯地从人性或者人的"自我意识"出发是不行的，必须要探究其产生的社会实践根源，即"只有在现实的世界中并使用现实的手段才能实现真正的解放"①。马克思、恩格斯创立了辩证唯物主义和历史唯物主义，从而赋予了意识形态以科学的理

---

① 《马克思恩格斯文集》第一卷，人民出版社2009年版，第526、527页。

论基础和全新的理论内涵。马克思、恩格斯的意识形态概念具有批判性和描述性的双重意蕴。其批判性意蕴表现为将意识形态看成是"虚假观念"。"虚假观念"指的是费尔巴哈、布鲁诺·鲍威尔以及施蒂纳等为代表的"德意志意识形态"。这些所谓的"虚假观念"将社会意识前置，错置了社会存在与社会意识的关系，从而倒向了历史观上的唯心主义或者彻底的唯心主义。马克思、恩格斯指出："意识在任何时候都只能是被意识到了的存在，而人们的存在就是他们的现实生活过程。"①因此，任何的意识或者意识形态产生，都是由物质或者现实社会基础所决定的。同时，这些观念体系之所以没有或不会触及当时的社会现实基础，是因为其实质是为资本主义制度所作的合理性辩护，是为维护资产阶级利益服务的。"一个阶级是社会上占统治地位的物质力量，同时也是社会上占统治地位的精神力量。"②因此，这也直接地表明了意识形态具有鲜明的阶级属性。在马克思、恩格斯的观点中，意识形态这一概念也被定义为由经济基础所决定的"观念上层建筑"。"这些生产关系的总和构成社会的经济结构，即有法律的和政治的上层建筑竖立其上并有一定的社会意识形式与之相适应的现实基础。"③在这里，意识形态作为观念上层建筑是产生于直接的经济基础之上并由经济基础所决定的。同时，意识形态对经济基础又具有能动的反作用。为反击资产阶级历史学家对唯物史观基本原理的歪曲，恩格斯指出："一种历史因素一旦被其他的、归根到底是经济的原因造成了，它也就起作用，就能够对它的环境，甚至对产生它的原因发生反作用。"④这里的"历史因

---

① 《马克思恩格斯文集》第一卷，人民出版社2009年版，第525、525页。
② 《马克思恩格斯文集》第一卷，人民出版社2009年版，第550、551页。
③ 《马克思恩格斯文集》第二卷，人民出版社2009年版，第591页。
④ 《马克思恩格斯选集》第四卷，人民出版社1995年版，第728页。

素"实质上是指各种意识形态形式，其实质上就是强调意识形态对经济基础的反作用。可见，马克思、恩格斯从批判性和描述性双重意义上阐述了意识形态概念，既有对"虚假观念"的否定和批判，也有对一般意识形态反作用的追认和肯定。但是，无论马克思、恩格斯从哪种意义上使用意识形态这一概念，我们都可以得出以下结论，即意识形态本质上是由经济基础所决定并反映特定阶级意志与利益的观念上层建筑，意识形态的具体形式包括政治、哲学、宗教、伦理等，同时意识形态具有相对独立性，其突出表现为对经济基础的反作用。

列宁继续了对意识形态的探索，他创造性地提出了"科学的意识形态"这一概念。"科学的意识形态"即马克思和恩格斯所创立的科学理论体系。基于发动工人阶级推动俄国无产阶级革命形势向前发展的需要，列宁积极同歪曲、阻碍无产阶级革命的错误观点和错误思潮作斗争，并旗帜鲜明地为辩证唯物主义和历史唯物主义的真理性和科学性做辩护和宣传。在反驳马赫主义者波格丹诺夫所宣称的"绝对真理不存在"的观点时，列宁提出"从现代唯物主义即马克思主义的观点来看，我们的知识向客观的、绝对的真理接近的界限是受历史条件制约的，但是这个真理的存在是无条件的，我们向这个真理的接近也是无条件的"[①]。这里实质上表明了马克思主义既是相对真理，也是绝对真理。这实际上也表明了马克思主义作为一种具有真理性和科学性的意识形态，是与以往资产阶级唯心主义的意识形态从根本上相区别的。同时，列宁也特别强调科学的意识形态对社会实践的指导作用。在批判俄国社会民主党内经济派的工联主义思想和修正主义路线时，列宁指出，"没有革命的理论，就不

---

① 《列宁选集》第二卷，人民出版社1995年版，第96页。

会有革命的运动"①,"只有以先进理论为指南的党,才能实现先进战士的作用"②。并且,列宁指出,"工人本来也不可能有社会民主主义意识","工人阶级单靠自己本身的力量,只能形成工联主义的意识"③。因此,这种先进的意识或先进的理论只能从外面"灌输进去"。这表明列宁非常重视理论的斗争和意识形态的斗争,并且非常重视科学的意识形态对无产阶级革命的重要指导意义。因此,列宁对意识形态理论的重要贡献进一步阐述和发展了马克思主义作为科学的意识形态的完整、准确的理论体系和理论内涵,并且进一步区分了意识形态的阶级属性与理论属性,即将意识形态区分为无产阶级的意识形态和资产阶级的意识形态,以及科学的意识形态和非科学的意识形态,并且强调了无产阶级意识形态,也就是科学的意识形态对革命实践的重要指导作用。通过对意识形态这一概念的产生及其发展过程的考察,在这里我们可以将意识形态定义为由一定社会的经济基础所决定的,并直接反映与维护特定阶级意志与利益的思想观念体系。

20世纪之后,意识形态概念得到不断传播和发展,有了更多理解和诠释,使得其内涵也发生了相应的变化。一些早期传播者如法拉格、梅林、卢森堡、拉布里奥拉、普列汉诺夫等人在马克思历史唯物主义框架内,重视意识形态概念的虚伪性和遮蔽性的批判,思考了意识形态的独立性问题;另一些修正者如伯恩斯坦、库诺夫、考茨基等则夸大意识形态作用,成为康德主义、实证主义、马赫主义、庸俗进化论等资产阶级意识形态中的一员。在列宁那里,意识

---

① 《列宁选集》第一卷,人民出版社2012年版,第311页。
② 《列宁选集》第一卷,人民出版社2012年版,第312页。
③ 《列宁选集》第一卷,人民出版社2012年版,第317页。

形态概念是具有中性色彩的描述性概念，将意识形态等同于社会意识形式，并使用了"科学的意识形态"和"社会主义意识形态"的概念。列宁继承了马克思意识形态的阶级性思想，强调超阶级的意识形态不存在。意识形态受到历史条件的制约，本身有科学与非科学之分，只有以马克思主义为指导、以实践为基础的无产阶级意识形态才是科学的，实现了意识形态概念与科学性的具体的统一。20世纪20年代后，西方马克思主义理论家也不同程度地探讨了意识形态问题。约翰·B.汤普森认为"意识形态是一种观念体系，它表达的是统治阶级的利益而以幻想的形式代表阶级关系"①。卢卡奇探讨了无产阶级意识形态的危机和实质问题，将意识形态这一概念与"阶级意识"等同，认为意识形态是经济关系的反映，同时又有着巨大反作用。葛兰西则将意识形态与文化联系，重新定义了意识形态概念——是由常识、宗教和哲学构成的观念体系，即"一种在艺术、法律、经济行为中，以及在所有个体和集体生活中显露出来的世界观"②。葛兰西指出"把一个特定的基础的必然的上层建筑，以及特定个人的随意的苦思冥想都称作意识形态"③的做法是错误的。卡尔·曼海姆区分了"特殊的意识形态"与"总体的意识形态"两种意识形态，从"抽象的理智"出发比较了"意识形态"与"乌托邦"的不同，淡化了阶级意识内涵。这一概念随着历史和实践的发展，种种分歧仍然存在。但不论如何，意识形态从本质上说，是阶级社会中利益的理念反映和观念总和，"是一种自觉地反映一定社会

---

① ［英国］约翰·B.汤普森：《意识形态与现代文化》．高铦等译，译林出版社2012年版，第41页。
② Antonio Gramsci, Quintin Hoare, Geoffrey Nowell Smith: Selections from the Prison Notebooks of Antonio Gramsci, International Publishers Co, 1971. p. 328.
③ ［意］葛兰西：《实践哲学》，徐崇温译，重庆出版社1990年版，第63页。

集团（在阶级社会就是阶级）经济政治利益的系统化、理论化的思想观念体系"[①]。作为一种普遍存在，其根源于社会生活的物质生产方式，凸显了统治阶级的统治地位。同时意识形态有着自身特殊发展的规律，具有相对独立性，并以各种形式潜隐在现实生活中，对社会成员产生种种复杂影响。

（二）意识形态的基本特征

意识形态作为特殊的思想观念体系，其具有以下鲜明的特征：

第一，阶级性。阶级，即经济利益根本对立的社会政治集团。每一个阶级都有其特殊的利益群体与利益诉求。特别是在一个国家中占统治地位的阶级，不仅掌握着国家的政权和经济基础，并且还垄断着国家主流意识形态的生产和传播。阶级性是意识形态最鲜明、最本质的特征。一定社会的意识形态总是为统治阶级的统治和管理所服务的。"它（意识形态）是统治阶级的思想体系，是统治阶级根本利益得到集中反映的理论形式。"[②]统治阶级的意识形态实质上就是占统治地位的物质关系在思想观念中的表现，是为维护阶级统治秩序，捍卫和巩固国家政权服务的。列宁曾深刻地指出："一切关于非阶级的社会主义和非阶级的政治的学说，都是胡说八道。"[③]因此，不同阶级的意识形态都会被打上不同的阶级属性烙印，具有不同阶级属性的意识形态必然会存在着内在层面的冲突和矛盾。无产阶级的意识形态，具有鲜明的无产阶级属性或人民属性，是巩固无产阶级政权、维护人民群众根本利益和实现全人类解放的科学学说。

[①] 郑永廷等：《社会主义意识形态研究》，中山大学出版社1999年版，第4页。

[②] 郑永廷等：《社会主义意识形态发展研究》，人民出版社2002年版，第22页。

[③] 《列宁专题文集——论马克思主义》，人民出版社2009年版，第62页。

而资产阶级的意识形态——代表资产阶级利益的各种学说及思想体系，是为巩固资产阶级政权、维护和扩大资产阶级利益服务的。无产阶级的意识形态和资产阶级的意识形态代表着不同阶级的意志和利益，具有阶级属性上的根本差异。因此，并不存在超越阶级差异和弥合阶级属性差异的意识形态。而试图以"文明的冲突"或者"经济与技术发展为中心"来代替和消解"意识形态内在矛盾和冲突"是不符合逻辑的，也是违背事实的。实际上，只要阶级或特殊利益集团的存在，意识形态的阶级属性就不会消失，不同阶级之间或者国家政权之间的意识形态的矛盾和冲突就不会消失。

第二，批判性。意识形态也具有批判性，这是意识形态的功能性特征。意识形态的批判性一方面源自其自身的阶级属性，即意识形态的阶级性必然要求其以维护本阶级意志和利益为核心，从而对其他威胁阶级利益的意识形态进行批判与反击。特别是在革命或改革的关键时期，为了保证革命事业或者改革事业的顺利进行，就必须排除其他敌对思潮和错误思想的消极影响，从而最大限度地凝聚社会力量、统一意志，此时这种批判性就显得格外重要。在俄国革命时期，列宁为了捍卫马克思主义的真理性与科学性，拨正无产阶级革命的方向，坚决同当时国内存在的各种错误思潮作斗争，这些错误思潮包括民主社会主义、无政府主义、自由主义、历史虚无主义以及马赫主义等思潮。这些错误思潮故意歪曲误解马克思主义，否定无产阶级革命的必要性，对革命道路和政策进行攻击和诋毁，试图以修正主义路线和改良主义的道路来代替无产阶级革命路线和革命道路。这些错误的思潮在不同时期对俄国革命的顺利发展造成了极大的负面影响。列宁极为重视理论批判和理论斗争的重要性，而极力反对理论上的折中主义和无原则性。针对这一问题，列宁曾严厉地指出:"臭名远扬的批评自由,并不是用一种理论来代替另一种理论,而是自由地抛弃任何完整的和周密的理论,是折中主义和无原则性。"①因此,意识形态具有鲜明的批判性,这是维护其自身的统治地位和主导地位的必然要求。同时,从另一方面来讲,意识形态的批判性也是其自身发展的需要。没有对其他意识形态以及自身的批判与反思,就没有意识形态的发展与进步。只有在同各种错误的思潮和理论观点的斗争中,才能够真正地辨明真理和保证发展方向,让理论更加丰富和充盈。同时,也只有对自身不合理因素的内在批判,也才能推动意识形态自身完善和发展。马克思主义就是在不断地批判各种各样错误的、不合理的和非科学的思想理论观点过程中使其真理性和科学性得到充盈和彰显。

第三,层次性。意识形态的层次性是指意识形态作为一个完整的思想观念体系具有内在的结构与层次。具体说来,由三个层次所构成,即基质层、核心层和功用层,具体分别为心理—意识层、思想—价值观层和制度—政策层。首先,心理—意识层属于意识形态的基质层。从社会意识的层次结构来说,意识形态属于高级层次的社会意识形式,而不同于社会心理这一较低层次的社会意识。但是,意识形态的生发与形成要以一定的社会心理作为基础,并且意识形态也必然代表着一种社会心理或群体意识,如意识形态的内在感召力和动员力就代表了一定的社会心理或群体意识因素。同时,作为一种宣传策略,意识形态的宣传也需要契合社会心理或群体意识,这样才能够体现意识形态的实际功用性。其次,思想—价值观层属于意识形态的核心层。思想—价值观层的意识形态主要是指代表着统治阶级意志与利益的主导理论、主流思想以及核心价值观和信仰,

---

① 《列宁选集》第一卷,人民出版社2012年版,第311页。

即所谓的主流意识形态。这是意识形态的核心、灵魂与支撑，也是最重要的内容。因此，一般说来这一层面的内容实质上也就等同于意识形态本身，这也是意识形态安全最核心的内容。因此，维护意识形态安全最核心最重要的就是要维护和保障主流意识形态的安全。同时，一定的意识形态总是会包含着一定的思想理论体系与价值观，思想理论体系一般都具有庞大的理论架构和严密的逻辑体系，并且也便于更好地传播与交流，因此，能够使意识形态本身产生强大的说服力、传播力与影响力。意识形态的核心是价值观。意识形态也正是通过价值观的渗透与感化，从而达到其内在的目的性。在社会主义中国，社会主义核心价值观作为社会主义意识形态的核心，其作用和功能是不容忽视的。最后，制度—政策层是意识形态的功用层。意识形态作为思想观念的上层建筑，是为政治上层建筑以及经济服务的，因此，必然有其内在的功用性需求。制度的构建与实践的变革必然会受到统治阶级意识形态的影响和制约，反过来说，一定时代背景下的国家制度构建与社会实践的变革也一定要符合统治阶级的意识形态的要求，而不能够背道而驰。

第四，发展性。意识形态的发展性即意识形态的动态性特征，一方面，意识形态由社会存在所决定，会随着社会存在的变化发展而发生动态性变化。意识形态与作为生产关系总和的经济基础之间的矛盾实质上是由生产关系与生产力之间的矛盾所引起的。因此，意识形态的发展变化，其实际根源在于社会生产力的变化与发展，这构成了意识形态发展的根本动力。换句话说，意识形态的发展变化都有其深刻的社会历史根源，这种根源归根结底就是社会实践的发展。另一方面，意识形态作为观念上层建筑，其与政治上层建筑以及经济基础之间存在着外部的相互作用。并且意识形态作为思想观念体系，其内涵多种表现形式，即政治、法律、道德、哲学、艺术、宗教等思想的多种形式，各种意识形态的具体形式之间也存在着内部的相互作用。因此，在这种外部和内部各意识形态的具体形式的相互作用之下也推动了意识形态的发展变化。意识形态的发展性意味着在人类历史发展长河中会出现各种各样的意识形态，如原始社会意识形态的萌芽，再到阶级社会意识形态的产生、形成和发展，直到社会主义社会的出现，意识形态的发展又进入了一个全新的阶段。这是人类意识形态发展的基本轨迹。同时，意识形态的发展性也意味着，同一种意识形态在不同的历史时期也具有不同的形式和内涵，在不同的历史阶段其理论内涵和特征显然是不同的。此外，更值得关注与研究的是具体时代背景的变迁所带来的意识形态的嬗变与发展。特别是在经济全球化、文化多元化、政治多极化以及网络信息化的背景之下，意识形态的生成、演化、传播的语境发生了极大的变化，这是意识形态发展过程中的必然结果，也是时代带给我们的新的课题和新的挑战。

二、新时代安全观的概念阐释

在研究意识形态安全问题的视域中，有必要对安全和安全观的概念问题作一个简单的梳理，以期对研究问题有一个较为清晰的逻辑思路。

安全是什么？一般认为安全就是免于危险和不受威胁。但是，学界关于安全的定义颇多，并未达成统一的认识。有学者从客观和主观的二维角度来定义安全，认为："所谓安全，就是在客观上不存在威胁，主观上不存在恐惧。"[①] 即认为安全不仅仅是一种客观的状

---

① 王逸舟：《全球化时代的国际安全》，上海人民出版社1999年版，第36页。

态或结果；同时，认为安全也是一种免受威胁的主观心理状态。也有学者从主体和客体的二维角度来定义，认为安全就是："人类的整体与生存环境资源的和谐相处，互不伤害，不存在危险和危害的隐患。"[1] 还有学者从主体中心角度来定义安全，认为安全"是一个与人的自由联系在一起的命题和概念，是自由的一种存在方式与表现和实现方式"[2]。与前面几种认识不同，当代安全问题理论专家巴瑞·布赞等人提出了"主体间性"安全概念，他们认为："'安全'是一种自我参照的实践，正是在实践中，该问题变成了一个安全事务——不但因为一个真正的'存在性威胁'的存在，而且也因为这个问题是作为一种威胁被提出来的。"[3] 认为"安全"问题实质上是被"安全化"的结果，即只有被相关的机构纳入"安全化"的问题时才能构成国家安全问题，即遵循着这一过程：公共问题非政治化（尚未进入国家视野）—公共问题政治化（进入国家视野，成为国家政策的一部分）—公共问题被安全化（被作为"存在性威胁"所提出，并被采取措施解决）。因此，"安全化就是使得一种公共问题经过特定的过程（如权威机构"宣布为危险"）而成为国家机构涉及的安全问题"[4]。在此分析基础上，巴瑞·布赞等人提出了一种新的安全观，即"主体间性"安全。"主体间性"安全超越了传统意识上的主客二分的安全观，即一种"安全是被客观性假定的，而强调

---

[1] 刘慧，李艳：《当代中国意识形态安全现状与路径选择》，中国社会科学出版社2015年版，第20页。
[2] 胡慧林：《国家文化安全研究导论》，上海人民出版社2013年版，第3页。
[3] 巴瑞·布赞等：《新安全论》，朱宁译，浙江人民出版社2003年版，第34页。
[4] 余潇枫等：《非传统安全概论》，浙江人民出版社2006年版，第11页。

安全是被行为主体所决定"①的安全观,而是认为"安全化是被'主体间性'和社会性构成的","安全化过程,即一个行为主体适应其他行为主体对一种'真正'威胁内容构成的认知"②。概言之,"主体间性"安全观就是要求我们时刻保持着对一切可能的安全问题的警惕和防备,要将安全问题看成是一个动态形成和辩证发展的过程而不仅仅是一种状态或结果。同时,"主体间性"安全观也要求我们注重各安全行为主体之间的充分沟通、交流与协商,实现安全问题多元平等主体之间的共管和共治。巴瑞·布赞等人所提出的"主体间性"安全观拓宽与深化了对安全问题的认识,具有重要的实践参考意义。

因此,综合以上对"安全"这一概念的认识,我们可以发现,"安全"往往被理解为一个实体性范畴,即表示一种没有危险、免受威胁、不受损伤等的理想状态或结果。这种状态或结果,既是一种客观存在,也是一种主观心理状态,即客观上没有危险,主观上不受威胁。这实质上是将"安全"视为一种相对独立和相对静止的存在,这对于我们把握安全问题的状况具有重要的作用。但是这种认识很可能导致只关注"安全"的结果和状态而忽视"安全"的过程和矛盾聚集的过程,从而可能引发或忽视新的安全问题。同时,安全又被理解为一个关系性范畴,即表示安全行为主体(个人、组织、团体、国家、国际组织等)之间及其与安全行为客体(各类公共问题、各种挑战等)之间的和谐或良性互动状态,即不出现威胁、冲突、矛盾,或威胁、冲突、矛盾可控可消解。这种认识有利于把安

---

① 巴瑞·布赞等:《新安全论》,朱宁译,浙江人民出版社2003年版,第43页。

② 巴瑞·布赞等:《新安全论》,朱宁译,浙江人民出版社2003年版,第44页。

全问题看成是主客体之间互动的过程，对于把握安全问题的动态发展过程以及全面认识安全问题具有重要意义。但是，这种安全观也是将安全问题孤立起来处理，容易导致顾此失彼的结果。还有学者把安全理解为一个过程性范畴，即表示为"主体间性"安全，认为"安全"是"安全化"的过程，安全问题的产生、演化、消解都是一个在"主体间性"作用下的动态过程中运行的。这样，既有利于把握安全问题的现状，也有利于把握安全问题的动态发展的过程，并且在与安全问题客体的不断交互作用过程中消弭威胁和危机。

安全观，即国家安全观，主要是指人们对于安全的形势、安全的威胁来源、安全的内涵以及维护安全的手段等方面的基本判断和基本认知。因此，安全观与一定社会历史发展阶段所面临的安全形势、安全问题以及安全的具体实践相联系，在不同的社会历史阶段具有不同特点和要求，具有不同的国家安全观。从人类历史发展进程来看，我们总体上经历了从传统安全观向非传统安全观的演变。传统安全观是以国家为中心，以维护国家的主权和军事安全为核心任务，主要强调军事安全和政治安全。传统安全观主要存在于冷战结束之前的一段很长的历史时期，20世纪所发生的两次世界大战以及美苏冷战时期，都体现了传统的安全观，即表现为国与国之间的主权的防卫与争夺以及军事冲突。而20世纪90年代以来，人类进入了一个和平发展的时期，特别是随着全球化趋势的形成和发展，出现了一系列新的安全问题，这些安全问题不能够以简单的军事对抗来认识和解决，如经济金融危机、恐怖主义、全球流行性疾病、生态环境恶化、网络"黑客"攻击以及全球毒品问题、移民问题、食品安全问题、能源问题等，这些危机或问题是在全球局势基本和平稳定的环境下所出现的，并且仅凭单一的军事手段或者说单一主体是很难解决的，面对这些难题，传统的安全观出现了解释困境。非传统安全观由此应运而生。与传统安全观不同，非传统安全观是以"人"和"社会"为中心，它"超越传统的'国家中心主义'的安全立场，从国际关系和国内政治、国家与社会、整体与个人相联系、相平衡的视角出发，重视'人的安全'与'社会安全'以及共同安全、全球安全，并建立与之协调的'国家安全'战略"[1]。因此，与传统安全观所强调国家为处理安全问题的单一主体不同，非传统安全观则强调安全问题的多主体协商参与解决。同时，非传统安全观既超出了传统的军事、政治安全的单一范畴，同时也超越了传统安全观的国家中心主义的二元对立思维，将安全问题置于更广阔的问题域当中。此外，在维护安全手段和路径选择方面，非传统安全观除了应用传统的对抗或暴力方式之外，还更强调以法律、规则等和平协商的方式去解决问题。但是，传统安全观也并未消失，也不容忽视。同时，传统安全观和非传统安全观之间又存在着相互交织、相互影响甚至相互转化的关系。因此，无论是传统安全观还是非传统安全观在现在都有存在的必要。

新中国成立以来，我国的国家安全观也经历过历史性的演化，可以归结为三个阶段：即新中国成立至改革开放前是以传统安全观为主导；改革开放后至党的十八大逐步形成的非传统安全观；党的十八大后总体国家安全观的确立。[2]安全观的演化也深刻地反映了新中国成立以来我国安全形势及安全问题的变化轨迹，总体国家安全观是当前我们应对国际国内安全问题所必须坚持的理论指向。进

---

[1] 余潇枫等：《非传统安全概论》，浙江人民出版社2006年版，第45页。
[2] 凌胜利，杨帆：《新中国70年国家安全观的演变：认知、内涵与应对》，《国际安全研究》2019年第6期。

入新时代以来，国家所面临的国际国内安全形势发生了深刻变化，习近平总书记在准确把握当前国际国内安全问题的复杂性本质及其发展趋势的基础之上，提出了总体国家安全观，并指出："以人民安全为宗旨，以政治安全为根本，以经济安全为基础，以军事、文化、社会安全为保障，以促进国际安全为依托。"①因此，总体国家安全观强调以"人民安全为宗旨"，这体现了非传统安全观以"人的安全"和"社会安全"为核心的基本要求，同时又实现了对非传统安全观的超越，即在强调不同安全问题的相互关联、相互影响的基础上，提出要将内部安全和外部安全、国土安全和国民安全、传统安全和非传统安全以及发展和安全、自身安全和共同安全结合起来，通盘考虑，综合应对。因此，总体国家安全观是当前中国认识和解决国家安全问题的重要理论指导。

三、新时代意识形态安全的内涵

意识形态安全是目前理论界研究的一个重点课题。但是，对于如何解释和界定意识形态安全，学者们尚未达成共识。目前学术界流行的观点有如下几个方面：一是认为意识形态安全是国家能够保持自身意识形态的独立和稳定，"是指一个国家主体意识形态地位不受任何威胁的相对稳定的状态"②。因此，安全的意识形态即"从理想的角度来看，指的是一个群体或集团所接受的思想体系，在特定的时空条件下能够给行为者带来稳妥的物质生活水平、稳定的人身安全以及个体与个体、个体与群体及群体与群体之间的和睦相处

---

① 《习近平谈治国理政》第一卷，外文出版社2018年版，第201页。
② 莫岳云：《抵御境外宗教渗透与构建我国意识形态安全战略》，《湖湘论坛》2010年第4期。

及互通有无"①。二是可以用分层次的方法来认识意识形态安全，即将意识形态安全分解为四个层面来认识：首先，意识形态必须与该国家的社会客观规律相契合，这是意识形态安全最核心的层面；其次，意识形态必须与该国家人们的生产生活及社会运行进行良性互动；再次，意识形态必须与该国家的各种制度（包括正式与非正式的）有着比较高的协调程度；最后，意识形态与该国家的国家、社会以及人民的精神世界的兼容程度。这四种层次彼此之间相互关联。意识形态与国家社会客观规律相契合以及与社会运行和人们生产生活相契合这两个方面是由意识形态的本质所决定的。而意识形态与该国家的各种制度以及人们的精神世界的兼容程度会受到例如经济全球化、文化多样化以及社会信息化所带来的冲击和压力。三是要解释和界定意识形态安全的内涵，离不开对意识形态安全的具体内容进行梳理和分类。一种类型是将意识形态安全划分为社会指导思想的安全、社会政治信仰的安全、社会道德秩序的安全、民族精神的安全。另一种类型是将意识形态安全看作是国家安全系统的重要部分，具体包括道德安全、舆论安全、理论安全、政治信仰安全等。四是意识形态安全"指代表某一阶级或集团根本利益的意识形态，在经过宣扬和推广，逐渐为社会上大多数人所接受，并上升为国家主导地位的意识形态后，保持稳定和健康，保障其不受外来侵害和内部挑战的一种没有危险的状态"②。以上观点各有侧重，对于我们理解和界定意识形态安全皆有一定的借鉴意义。因此可以认为，意识形态安全是指一个国家占主导地位的意识形态对内能够

---

① 王水雄：《论制度变迁中的意识形态安全》，《江海学刊》2007年第1期。
② 吴琦等：《意识形态与国家安全》，华中师范大学出版社2011年版，第69页。

得到本国人民的认可、拥护和支持，对外能够自觉抵制外来势力的攻击和破坏，并且即便是受到内外势力的威胁、侵扰，自身也具备一定的自我修复和自我净化能力，从而能够保持长期相对稳定、和谐有序的状态。就当代中国而言，所谓意识形态安全，从对内层面上讲，就是指以马克思主义在我国意识形态领域中居于主导地位，并且能够使人民自觉主动地接受和支持马克思主义，社会主义核心价值体系能够引领各种社会思潮；从对外层面上讲，则是指社会主义意识形态在国际上能够拥有一定的话语权和影响力，面对资本主义意识形态的侵蚀和破坏，能够保持其主导地位不动摇。当然，我们强调国家意识形态安全，就是要求增强我国社会主义意识形态的凝聚力和引领力，用共同的政治信仰和价值追求将人们牢牢地团结在一起，在行为上能够自觉维护马克思主义的主导地位，自觉抵制各种社会思潮的侵蚀和影响。

新时代是意识形态安全问题产生的特殊时空域。在这一时代背景之下，意识形态安全面临着一系列新的问题和矛盾，而这些问题和矛盾也深刻地规定着意识形态安全的内涵与特征。新时代意识形态安全就是以新时代为特殊的时空域，以这一时空域下的意识形态挑战和威胁等安全问题为对象，并在关注、跟踪、化解挑战和威胁的基础之上，切实保障国家主流意识形态，包括国家的主导理论、主流思想以及核心价值观不受冲击和影响，免受威胁和侵蚀，并保障其能够得到社会的普遍认同和实践的过程。要深刻理解新时代意识形态的内涵与外延，必须要把握以下几个方面：

首先，新时代是标识意识形态安全的时空场域。"新时代是相对概念，中轴是中国特色社会主义，标识点是中国特色社会主义发展到了一个新阶段，支撑是社会主要矛盾发生了变化，体现方式是

'三个意味着'。"①新时代代表着新的历史方位，它既是一个时间概念，也是一个空间概念。它既意味着时间上的接续和延展，也意味着空间上的转换与拓展。党的十九大宣告中国特色社会主义进入了新时代。党的十八大以来，无论是经济、政治、社会、文化、科技、生态文明的建设上，还是党政军建设以及港澳台问题处理上，中国都取得了举世瞩目的成绩，这是中国共产党领导下的人民经过长期艰苦卓绝的努力而得来的结果，饱含着中国人民的智慧和汗水，体现了中华民族自强不息、艰苦奋斗的精神。同时，新时代也带来了新的问题和挑战，在党的十九大报告中用三个"意味着"和五个"是"表述了新时代的基本内涵。同时，指出这个基本内涵既代表着中国特色社会主义在以往的历史发展过程中所取得的辉煌成就的概括和提炼，也代表着对中国特色社会主义美好未来的展望和规划。进入新时代，社会主要矛盾也发生了深刻变化，即转变为人民日益增长的美好生活需要和不平衡不充分的发展之间的矛盾。"美好生活"既意味着生活自身的内涵的丰富和优化，即指向更高质量和更高层次的物质生活和精神生活，又意味着生活的外部环境和条件的进步和改善，即指向更加完善的制度、更加公平的社会、更加自由的选择权等，同时还意味着生活的未来预期的可调和可控，即指向未来更加幸福、美好、完满的生活理想的设定。基于此，从中国特色社会主义的历史发展进程来看，新时代代表着党的十八大以来的一段特定的历史时期，因此，它是一个时间的概念。同时从这一新的历史方位可能带来的全新的问题和矛盾来看，新时代具有空间的广延性，又是一个空间概念，它预示着中国特色社会主义的发展有

---

① 李辉：《新时代与思想政治教育新定位》，《马克思主义理论学科研究》2018年第4期。

着无限空间和可能。这实质上也意味着，新时代的到来，意识形态安全问题面临着更多新的挑战和威胁，以及被赋予了更多新的时代要求和历史任务。

其次，主流意识形态安全是新时代意识形态安全的根本任务。从历史的维度来看，中国共产党在领导中国革命、建设和改革开放的过程中，都始终重视主流意识形态的建设和安全问题。在革命战争年代，革命形势异常艰难和险恶，为了顺利推进中国革命，中国共产党非常重视批判错误的思想观点和错误的思想路线，因此，这一时期维护意识形态安全是为了取得革命的最终胜利。新中国建立初期和社会主义建设道路探索时期，这一时期，一方面要批判和肃清封建残余思想以及同各种错误思想做斗争，另一方面还要积极宣传社会主义的新思想。这一时期维护意识形态安全主要是为巩固新生政权和动员广大群众进行社会建设。改革开放新时期，既要解决历史遗留的思想理论纷争问题，纠正党内遗留的"左"的错误思想，又要顺应时代发展新趋势新要求，解放思想、实事求是，继续推进社会主义事业的建设。同时，也面临着对外开放，对内改革而利益关系深刻调整的问题。一方面要积极回应国内经济、社会转型和利益格局调整所带来的意识形态变化和影响；另一方面还要积极应对西方意识形态的冲击和挑战。在这一历史时期，维护意识形态安全主要为改革开放顺利推进和中国特色主义事业发展。进入新时代以来，我国面临的国际国内形势发生了重大变化，意识形态领域的斗争也更加复杂和激烈。习近平总书记审时度势地指出了意识形态工作是党的一项极端重要的工作。纵观中国近现代历史的发展，维护主流意识形态安全始终是一条鲜明的主线。同时，从现实的维度来看，主流意识形态是一个阶级施政理念、社会理想抽象凝练的表达，具有凝聚功能、批判功能、解释功能、鉴别功能等。因此，维护主流意识形态的安全直接关系到国家的经济、政治、文化、社会以及生态各领域的平稳健康发展，是不容被忽视的。

再次，新的挑战和威胁是新时代意识形态安全的焦点问题。在新时代新的历史方位下，意识形态安全面临着一系列新的挑战和威胁。新时代全面深化改革意味着要对社会各领域进行系统性、整体性的深刻变革。改革的问题是社会关系的调整，其实质是利益关系的调整。"不是意识决定生活，而是生活决定意识。"[①]利益关系其本质是一种经济关系，而这种利益关系或经济关系的调整和变化容易带来人的思想观念的复杂多元，甚至对立分化。而一些非理性、非科学的思想观点就容易引发思想混乱，从而对主流意识形态的安全造成影响。新时代容易把一些社会问题意识形态化。所谓社会问题意识形态化，即将一些社会公共领域所存在的问题和矛盾与国家意识形态相关联，并将其归之于国家意识形态的问题。现阶段的社会问题涉及权力监督、收入分配、教育就业、医疗卫生、生态环境等各个领域，有人将这些领域所出现的问题归因于社会制度本身，从而调侃、怀疑甚至否定社会主义制度的优越性，社会现实问题因而被意识形态化。再者，文化多元化对意识形态安全带来的挑战。文化多元化包括文化的价值、创作、表达、选择以及影响等的多元化。文化的多元化隐藏着文化冲突的潜在可能。与意识形态的直接冲突不同，"文化冲突体现着世界观、人生观、价值观等精神层面的差异，比意识形态对立有着更深刻、更重要的内涵，它直接植根于人的内心精神世界，故能更直接地对人们的思维方式和行为方式产

---

① 《马克思恩格斯选集》第一卷，人民出版社2012年版，第73页。

生影响"①。因此,这也是意识形态安全所要面临的问题之所在。最后,信息网络化对意识形态安全带来的挑战。习近平总书记指出,信息网络的发展,互联网成了意识形态斗争的"前沿阵地"和"主阵地"。信息网络技术使得意识形态斗争具有隐匿性、激烈性、复杂性等特征。因此,网络意识形态安全是维护意识形态安全所要关注的重点。西方意识形态借助网络传播和渗透,特别是西方的新自由主义、历史虚无主义、功利主义、个人主义、普世价值观等,这些脱胎于西方资本主义发展历程的思潮颇有吸引力,对意识形态安全构成威胁。习近平指出:"如果我们用西方资本主义价值体系来剪裁我们的实践,用西方资本主义评价体系来衡量我国发展,符合西方标准就行,不符合西方标准就是落后的陈旧的,就要批判、攻击,那后果将不堪设想!"②因此,我们要时刻警惕西方思潮的影响,牢牢巩固主流意识形态阵地。

最后,总体国家安全观是新时代意识形态安全的理论观照。总体国家安全观是基于新时代新的安全问题而提出来的,因此,维护新时代意识形态安全需要坚持总体国家安全观,必须充分考虑到意识形态安全与经济、政治、社会、文化、生态等领域安全之间的互动关系。意识形态安全与政治安全和文化安全存在交叉与重合的部分,但又不完全等同于这两方面的安全。同时,意识形态安全也相对独立于这些安全问题之外,并对这一系列安全问题产生实际的影响。意识形态安全为经济发展提供健康稳定的社会宏观环境,保障经济发展的正确方向。同时,意识形态安全也是政治安全和文化安

---

① 苏国勋:《全球化背景下的文化冲突与共生》,《国外社会科学》2003年第3期。
② 《习近平谈治国理政》第二卷,外文出版社2017年版,第327页。

全的核心和重要内容。此外，意识形态安全也为社会安全和生态安全营造健康良好的思想氛围和舆论环境。而经济、政治、社会、文化、生态等领域内的安全问题也容易引发意识形态安全问题，如贪污腐败、社会不公平、环境恶化等问题就容易引发群众对国家政策的质疑。因此，维护意识形态安全需要有战略性思维和整体性思维，要将意识形态安全置于总体国家安全观的理论观照之下，把握安全问题的互动关联性和动态发展性，做到洞察秋毫，应时而动。

新时代意识形态安全问题具有一般安全问题的普遍特征，同时具有意识形态安全和新时代特征的独特内涵，有必要进行系统分析。

意识形态的一元主导问题。意识形态的一元主导，就是要坚持社会主义意识形态主导，并使其成为社会的主流意识形态。毋庸置疑，意识形态安全的根本任务就是要维护主导意识形态的安全。根据矛盾论的观点，所谓主导意识形态，即意指主要矛盾，在众多的意识形态的并存过程中，是引导其他意识形态的主导型的意识形态，在与其他意识形态进行较量和斗争之时，其主导地位始终能够得到体现、维护和巩固。而所谓主流意识形态，即意指主要矛盾的主要方面，在意识形态竞争与斗争的整体态势当中，存在着先进与落后的矛盾的两个方面，而主流意识形态是指始终处于支配地位，并始终彰显说服力与吸引力，以及不断地赢得社会普遍认同与支持的方面。主导意识形态和主流意识形态既是直接反映统治阶级意志的意识形态，同时，也是保障国家安全和社会稳定的重要保障。在人类历史的发展过程中，意识形态一经产生便直接影响着个人与社会的发展。"个人的主体性的实质是意识形态主体性，个人作为一种空虚的主体性，与整个客体世界一样飘浮在意识形态的以太中。"[1]也就

---

[1] 俞吾金：《意识形态论》，上海人民出版社1993年版，第3页。

是说，现实社会当中的人从某种意义上说也是"意识形态的人"。人们受着各种各样的意识形态的影响，不受这种意识形态的影响，就会受其他意识形态的影响，这是自意识形态产生以来人类所逃脱不了的"命运"。因此，如何维护意识形态安全面临的另外一个问题就是如何应对来自外部和内部的冲击和影响。意识形态安全所面临的内部冲击表现为社会转型所带来的价值观的嬗变及价值观多元化的冲击，其外部冲击表现为西方政治价值观和社会思潮的冲击，内部冲击和外部冲击相互交织，使得意识形态安全面临的问题更为复杂。"在价值多元纷呈，甚至彼此对立和冲突的社会中，更需要有一种占主导地位的意识形态在多元价值之间保持合理的张力，抑制各种价值主张之间的紧张，从而统一人们的思想，维护社会的稳定和发展。"[①]因此，维护意识形态安全，并不是说一定要消灭或替代其他意识形态，而是要以主导意识形态来引导其他意识形态，引领和协调好多种意识形态的矛盾和关系。此外，需要注意的是，无论是主导意识形态还是主流意识形态其具有内在的统一性，一般说来，一个社会的主导意识形态也是这个社会的主流意识形态，反之亦然。

从意识形态安全所关涉的实际问题来看，意识形态安全关联着政治安全和军事安全等问题，意识形态安全与政治安全和军事安全互为保障。意识形态安全关乎国家主权和利益，是政治安全和文化安全的核心。军事是政治的延伸，军事安全与政治安全具有内在的统一性。从现实意义上说，意识形态安全也关联着国家的经济安全、生态环境安全、思想文化安全、信息安全以及社会公共安全等问题。这些问题可归之于非传统安全问题。相较于传统安全问题，非传统安全其所关涉的问题更多的是与人和社会发展密切相关的现实问题。

① 童世骏：《意识形态新论》，上海人民出版社2006年版，第9页。

所以说，意识形态安全兼具非传统安全和传统安全的意涵，而不能简单地将其归之为传统安全或非传统安全问题。这一属性的区分，对于我们明确维护意识形态安全的主体、手段、路径等问题具有重要的价值。从其本体论和方法论的辩证关系上来说，意识形态安全问题有时需要以政治手段和军事对抗来维护；同时，也需要用和平的方式来解决，单纯援引传统安全观观照下的军事对抗的暴力手段或冷战的手段来解决问题已经不合时宜，而应该更多地援引非传统安全观观照下的和平手段和互利共赢手段来协调和解决问题。

在处理意识形态安全问题的过程中，既要关注意识形态安全的状态，也要积极构筑解决意识形态安全问题的"关系网络"，从系统论的角度去思考意识形态安全问题，同时也要注重建构意识形态安全问题解决的互动交流和协商合作的机制与体制。意识形态安全与意识形态的结构具有内在的关联性。从意识形态横向结构看，即从其具体形式来看，意识形态是由政治、法律、道德、哲学、艺术、宗教等组成，因此，意识形态安全即表现为政治、法律、道德、哲学、艺术、宗教等思想形式的安全。意识形态各形式的安全既相对独立，也具有内在关联性。从意识形态的纵向结构，即从其内在层次结构来看，意识形态内在层次结构分为三个方面，即心理—意识层（基质层），思想—价值观层（核心层）以及制度—政策层（功用层），因此，意识形态安全表现为这三个层面的安全：一是意识形态的基质层，心理—意识层面的安全，即整个国家的社会心理健康、正常以及群体意识科学、合理。二是意识形态的核心层，思想—价值观层面的安全，即代表统治阶级意志和利益的主导理论、主流思想以及核心价值观能够得到社会的普遍认可、接受和实践，其合法性和主导地位不被其他错误思潮、错误理论以及错误的价值观所消解或替代。意识形态核心层的安全是保障意识形态安全的重中之重。通常情况下，我们一般也将这个层面的安全等同于意识形态安全。三是意识形态的功用层，制度—政策层面的安全，即国家的各项制度、政策以及社会的实践过程都能够体现与符合国家主流意识形态的要求；同时，意识形态工作也要为国家各项工作服务。两者要同向同行，而不是背道而驰。

意识形态从本质上说是人的实践活动所决定的。换言之，意识形态安全问题与人的实践活动场域直接关联。在信息网络化时代，信息技术的发展催生出一个新的实践场域，即数字化的虚拟空间。"互联网络的出现和虚拟场域的形成，使人的发展社会场域处在现实场域与虚拟场域两个不同场域的交融之中，即现实场域和虚拟场域。"[①]因此，新时代意识形态安全从现实的实践场域拓展到了网络虚拟场域。法国社会学家布迪厄认为，"场域是力量关系——旨在改变场域的斗争关系的地方，因此也是无休止的变革的地方"。"每一个场域都构成一个潜在开放的游戏空间，其疆界是一些动态的界限，它们本身就是场域内斗争的关键。"[②]所以，"场域"是一个力量充盈、矛盾重生、边界流动的特殊存在。同时，场域也不是独立于人的行动之外，它与人的行动之间存在着现实与逻辑的互动关系。"一个场域越具有自主性，也就是说，场域越能强加它自身特有的逻辑，强加它特定历史的积累产物，上述的这一点就越重要。"[③]因此，现

[①] 曾令辉，郑永廷：《虚实场域交融与人的发展多重矛盾》，《社会科学家》2008年第4期。
[②] [法] 皮埃尔·布迪厄，[美] 华康德：《实践与反思：反思社会学导引》，李猛，李康译，邓正来校，中央编译出版社1998年版，第142页。
[③] [法] 皮埃尔·布迪厄，[美] 华康德：《实践与反思：反思社会学导引》，李猛，李康译，邓正来校，中央编译出版社1998年版，第144页。

实场域的意识形态安全问题和虚拟场域的意识形态安全不仅仅各自具有相对独立的内生性特征，并且两者之间也存在着互动交融的动态性特征。一方面，其相对独立的内生性的特征表现为现实场域和虚拟场域作为相对独立的存在，其各自存在各自的问题矛盾和威胁挑战。习近平指出："当下中国存在'两个舆论场'，一个是党报党刊党台、通讯社为主体的传统媒体舆论场，一个是以互联网为基础的新媒体舆论场。"①第一个舆论场是主流意识形态宣传的传统渠道，其一般具有主导性、权威性、专业性和常规性等特征，一般是在特定主题之下进行舆论宣传，因此，存在的意识形态风险和挑战基本可控。而第二个舆论场是主流意识形态宣传的创新渠道，其一般具有隐匿性、复杂性、叠加性和集聚性等特征。相较于第一个舆论场，存在着诸多不可控、难预防的因素，因此存在的意识形态风险和挑战更大、更复杂。另一方面，其互动交融的动态性特征表现为现实场域的意识形态问题与虚拟场域的意识形态问题相互贯通、相互作用和相互转化。从本质上来说，虚拟场域意识形态问题是现实场域意识形态问题的反映和延伸，因此，两者具有同源性。但是，虚拟场域的意识形态矛盾和冲突容易遭遇类似"群体极化"②和"虚拟串联"③等效应的影响，其复杂性和社会影响程度又会被放大；而反之，又会对现实场域的思想观念造成更大的冲击，并因此而关联到国家意识形态的安全问题。

---

① 中共中央文献研究室：《习近平关于社会主义文化建设论述摘编》，中央文献出版社2017年版，第42页。
② ［美］凯斯·桑斯坦：《网络共和国》，黄维明译，上海人民出版社2003年版，第47页。
③ ［美］凯斯·桑斯坦：《网络共和国》，黄维明译，上海人民出版社2003年版，第56页。

第二节 新时代意识形态安全的内在规定性

时代是思想之母，实践是理论之源。"经过长期努力，中国特色社会主义进入了新时代，这是我国发展新的历史方位。"[①]新时代意识形态安全问题必须要置于"新时代"这一时空场域之下，因此，其内在规定性包括四个方面：一是要紧扣中国特色社会主义这一理论与实践的主题，这是新时代意识形态安全的航向和中心；二是要巩固马克思主义在意识形态领域内的指导地位和巩固全党全国人民团结奋斗的共同思想基础，这是新时代意识形态安全的根本任务；三是要坚持中国共产党的领导核心地位，这是新时代意识形态安全的根本政治前提和保障；四是要坚持以人民为中心，发展和维护人民群众的根本利益，充分利用和发挥人民群众的主体作用，这是新时代意识形态安全的根本原则要求和社会基础保证。

一、紧扣中国特色社会主义的时代主题

习近平指出："我们必须认识到，这个新时代是中国特色社会主义新时代，而不是别的什么新时代。党要在新的历史方位实现新时代的历史使命，最根本的就是要高举中国特色社会主义伟大旗

[①]《习近平谈治国理政》第三卷，外文出版社2020年版，第8页。

帜。"①习近平总书记在此明确指出，新时代是中国特色社会主义新时代，就是需要坚持中国共产党的领导，坚定不移地走中国特色社会主义道路，在前进的道路上不断地坚定道路自信、理论自信、制度自信、文化自信，不断地开创新的历史伟业和新的历史功绩。这是我们不能偏离的航向和中心。因此，新时代意识形态安全，就是要使全国人民积极拥护中国共产党的领导核心地位，坚定中国特色社会主义的发展方向，强化"四个自信"的价值认同。同时，也要积极弘扬和宣传社会主义核心体系和社会主义核心价值观，让社会主义核心体系和社会主义核心价值观能够牢牢地占领和坚守主流意识形态的理论阵地和文化阵地而不动摇。社会主义核心价值体系是社会主义先进文化的核心与灵魂，而社会主义核心价值观是对社会主义核心价值体系的高度凝练和抽象。

中国特色社会主义的总任务是实现社会主义现代化和中华民族伟大复兴。意识形态安全能够为社会主义现代化顺利实现和中华民族伟大复兴事业成功进行保驾护航，因此，新时代意识形态安全必须要围绕这一总任务来重新定位，将意识形态安全问题作为一项重要的国家战略来重视。习近平总书记提出："经济建设是党的中心工作，意识形态工作是党的一项极端重要的工作"②，"做好党的新闻舆论工作，事关旗帜和道路，事关贯彻落实党的理论和路线方针政策，事关顺利推进党和国家各项事业，事关全党全国各族人民凝聚

---

① 习近平：《在学习贯彻党的十九大精神研讨班开班式上发表重要讲话强调：以时不我待只争朝夕的精神投入工作开创新时代中国特色社会主义事业新局面》，《人民日报》2018年1月6日。
② 《习近平谈治国理政》第一卷，外文出版社2018年版，第153页。

力和向心力，事关党和国家前途命运"①。因此，从"极端重要"到"三个事关"再到"五个事关"，充分地展现了意识形态工作的重要性，也充分地说明了维护意识形态安全是一项重要的国家战略。因此，我们要从国家战略的高度来认识和定位意识形态安全问题。"一刻也不能放松和削弱意识形态工作"，"我们要把意识形态工作的领导权、管理权、话语权牢牢掌握在手中，任何时候都不能旁落，否则就要犯无可挽回的历史性错误"②。这既是现实的发展给我们带来的必然要求，也是历史的经验给我们带来的深刻教训。因此，从整体上来说，新时代的意识形态工作就是要服从于和服务于实现中国式现代化和中华民族伟大复兴的大局，服从于和服务于中国特色社会主义的伟大事业。

二、牢牢坚持"两个巩固"的根本任务

"两个巩固"，即巩固马克思主义在意识形态领域内的指导地位和巩固全党全国人民团结奋斗的共同思想基础。坚持"两个巩固"是新时代意识形态安全的根本任务。

首先，坚持"两个巩固"的根本任务是由马克思主义的理论品质所决定。马克思主义是科学的理论体系。马克思主义深刻地揭示了自然发展规律、人类社会发展规律和人的认识发展规律，是辩证唯物主义和历史唯物主义的统一，是我们认识世界和改造世界的强大思想武器，也是人类社会从必然王国走向自由王国的科学理论指导。马克思主义也是实现人类解放的理论体系。马克思主义深刻地

① 中共中央文献研究室：《习近平关于社会主义文化建设论述摘编》，中央文献出版社2017年版，第38页。
② 中共中央文献研究室：《习近平关于社会主义文化建设论述摘编》，中央文献出版社2017年版，第21页。

揭示和批判了资本主义制度剥削和压迫的本质，揭示了人类社会发展的必然规律，提出了实现共产主义的美好愿景，为达到人的自由全面发展指明了正确的方向和提供了科学的道路。马克思主义也是一个永葆活力的理论体系。恩格斯指出："马克思的整个世界观不是教义，而是方法。"①因此，马克思主义不是封闭僵化的理论教条，而是在批判的基础上广泛地吸收人类优秀文明成果，同时还将自身置于社会实践的基石之上，从实践中吸收智慧和经验，从而不断地获得发展动力源泉的开放性理论。马克思主义是人类文明的精华，是人类集体智慧的结晶。马克思主义也是一个指导实践的理论体系。在《关于费尔巴哈的提纲》中，马克思创造性地提出"哲学家们只是用不同的方式解释世界，问题在于改变世界"②。因此，马克思主义不是纸上谈兵、抽象空洞的理论，而是可以指导实践，从而改变世界的理论。从《共产党宣言》发表以来，马克思主义走过了170多年的风雨坎坷，从"第一国际"等国际工人组织的相继创立和发展，到巴黎公社运动实行无产阶级专政的第一次尝试，再到俄国十月革命的胜利以及第一个社会政权的建立和建设，再到中国共产党的成立以及中国革命的胜利和中国社会主义的建设，马克思主义跨越了民族和文化的阻隔，以其科学性和真理性不断地回应时代的呼声，为推动社会向前发展提供了科学的理论指引和强大的精神动力。正如习近平总书记所说的："在人类思想史上，没有一种思想理论像马克思主义那样对人类产生了如此广泛而深刻的影响。"③因此，马克思主义具有鲜明的科学性、革命性、人民性和实践性，这

---

① 《马克思恩格斯选集》第四卷，人民出版社2012年版，第664页。
② 《马克思恩格斯选集》第一卷，人民出版社2012年版，第136页。
③ 习近平：《在纪念马克思诞辰200周年大会上的讲话》，《人民日报》2018年5月5日。

也就是马克思主义虽历经百余年，但依然绽放活力和光彩的内在原因。

其次，坚持"两个巩固"的根本任务是由马克思主义作为党的指导思想地位所决定的。指导思想是一个政党的精神旗帜，中国共产党一经成立，就以马克思主义作为自身的指导思想。毛泽东说："中国共产党的二十年，就是马克思列宁主义的普遍真理和中国革命的具体实践日益结合的二十年。"① 坚持学习、宣传和研究马克思主义是中国共产党的优良传统，也是中国革命和建设取得胜利的重要保障。党的十八大以来，习近平总书记多次强调要坚持马克思主义的指导。2015年，在全国党校工作会议上的讲话中，习近平总书记又强调："我们党历来高度重视理论建设和理论教育，运用马克思主义基本原理指导中国的事情是我们的看家本领。"② 2016年，在纪念中国共产党成立95周年大会上，习近平总书记在回顾党的发展历史时指出："马克思主义是我们立党立国的根本指导思想。背离或放弃马克思主义，我们党就会失去灵魂、迷失方向。"③ 2018年，在马克思诞辰200周年大会讲话中习近平总书记再次强调："中国共产党是用马克思主义武装起来的政党，马克思主义是中国共产党人理想信念的灵魂。"④ 因此，马克思主义作为党的指导思想的地位不能动摇。在2019年，党的十九届四中全会的决议中最终将马克思主义在

---

① 《毛泽东选集》第三卷，人民出版社1991年版，第795页。
② 中共中央文献研究室：《习近平关于社会主义文化建设论述摘编》，中央文献出版社2017年版，第66页。
③ 习近平：《在庆祝中国共产党成立95周年大会上的讲话》，《人民日报》2016年7月2日。
④ 习近平：《在纪念马克思诞辰200周年大会上的讲话》，《人民日报》2018年5月5日。

意识形态领域的指导地位作为一项根本制度而提出。这实质上是从制度层面确立了马克思主义的指导地位。

最后，坚持"两个巩固"的根本任务也是由现实领域诸多问题和挑战所决定的。习近平总书记指出："实际工作中，在有的领域中马克思主义被边缘化、空泛化、标签化，在一些学科中'失语'、教材中'失踪'、论坛上'失声'。"① 实质上，马克思主义是包含着真理的科学，其真正的价值不在于其词句本身，而是在于其所蕴含的科学的观点、方法、原则以及立场。在现实中仍然存在着将马克思主义"教条化"的倾向。习近平总书记曾指出："根据需要找一大堆语录，什么事都说成是马克思、恩格斯当年说过了，生硬'裁剪'活生生的实践发展和创新，这也不是马克思主义的态度。"② 这里问题的实质就是将马克思主义当成没有生气的教条，并且随意裁剪和肢解马克思主义基本原理和精神。很显然，这既割裂了理论的内在逻辑，也割裂了主客观之间的联系。同时，价值观多元化冲击着人们共同的思想基础。共同的思想基础是凝聚社会力量、激发社会活力、保持社会稳定有序的重要的精神条件，但是在市场经济逐利的浪潮冲击以及在全球化开放环境的影响下，社会思想观念纷繁复杂，社会思潮风云激荡，价值取向呈现多元冲突。这需要社会主义核心价值观进行指导和引领，以巩固全党全国人民共同的思想基础。

紧紧围绕新时代意识形态安全"两个巩固"的根本任务，要坚持马克思主义的指导地位。要创新马克思主义宣传和教育方式，积

---

① 中共中央文献研究室：《习近平关于社会主义文化建设论述摘编》，中央文献出版社2017年版，第76页。
② 中共中央文献研究室：《习近平关于社会主义文化建设论述摘编》，中央文献出版社2017年版，第79页。

极创设平台和路径，让马克思主义真正成为党政领导干部及广大党员同志的政治信仰和思想理论武器，也要积极提倡和教育引导，帮助党政领导干部及广大党员同志养成和提高运用马克思主义基本原理、方法、原则和立场解决问题的思维习惯和行为习惯。习近平总书记曾提醒道："马克思主义是我们共产党人的'真经'，'真经'没念好，总想着'西天取经'，就要贻误大事！"[①]马克思主义才是我们不能丢掉的理论根本和理论优势。

三、坚持和巩固中国共产党的领导核心地位

中国共产党是中国特色社会主义的领导核心。坚持和巩固中国共产党的领导核心地位既符合马克思主义政党理论的必然要求，也是中国近现代以来革命、建设以及改革开放的历史和实践进程发展的必然结果。因此，新时代维护意识形态安全，就必须要坚持和巩固中国共产党的领导，这是根本的政治要求和政治保障。

首先，坚持和巩固中国共产党的领导核心地位符合马克思主义政党理论的必然要求。恩格斯在《共产主义者同盟中央委员会告同盟书》中指出，工人不应当"去充当资产阶级民主派的随声附和的合唱队，而应该谋求在正式的民主派旁边建立一个秘密的和公开的独立工人政党组织，并且应该使自己的每一个支部都成为工人协会的中心和核心"[②]。在此，恩格斯明确指出了建立无产阶级政党的必要性和紧迫性，并且强调无产阶级政党要成为工人阶级的领导核心。马克思在《国际工人协会成立宣言》中也指出，"只有当工人通

[①] 中共中央文献研究室：《习近平关于社会主义文化建设论述摘编》，中央文献出版社2017年版，第67页。
[②] 《马克思恩格斯选集》第一卷，人民出版社2012年版，第558页。

过组织而联合起来并获得知识的指导时，人数才能起举足轻重的作用"①。因此，工人阶级如果缺乏有力的组织和科学的理论，就是单纯的人数集合，而不会真正产生重大的历史推动力。无产阶级政党既能够为工人运动提供科学的理论指导，也能够为工人运动提供强有力的组织保证。正如马克思、恩格斯在《共产党宣言》中所指出的："在实践方面，共产党人是各国工人政党中最坚决的、始终起推动作用的部分；在理论方面，他们胜过其余无产阶级群众的地方在于他们了解无产阶级运动的条件、进程和一般结果。"②因此，无产阶级政党本身具有其他阶级和政党所不具有的理论与组织优势，这也是其能够承担革命、建设重任的内在条件。列宁也非常重视党的领导权问题。列宁认为，掌握革命的领导权是无产阶级政党理所当然的要求。列宁指出："我们应当记住，革命政党只有真正领导革命阶级的运动，才无愧于自己的称号。"③同时，列宁认为无产阶级政党是无产阶级的先锋队，只有无产阶级政党才能够担负起领导革命的重任。列宁指出："党是阶级的先进部队，是阶级的领导者和组织者，是整个运动及其根本和主要目的的代表。"④并且，列宁也明确指出无产阶级政党也是国家一切工作的领导核心，即"国家政权的一切政治经济工作都由工人阶级觉悟的先锋队共产党领导"⑤。因此，从理论的发展逻辑来看，无论是马克思主义的创始人在阐述无产阶级革命理论时，还是后来列宁在阐述俄国的革命理论以及国家建设理论时，都非常重视无产阶级政党的领导核心地位，并且将

---

① 《马克思恩格斯选集》第三卷，人民出版社2012年版，第10页。
② 《马克思恩格斯选集》第一卷，人民出版社2012年版，第413页。
③ 《列宁专题文集——论马克思主义》，人民出版社2009年版，第337页。
④ 《列宁专题文集——论马克思主义》，人民出版社2009年版，第338页。
⑤ 《列宁专题文集——论马克思主义》，人民出版社2009年版，第353页。

无产阶级政党视为无产阶级的先锋队,其具有其他阶级和政党所不具有的鲜明优势和先进性。因此,建设中国特色社会主义事业必须坚持中国共产党的领导,这是马克思主义政党理论与当代中国实际相结合所必然产生的本质要求。

其次,坚持和巩固中国共产党的领导核心地位是历史发展的必然结果。中国共产党是中国革命的领导力量。近代以来,中国遭受了殖民主义国家的侵略和掠夺。面对着这场危机,各阶级各种社会力量争相探索救国救民的道路,你方唱罢我登场,但是只有中国共产党克服千难万险最终领导中国革命取得了胜利。毛泽东曾总结道:"任何的革命战争如果没有或违背无产阶级和共产党的领导,那个战争是一定要失败的。"[1]在社会主义建设的探索时期,《论十大关系》和《关于正确处理人民内部矛盾》的发表以及中共八大对社会主义初级阶段主要矛盾的正确判断等,这些都是中国共产党强大的理论创新能力和建设实践能力的体现。毛泽东曾明确地提出:"中国共产党是全中国人民的领导核心。没有这样一个核心,社会主义事业就不能胜利。"[2]中国社会主义建设探索在经历了艰难曲折之后,1978年党的十一届三中全会宣告中国进入改革开放的新时期。针对改革开放初期的思想问题,邓小平旗帜鲜明地提出了"四项基本原则",并强调"坚持四项基本原则的核心,就是坚持党的领导"[3]。党的十八大以来,在中国共产党的领导之下,中国发展取得了巨大的成就。习近平指出:"只要我们深入了解中国近代史、中国现代史、中国革命史,如果没有中国共产党领导,我们的国家、我们的民族不

---

[1]《毛泽东选集》第一卷,人民出版社1991年版,第183页。
[2]《毛泽东文集》第七卷,人民出版社1999年版,第303页。
[3]《邓小平文选》第二卷,人民出版社1994年版,第342页。

可能取得今天这样的成就，也不可能具有今天这样的国际地位。"①因此，坚持和巩固中国共产党的领导是中国自新民主主义革命以来一以贯之的根本原则，也是符合历史和现实发展逻辑的必然结果。

最后，坚持和巩固中国共产党的领导核心地位是中国特色社会主义事业继续顺利推进的根本政治保障。党的十九大报告中提出了"八个明确"。这"八个明确"包含了中国特色社会主义事业的总任务、战略步骤、总体布局、战略布局以及主要矛盾转化等一系列理论和实践问题。党的十九大报告旗帜鲜明地指出"中国特色社会主义最本质的特征是中国共产党领导，中国特色社会主义制度的最大优势是中国共产党领导，党是最高政治领导力量"。中国特色社会主义事业是中国共产党领导下的中国人民通过一代又一代艰苦奋斗而开创的。历史的发展也证明，只有中国共产党才能够将中国特色社会主义事业顺利向前推进。新时代的中国，肩负的发展任务前所未有，面临的风险挑战也前所未有。习近平总书记指出："在前进道路上，我们将进行具有许多新的历史特点的伟大斗争。"②因此，要战胜前进道路中的困难，就必须要有一个坚强而先进的领导核心承担起领导任务。历史和实践证明，只有中国共产党才能够把握好建设中国特色社会主义事业的正确方向、本质要求和内在规律，才能够为中国特色社会主义事业顺利进行提供坚强的根本的政治保障。同时，中国共产党也是一个注重自我建设的政党。党的建设赋予了中国共产党无限的生命力和战斗力，也是其不断保持先进性，领导社会主义事业取得成功的不竭动力之源。

新时代，巩固和坚持中国共产党的领导核心地位是保障意识形

---

① 《习近平谈治国理政》第二卷，外文出版社2017年版，第20页。
② 《习近平谈治国理政》第二卷，外文出版社2017年版，第9页。

态安全的题中之义，并且这也为新时代意识形态安全本身提供了根本的政治前提和政治保障。当前，意识形态领域诸多内外部因素和内外部风险影响并存。习近平总书记指出："现在，在一些单位和一些人那里，党的意识淡漠了，党性原则不强了。"① 同时，习近平总书记还指出："当前，各种敌对势力一直企图在我国制造'颜色革命'，妄图颠覆中国共产党领导和我国社会主义制度。"② 并且提醒说，"新形势下，意识形态领域斗争复杂尖锐。历史和现实都警示我们，思想舆论阵地一旦被突破，其他防线就很难守得住"③。在全球化的环境之下，西方国家借助其强大的科技实力和强势的舆论宣传机器，对社会主义中国发动舆论攻势，进行文化价值观和意识形态输出，抹黑中国国际形象，否定中国取得的巨大进步和成就，夸大中国发展所存在的问题，煽动和助推社会矛盾，并且还凭空借一些事情挑拨矛盾、颠倒黑白、混淆视听，如借口人权问题、民主问题、法治问题、民族问题、宗教问题甚至文化习惯问题等来对中国进行攻击指责和"矮化""黑化"。因此，巩固和保障新时代意识形态安全，就是要不断地坚持和巩固中国共产党的领导核心地位。一方面，要在意识形态工作中坚持"党性"原则。恩格斯曾指出："党的报刊的任务是什么？首先是组织讨论，论证、阐发和捍卫党的要求，批驳和推翻敌对党提出的各种要求和论断。"④ 习近平总书记强

---

① 中共中央文献研究室：《习近平关于社会主义文化建设论述摘编》，中央文献出版社2017年版，第24页。
② 中共中央文献研究室：《习近平关于社会主义文化建设论述摘编》，中央文献出版社2017年版，第37页。
③ 中共中央文献研究室：《习近平关于社会主义文化建设论述摘编》，中央文献出版社2017年版，第38页。
④ 《马克思恩格斯选集》第一卷，人民出版社2012年版，第280页。

调指出："党性原则是党的新闻舆论工作的根本原则。"①坚持"党性"原则，就是要坚持党对意识形态工作的领导权。也就是说党和政府所主办的报纸杂志以及宣传阵地必须置于党的领导之下，服从党的领导，为党发声，必须成为党和人民的喉舌。而其他的报纸杂志、媒体电台、新闻网站等也必须在思想上和行动上与党中央保持高度的一致，体现党的意志、反映党的主张、维护党的权威、促进党的团结，保持正确的政治方向和坚定的政治立场。另一方面，要落实"党管媒体"的重要原则，完善监督管理的方法和机制。习近平总书记强调指出："各级党委要自觉承担起政治责任和领导责任，主动谋划本地区本部门新闻舆论工作。"②各级党委是意识形态工作最直接和最重要的管理主体和责任主体，应该明确自身的责任，主动承担起自身的责任，保障意识形态的安全。同时，要坚决反击各种针对党和政府的错误思想观点。对于各种错误思想观点要敢于亮剑、明辨是非和及时应对。既要增强应对的科学性和合理性，也要增强应对的效率和效果，以避免问题的进一步扩大化和严重化。

四、切实践行"以人民为中心"的思想

习近平总书记在党的十九大报告中明确指出："人民是历史的创造者，是决定党和国家前途命运的根本力量。"③坚持"以人民为中心"的思想就必须做到以下几方面：

首先，要坚持人民的历史主体地位。人民群众是历史主体和历

---

① 中共中央文献研究室：《习近平关于社会主义文化建设论述摘编》，中央文献出版社2017年版，第40页。
② 中共中央文献研究室：《习近平关于社会主义文化建设论述摘编》，中央文献出版社2017年版，第49页。
③ 《习近平谈治国理政》第三卷，外文出版社2020年版，第16页。

史的创造者,这是历史唯物主义的基本观点。在《关于费尔巴哈的提纲》中,马克思提出:"全部社会生活在本质上是实践的。"①人是带有主观能动性的实践主体,因此只有人民群众才是社会历史的创造者。在《德意志意识形态》中,马克思又进一步指出:"人们生产自己的生活资料,同时间接地生产着自己的物质生活本身。"②个人其实质上就是从事各种社会实践活动和处于各种社会关系当中的现实的个人。同时,人在社会实践过程当中的生产具有双重关系,即不但生产了人自身,而且还生产了整个人类社会。人民群众的主体部分是劳动群众,而劳动群众中受压迫最深的是无产阶级。在《共产党宣言》中,马克思、恩格斯深刻论述了无产阶级的革命性,"于是,资产阶级自己把自己的教育因素即反对自身的武器给予了无产阶级"③。"在当前同资产阶级对立的一切阶级中,只有无产阶级是真正革命的阶级。"④无产阶级在反对旧的封建主义的斗争中以及反对新的资产阶级的斗争中不断地受到教育和发展壮大,从而成为革命意志最坚强的阶级。同时,恩格斯同约瑟夫·布洛赫的信中所阐释的"历史合力论"指出,历史是由无数既自由又受制约的个人的相互交错的意志或力量所形成的"合力"推动和创造的,即历史结果可以被"看成一个作为整体的、不自觉地和不自主地起作用的力量的产物"⑤。这既深刻地揭示了历史发展的规律,也深刻地说明了人民群众在历史发展过程中的决定性作用。毛泽东更是直截了

---

① 《马克思恩格斯选集》第二卷,人民出版社2012年版,第135页。
② 《马克思恩格斯选集》第二卷,人民出版社2012年版,第147页。
③ 《马克思恩格斯选集》第二卷,人民出版社2012年版,第410页。
④ 《马克思恩格斯选集》第二卷,人民出版社2012年版,第411页。
⑤ 《马克思恩格斯选集》第四卷,人民出版社2012年版,第605页。

当地提出:"人民,只有人民,才是创造世界历史的动力。"①习近平总书记也指出:"人民是历史的创造者,是时代的雕塑者。"②可以说,人民群众既是历史的主体,推动着历史向前发展,也是实践的主体,不断地塑造和丰富着他们所处时代的面貌和内涵。因此,在实践过程中,我们坚持人民群众的主体地位,尊重人民群众,相信群众和依靠群众,充分地发挥人民群众的主动性和创造性。

其次,要坚定人民立场的根本政治立场。习近平总书记强调:"人民立场是中国共产党的根本政治立场,是马克思主义政党区别于其他政党的显著标志。"③坚持人民立场,一是要密切联系人民群众。密切联系人民群众是党的优良作风之一,也是党的性质和宗旨的体现。密切联系人民群众要做到了解人民群众的需求、倾听人民群众的呼声、体现人民群众的意志,想人民之所想,急人民之所急,永远跟人民在一起。二是要摆正人民群众的位置。"全党同志要把人民放在心中最高位置,坚持全心全意为人民服务的根本宗旨,实现好、维护好、发展好最广大人民根本利益,把人民拥护不拥护、赞成不赞成、高兴不高兴、答应不答应作为衡量一切工作得失的根本标准。"④因此,这既是要求我们实现、维护和发展好人民群众的根本利益,也是要求将是否满足人民群众的利益、呼声和意志作为衡量一切工作得失的根本标准。三是对人民群众负责。上任伊始,习

---

① 《毛泽东选集》第三卷,人民出版社1991年版,第1031页。
② 习近平:《在中国文联十大、中国作协九大开幕式上的讲话》,人民出版社2016年版,第10页。
③ 习近平:《在庆祝中国共产党成立95周年大会上的讲话》,《人民日报》2016年7月2日。
④ 《习近平谈治国理政》第二卷,外文出版社2017年版,第40页。

近平总书记指出"责任重于泰山，事业任重道远"①。并提出这个重大责任是对民族的责任，是对党的责任，也是对人民的责任。对人民的责任其实质上就要不断地带领人民群众解放与发展生产力，保障社会的公平正义，最终实现共同富裕，从而满足人民美好生活需要。四是要摒弃主观主义、个人主义和官僚主义的错误立场。主观主义、个人主义和官僚主义要不就是从思想观念出发，要不就是从个人好恶和利益出发，因此这必然会导致脱离实际和脱离群众的危险。

最后，要坚持让人民满意的工作根本标准。习近平总书记在党的群众路线教育实践活动总结大会上指出："群众满意是我们党做好一切工作的价值取向和根本标准，群众意见是一把最好的尺子。"②人民群众是党的根基和根本力量所在，人民群众是否满意是衡量一切工作得失的根本标准和最好尺度。习近平总书记明确提出，"人民对美好生活的向往，就是我们的奋斗目标"③。党的十八大以来，党和国家以人民是否满意为标准，持续推进党的建设以及经济、政治、社会、文化和生态环境的各项事业的建设。推进从严治党，建设让人民群众满意的模范机关；转变政府职能，增强政府公信力和执行力，建设人民满意的服务型政府；完善教育公平，办好让人民满意的教育；不断地推进文化事业的繁荣，创作更多让人民满意的文艺作品；等等，这一切都是为了不断地解决发展的不平衡不充分问题，以满足人民群众日益增长的美好生活的需要。

"以人民为中心"的思想不但深刻地蕴含了历史唯物主义的基本

---

① 《习近平谈治国理政》第一卷，外文出版社2018年版，第5页。
② 习近平：《在党的群众路线教育实践活动总结大会上的讲话》，《人民日报》2014年10月9日。
③ 《习近平谈治国理政》第一卷，外文出版社2018年版，第4页。

观点，而且也鲜明地体现了中国共产党的先进性和优越性，并且还高度地契合了新时代中国特色社会主义实践发展的必然特点和要求。因此，新时代维护意识形态安全必须坚持"以人民为中心"的思想，既要坚持以人民为中心，实现、维护和发展人民群众的根本利益，还要尊重人民群众的主体地位，充分利用和发挥人民群众的主动性、积极性和创造性，并且还要不断地满足人民群众的美好生活的需要，增进人民群众的安全感和幸福感。这是新时代意识形态安全所要坚持的根本原则要求和社会基础保证。

第三节　新时代意识形态安全的极端重要性

党的十八大以来，国际国内安全形势发生了一系列重大变化，呈现出一系列新特点新形势，国家安全受到了严峻的挑战。因此，如何把握安全形势并保障国家的安全，是新时代面临的一个重大课题。而意识形态安全是意识形态工作的重要方面，并且也是国家安全的重要组成部分，事关党的领导地位的巩固、国家政权的稳定、社会秩序的维护以及人民安居乐业。2013年在全国宣传思想工作会议上，习近平总书记强调："经济建设是党的中心工作，意识形态工作是党的一项极端重要的工作。"[1]因此，"极端重要性"实质上就是对新时代意识形态安全的重要价值与意义的科学定位。

一、理解"极端重要性"科学定位

极端重要性既是对保障和维护意识形态安全的价值和意义的科学凝练表达，同时，也是对保障和维护意识形态安全刻不容缓的当头棒喝和警示，并且还表明了当前所面临的意识形态内外形势的严峻性。因此，极端重要性表达了对主体责任的呼唤与回归。

首先，"极端重要性"指明了意识形态安全的重大意义。党的十

---

[1] 中共中央文献研究室：《习近平关于社会主义文化建设论述摘编》，中央文献出版社2017年版，第34页。

八大以来，习近平总书记就意识形态工作及维护意识形态安全问题发表了一系列重要讲话，指出了意识形态工作和维护意识形态安全的"极端重要性"，并且用"三个事关"和"五个事关"的重要论断来具体指涉意识形态工作和维护意识形态安全的重要性。"三个事关"的重要性是从执政党的命运和前途、国家的治理和发展以及民族的团结和繁荣等宏观战略的角度进行定位和概括。而"五个事关"则将意识形态工作的重要性和意义扩展到关乎党的各项路线政策的落实以及党和国家各项事业的顺利推进等具体维度。其所揭示的重要性和意义更为深刻、系统和全面，实际上更为充分地体现了意识形态工作和意识形态安全的极端重要性。同时，习近平总书记还高度重视网络意识形态安全的重要性，将网络视为意识形态斗争的"主战场"和"前沿阵地"。习近平总书记提出："掌握网络意识形态主导权，就是守护国家的主权和政权。"[1]并且，习近平总书记还非常重视高校意识形态工作。习近平总书记指出："高校是意识形态工作的前沿阵地。"[2]习近平总书记提出新闻舆论工作要"不断解决好'为了谁、依靠谁、我是谁'这个根本问题"[3]。这一系列论述，都表明了意识形态安全的重大价值和意义。

其次，"极端重要性"指明了意识形态安全的紧迫性和严峻性。习近平总书记指出："我们集中精力进行经济建设的同时，一刻也不

---

[1] 中共中央文献研究室：《习近平关于社会主义文化建设论述摘编》，中央文献出版社2017年版，第36页。
[2] 中共中央文献研究室：《习近平关于社会主义文化建设论述摘编》，中央文献出版社2017年版，第55页。
[3] 中共中央文献研究室：《习近平关于社会主义文化建设论述摘编》，中央文献出版社2017年版，第49页。

能够放松和削弱意识形态工作。"① "一刻也不能够放松和削弱"明确地指出了维护和保障意识形态安全的紧迫性。有学者曾总结说："我们在党的十八大之前的相当长的一个时期内，确实曾经走了弯路，党的领导确实曾经被弱化，是以习近平同志为核心的党中央坚决拨乱反正，才引领中国进入新时代。"②树欲静而风不止，意识形态斗争常常被喻为一场没有硝烟的战争，其风险是长期和隐蔽的，易受忽视，却不容忽视。因为一旦忽视，就可能功亏一篑、政亡人息。特别是我们现在正处于建设现代化强国的关键时期，迫切需要安全可控的国内环境、稳定有序的社会秩序、积极向上的精神状态作为重要的条件。但是在这一时期，随着中国日益全面深化改革、信息网络技术的普及应用以及中国日益走向世界舞台中央，中国所要面临的风险和挑战将是前所未有、持续长久和极度复杂困难的。因此，必须要时刻警惕意识形态安全问题，不断加强和改善现阶段的意识形态工作，牢牢把握意识形态工作的领导权、管理权和话语权，从而为中国发展创造更加良好的内外部环境。

最后，"极端重要性"指明了意识形态安全主体责任的必要性。意识形态的极端重要性在于意识形态风险和挑战的极端严峻性，而应对意识形态领域存在的各种问题，必须要各责任主体切实肩负起领导、管理的主体责任。习近平总书记指出："一些单位和党政干部政治敏感性、责任感不强，在重大意识形态问题上含含糊糊、遮遮

---

① 中共中央文献研究室：《习近平关于社会主义文化建设论述摘编》，中央文献出版社2017年版，第21页。
② 朱继东：《新时代党的意识形态思想研究》，人民出版社2018年版，第3页。

掩掩，助长了错误思潮的扩散。"①因此，宣传思想部门"必须守土有责、守土负责、守土尽责"。"企业要承担企业的责任，党和政府要承担党和政府的责任，哪一边都不能放弃自己的责任。网上信息管理，网站应负主体责任，政府行政管理部门要加强监管。"②因此，党、政府、企业、网站、高校以及人们自身都是意识形态的责任主体。其中，各级党委要承担起领导的责任，切实把握意识形态发展动向，牢牢掌握意识形态工作的主导性和领导权，抓好政治领导和思想领导，坚持正确的政治立场和政治方向，巩固马克思主义在意识形态领域的主导地位，不断壮大主流思想舆论。政府相关职能部门也要承担起意识形态工作的监督、管理和治理的主体责任，必要时需要动用法律和行政的手段来维护意识形态安全。同时，网站、高校、个人也应该将维护意识形态作为自身的职责和责任，要旗帜鲜明、立场正确，在思想上和行动上与党同向同行。总之，意识形态工作的责任主体既要主动地做好理论的正面宣传工作，积极宣传社会主义意识形态，弘扬主旋律，传播正能量；又要敢于"亮剑"，积极同错误的思潮、观点作斗争。

二、"极端重要性"科学定位的三重渊源

"极端重要性"的科学定位并不是凭空想象出来的，它的提出具有深厚的理论渊源、历史渊源和现实渊源。

首先，具有深刻的理论渊源。意识形态，从其本质上来说属于上层建筑的范畴，作为思想观念的上层建筑，对经济基础以及社会

---

① 中共中央文献研究室：《习近平关于社会主义文化建设论述摘编》，中央文献出版社2017年版，第35页。
② 中共中央文献研究室：《习近平关于社会主义文化建设论述摘编》，中央文献出版社2017年版，第51页。

的发展具有现实的反作用。因此，重视维护意识形态安全，不仅能够营造健康向上的舆论环境和良好和谐的思想氛围，从而为经济和社会的健康有序发展创造有利条件；同时也能够为哲学社会科学本身的发展与繁荣提供科学的理论支撑和精神指引。此外，意识形态"本质上是集团性话语"[①]，体现着特定阶级或政治集团的意志和利益。因此，维护意识形态安全也关乎特定阶级的政治地位，特别是统治阶级的统治地位。可见，维护意识形态安全具有重要的价值和意义。

从讨论意识形态以来，关于意识形态的纷争与纠葛就从来没有停止过。特拉西作为意识形态学的创立者，其最终也湮没在了意识形态的斗争之中，成了拿破仑时期政治与军事斗争的牺牲品。意识形态一词虽然是在法国启蒙运动时期提出，但实质上关于意识形态的讨论从古希腊时期就已经出现。其中，当然也充斥着观点各异的各种思想和理论的对立与冲突。同时，在历史上，意识形态也与战争联系着，如历史上的天主教徒与耶稣教徒的战争都是意识形态的战争。此外，意识形态成为影响不同社会制度国家之间进行对抗的重要因素，如19世纪50年代开始的资本主义阵营与社会主义阵营之间长达半个世纪的冷战对抗，其实质上也是意识形态的对抗与斗争。

其次，具有深刻的历史渊源。在马克思主义理论的发展历史中，意识形态问题也一直受到重视。马克思在《政治经济学批判》中从考察人类历史发展的角度提出："如果从观念上来考察，那么一定的意识形式的解体足以使整个时代覆灭。"[②]这充分说明了意识形态安

[①] 朱继东：《新时代党的意识形态思想研究》，人民出版社2018年版，第16页。

[②]《马克思恩格斯文集》第八卷，人民出版社2009年版，第170页。

全对于一个国家和政权的重要性。马克思在《〈黑格尔法哲学批判〉导言》中又指出:"批判的武器当然不能代替武器的批判,物质力量只能用物质力量来摧毁;但是理论一经掌握群众,也会变成物质力量。"①因此,这里的理论力量实质上也包含了意识形态的力量,而这种意识形态的力量是能够穿破历史的迷雾而引导人类社会向前发展的。《德意志意识形态》是马克思恩格斯论述意识形态理论的最重要的理论著作,马克思恩格斯提出:"如果在全部意识形态中,人们和他们的关系就像在照相机中一样是倒立成像的,那么这种现象也是从人们生活的历史过程中产生的,正如物体在视网膜上的倒影是直接从人们生活的生理过程中产生的一样。"②这深刻地阐明了意识形态的本质。这实质上也是在启示我们不要被意识形态的外表所迷惑,而应该明白意识形态的根源在于现实的社会实践。无产阶级革命的伟大导师列宁在领导俄国革命的过程中,将意识形态区分为科学和非科学的两种性质,并非常重视以马克思主义的科学理论来指导革命的实践。而且,列宁还非常重视对错误理论和错误思潮的批判,并提出了著名的"灌输理论"。在中国共产党的发展历史中,毛泽东提出了思想政治工作是党的生命线的著名理论。早在中国共产党领导中国革命的初期,在三湾改编中,毛泽东就提出了将支部建在连上的重要措施,这既保障了党对军队的绝对领导,又能够及时把握军队的思想动态和做好军队的政治工作以保证军队的战斗力。同时,在中国建设和改革开放的过程中,重视意识形态工作一直是一条一以贯之的主线。

最后,具有深刻的现实渊源。意识形态斗争往往具有隐蔽性和

---

① 《马克思恩格斯文集》第一卷,人民出版社2009年版,第11页。
② 《马克思恩格斯选集》第四卷,人民出版社2012年版,第152页。

长期性，必须时刻关注，一刻都不能放松警惕；否则，就可能造成民心的离散和政权的倾覆。新时代意识形态安全所面临的问题来自新时代的时空场域的转换。新时代之于意识形态安全的意义，一是为主要矛盾的转换。现阶段新的社会主要矛盾为人民日益增长的美好生活需要和不平衡不充分的发展之间的矛盾。满足人民美好生活的需要具有深刻的精神文化内涵，因此这也成为新时代意识形态工作一个重要着力点。二是指导理论的丰富和深化。党的十九大将习近平新时代中国特色社会主义思想作为党的指导理论，这一理论是对新时代建设一个什么样的中国特色社会主义以及怎样建设作出的更为深刻的回答。因此，新时代意识形态工作要发挥其对新的指导理论的宣传。三是中国阶段发展任务的递进。2012年至2020年，是全面建成小康社会的关键时期，2020至2035年是实现现代化的关键时期。四是中国国际地位的变化。习近平总书记指出，中国越来越接近于世界舞台的中央。这既表示中国承担的国际责任将越来越重大，也表示中国面临的国际风险和挑战也将越来越多，其中意识形态的风险也将增加。不同的文化背景、不同的政治制度、不同的经济利益、不同的话语体系等，这些都可能构成意识形态斗争的内外源因素。

三、"极端重要性"科学定位的实践审视

维护和巩固意识形态安全具有重要的实践意义，同维护国家总体安全、实现国家治理现代化以及建设社会主义文化强国具有内在的关联性。

首先，意识形态安全关系到国家安全。其一，意识形态安全是国家安全的重要组成部分。意识形态安全既能从精神和心理层面上

引领思想、凝聚共识、鼓舞人心，也能够从社会层面上促进社会和谐、维持社会秩序，同时还能够在政治层面上巩固国家政权、促进民族团结。因此，维护和保障意识形态安全，其实质就是维护和保障国家和社会的安全。其二，意识形态安全也是维护国家其他方面安全的重要条件。坚持总体国家安全观是当前中国解决安全问题的重要理论遵循。总体国家观视域下的安全问题是一个系统性问题。其不仅包括内外部安全的问题，并且还包括传统安全和非传统安全的辩证关系问题。意识形态安全不仅仅是囿于思想观念领域内的安全问题，而且对于经济安全、政治安全、社会安全、文化安全和生态环境安全等国家内部发展中的安全问题的解决，意识形态能够提供政策、理论以及精神、心理等层面的解答方案。其三，保障和维护意识形态安全才能应对当前意识形态斗争的严峻形势。在经济全球化的今天，国与国之间的意识形态的纷争和矛盾从来没有停止过。"西方国家的意识形态和思想文化必然渗透进来，社会主义中国与西方资本主义国家在意识形态和思想文化领域的斗争将更加激烈。"① 特别是西方国家借助强大的舆论机器，进行舆论进攻，发动舆论战。其实质就是意识形态斗争，其目的就是为了争夺话语权和国际竞争的主动权。因此，全球化背景下维护意识形态安全刻不容缓。并且，在信息网络化的技术催生之下，意识形态领域的斗争更加激烈。习近平总书记指出："在互联网这个战场上，我们能否顶得住、打得赢，直接关系到我国意识形态安全和政权安全。"② 这充分体现了网络意识形态斗争的严峻性。网络逐渐成为意识形态斗争的主战场和

---

① 童世骏：《意识形态新论》，上海人民出版社2006年版，第88页。
② 中共中央文献研究室：《习近平关于社会主义文化建设论述摘编》，中央文献出版社2017年版，第29页。

前沿阵地。中国具有世界上最大规模的网民，在网络的虚拟场域中，人的身份是隐匿的，因此催生了网络的赋权效应，即在网络世界人与人之间获得了暂时的身份平等，每个人都可以自由地发声。网络世界言论自由表象之下是各种观念的交锋、意见的冲突和价值观的交错，因此，必须积极地引导网络舆论，从而营造风清气正的网络环境。总之，维护意识形态安全直接关系到国家安全问题。

其次，意识形态安全关系到国家治理现代化的实现。推进国家治理现代化是国家的重要战略决策，有助于战胜前进道路上的各种风险和挑战，不断地满足人民日益增长的美好生活的需要，以及真正体现中国特色社会的制度优势和实践能力优势。新时代维护和保障意识形态安全对于推进国家治理现代化具有重要的价值和意义。一方面，维护和保障意识形态安全与推进国家治理现代化具有内在的统一性。推进国家治理现代化是一项系统而复杂的工作，既需要坚持党的领导，发挥党的领导核心作用，也需要坚持以人民为中心，积极发挥人民群众的主动性和创造性，不断地满足人民群众的美好生活的需要；同时，既要加强各项制度建设，也要坚定不移地坚持马克思主义特别是以习近平新时代中国特色社会主义思想为指导，筑牢和巩固全体人民团结奋斗的共同思想基础。新时代维护和保障意识形态安全，以坚持党的领导核心为根本的政治保障和政治要求，以坚持人民为中心为根本原则要求和社会基础保证，同时以"两个巩固"作为根本任务。因此，这实质上高度地契合了推进国家治理现代化的基本要求和目的。另一方面，维护和保障意识形态安全能够为实现国家治理现代化提供良好的思想氛围和强大的精神动力。当前推进国家治理现代化是在一个复杂的国际国内环境中展开的，因此，要顺利地进行，就必须创造出良好的社会环境和社会心理氛围。意识形态工作归根结底就是做人的思想工作，就是要以科学的意识形态和先进的理论去教育和影响人民群众，同时又要发挥解释、辨别和批判的功能去揭露和反对错误的意识形态。因此，意识形态工作既能够促进思想理论的宣传，形成全社会对一项事业或者工作的广泛一致的评价和认同，以及最大程度地鼓舞人心和提高斗志；同时，意识形态工作也能够及时地解释人们思想观念上的困惑、纠正人们思想观念上的偏差，从而为国家治理现代化创造良好的思想氛围和提供强大的精神动力。

最后，意识形态安全关系到社会主义文化强国的建设。习近平总书记指出："中国特色社会主义是物质文明和精神文明全面发展的社会主义。一个没有精神力量的民族难以自立自强，一项没有文化支撑的事业难以持续长久。"[1]文化是一个国家和民族长久发展的最深厚的精神力量、保持独立的最鲜明的身份标识以及应对激烈竞争的最有力的手段。同时，随着人们物质生活需求逐渐得到满足，人们对于文化与精神的需求层次要求更高。并且，应对日益激烈的国际竞争也需要提升文化软实力，实施文化强国战略势在必行。建设文化强国要从文化体制和文化产业等层面入手，完善社会主义文化体制，规范和发展文化产业和文化市场。同时，建设文化强国也要从精神和价值等层面入手，积极弘扬中华民族优秀文化和社会主义先进文化，培育和践行社会主义核心价值观。习近平总书记在2013年全国宣传思想工作会议的讲话中强调："在继续大胆推进改革、推动文化事业全面繁荣和文化产业快速发展、建设社会主义文化强国的同时，要把握好意识形态属性和产业属性、社会效益和经济效益

---

[1] 中共中央文献研究室：《习近平关于社会主义文化建设论述摘编》，中央文献出版社2017年版，第3页。

的关系,始终坚持社会主义先进文化前进方向,始终把社会效益放在首位。"[1]因此,实施文化强国战略的过程中,必须要明确其意识形态的意蕴、辨明其意识形态的属性、体现其意识形态的价值。"意识形态贯穿文化发展的始终,是文化强国建设强基固本的关键所在。"[2]加强国家意识形态建设、保障和维护意识形态安全对于顺利实施文化强国战略具有重大的意义。

一方面,提供价值指引。"构成统治阶级的各个个人也都具有意识,因而他们也会思维。""他们作为思维着的人,作为思想的生产者进行统治,他们调节着自己时代的思想的生产和分配。"[3]因此,从本质上说,意识形态作为上层建筑,是统治阶级意志的集中体现,并且也是统治阶级的价值观念体系的总和,其深刻地反映了统治阶级的价值选择和价值取向,为统治阶级的理论创造和实践行动提供根本方向和基本路径的指引。而马克思主义作为社会主义的主流意识形态是具有科学性、实践性和人民性的意识形态,而其科学性、实践性和人民性具有鲜明的指向性,即以实现人的自由全面发展为理论和实践旨归。"一个国家,一个民族,要同心同德迈向前进,必须有共同的理想信念作支撑。"[4]中国特色社会主义的共同理想、共产主义的信念,还有马克思主义的科学信仰是文化的发展、文明的进步的指路明灯,也为文化强国战略实施提供了精神和价值的指引。

---

[1] 中共中央文献研究室:《习近平关于社会主义文化建设论述摘编》,中央文献出版社2017年版,第185页。

[2] 孙绍勇,陈锡喜:《习近平文化强国战略的意识形态逻辑论析》,《思想教育研究》2017年第6期。

[3]《马克思恩格斯选集》第一卷,人民出版社2012年版,第179页。

[4] 中共中央文献研究室:《习近平关于社会主义文化建设论述摘编》,中央文献出版社2017年版,第11页。

同时，建设社会主义文化强国必须要增强文化自觉和文化自信。"坚定文化自信，是事关国运兴衰、事关文化安全、事关民族精神独立性的大问题。"①坚定文化自信就要弘扬中华优秀文化和革命文化，以及在此基础上不断地发展社会主义先进文化。同时，习近平总书记还强调："增强文化自觉和文化自信，是坚定道路自信、理论自信、制度自信的题中之义。"②因此，文化自觉和文化自信也带有鲜明的意识形态属性，是服从和服务于意识形态工作和安全需要的必要之举。

另一方面，提供发展动力。意识形态具有相对独立性。其相对独立性表现为意识形态对经济基础的反作用。意识形态是一种理论的力量。"把马克思主义意识形态论看作是一种实践理性，一种具有实践品格的意识中的存在或'意识事实'。"③意识形态也是一种价值的力量。价值的力量其实质就是科学的理想和信念的导引与激励。"人民有信仰，民族有希望，国家有力量。"④信仰和信念是一种深层的、巨大的和持久的力量，能够极大地激发人们的向往和斗志。马克思主义"是中国特色社会主义文化的灵魂，构成当代中国文化自信的'鲜明底色'"⑤。因此，马克思主义作为一种科学的指导理论为文化以及文化产业的发展提供了不竭的动力。意识形态也是

---

① 中共中央文献研究室：《习近平关于社会主义文化建设论述摘编》，中央文献出版社2017年版，第16页。
② 中共中央文献研究室：《习近平关于社会主义文化建设论述摘编》，中央文献出版社2017年版，第9页。
③ 张秀琴：《马克思意识形态概念理解史》，人民出版社2018年版，第32页。
④ 中共中央文献研究室：《习近平关于社会主义文化建设论述摘编》，中央文献出版社2017年版，第10页。
⑤ 马振江：《马克思主义视域下文化自信的建构与诠释》，《探索》2019年第2期。

一种精神力量。"精神是一个民族赖以长久生存的灵魂,唯有精神上达到一定的高度,这个民族才能在历史的洪流中屹立不倒、奋勇前进。"①这种精神力量表现为意识形态的内在感召力和影响力。一定的意识形态为人类社会的发展提供了美好的图景和向往,勾绘了未来社会发展美好蓝图,因此,必然会为整个社会的发展及文化强国战略的推进提供强大的精神动力。

---

① 中共中央文献研究室:《习近平关于社会主义文化建设论述摘编》,中央文献出版社2017年版,第13页。

第二章

新时代意识形态安全的理论前提

新时代意识形态安全思想并不是凭空产生的，它是建立在原有意识形态安全理论的基础之上，结合新时代意识形态安全的现实需要而产生的。因此，对新时代意识形态安全思想的分析和探讨必须建立在原有的马克思主义经典作家关于意识形态安全理论和中国化马克思主义关于意识形态安全思想的基础上。因此，有必要探讨和总结马克思主义经典作家意识形态安全理论、中国化马克思主义意识形态安全思想，以及马克思主义中国化的最新理论成果，即习近平总书记关于意识形态安全的系列论述。

第一节 马克思主义经典作家意识形态安全理论

所谓意识形态安全，是指占统治地位的意识形态的安全。而占统治地位的主流意识形态，就是指统治阶级的、维护既有社会秩序的意识形态。"深入研究马克思主义理论可以使我们越来越深切感受到，马克思对意识形态是高度重视的，这种重视几乎贯穿他的整个研究、战斗过程。"[①]马克思主义经典作家关于意识形态思想最初产生并形成于马克思恩格斯对唯物史观的探讨过程中。马克思主义意识形态思想是马克思恩格斯通过对资本主义意识形态的批判和社会主义意识形态的建构而逐步建立和发展起来的。习近平关于意识形态安全的系列论述正是马克思主义意识形态思想与我国的实际相结合的产物。马克思主义经典作家关于意识形态安全思想与习近平关于意识形态安全的系列论述之间具有内在的逻辑关系。

一、马克思恩格斯意识形态安全理论

马克思恩格斯意识形态理论是一种对旧意识形态批判的理论，它在否定旧意识形态的错误和虚假性的同时，实现了意识形态理论的升华和超越。马克思恩格斯认为，无产阶级革命要取得胜利，就

[①] 朱继东：《新时代党的意识形态思想研究》，人民出版社2018年版，第16页。

必须首先认识到资产阶级意识形态的虚伪性。为此，他们对资产阶级意识形态进行了深度剖析，揭示了资本主义社会制度的实质，为无产阶级的革命斗争提供了思想武器。在考察过程中，马克思恩格斯依照不同的场域，从作为虚假观念体系的意识形态、作为"思想或观念的上层建筑"的意识形态、作为阶级统治工具的意识形态这三重意义上对意识形态这一复杂问题进行了阐释。

所谓虚假观念体系的意识形态，其虚假性主要体现在两个方面：一方面，虚假观念体系的意识形态是针对青年黑格尔派所代表的唯心史观。马克思指出，青年黑格尔派对物质与意识的认识是颠倒的。"德国唯心主义和其他一切民族的意识形态没有任何特殊的区别。后者也同样认为世界是受观念支配的，思想和概念是决定性的本原，一定的思想是只有哲学家们才能理解的物质世界的奥秘。"①马克思的意识形态理论就是在对以德意志意识形态中的虚假观念体系的意识形态进行批驳的基础上形成的。另一方面，意识形态的虚假性表现为意识形态的欺骗性。马克思指出，占统治地位的阶级及其阶级意识在一定历史时期掌握着意识形态领导权。"占统治地位的思想不过是占统治地位的物质关系在观念上的表现，不过是以思想的形式表现出来的占统治地位的物质关系。"②马克思揭示了意识形态的普遍性幻象，揭示了占统治地位的意识形态与该社会的统治阶级之间的必然联系。"统治阶级的思想在每一时代都是占统治地位的思想。这就是说，一个阶级是社会上占统治地位的物质力量，同时也是社会上占统治地位的精神力量。支配着物质生产资料的阶级，同时也

---

① 《马克思恩格斯文集》第一卷，人民出版社2009年版，第510页。
② 《马克思恩格斯选集》第一卷，人民出版社2012年版，第178页。

支配着精神生产资料。"①马克思指出,正是因为统治阶级在物质关系上占据统治地位,所以也相应地决定了他们必然会在精神关系上也同样占据着统治地位。同时,马克思进一步指出,在阶级社会里,掌握意识形态领导权的统治阶级,他们必然会竭力维护本阶级的根本利益。这一特征是由统治阶级在物质关系上的统治地位所决定的,体现的是统治阶级进行阶级统治的思想。所以,马克思强调指出:"因为每一个企图取代旧统治阶级的新阶级,为了达到自己的目的不得不把自己的利益说成是社会全体成员的共同利益。"②在这一层面上,马克思指出,在资本主义社会,意识形态的领导权直接掌握在资产阶级手里,资产阶级将意识形态的精神创造和理论生产视为自己的私有物,"一旦资产阶级把意识形态阶层看作自己的亲骨肉,到处按照自己的本性把他们改造成为自己的伙计"③。由此,资产阶级也理所当然地掌握了意识形态的领导权。这就决定了资本主义社会中,意识形态决不是属于平民的,而是站在资产阶级立场上,为资产阶级的生产和消费服务的,统治阶级把属于资产阶级本阶级的价值和利益标榜为全人类的价值和利益,由此,使统治阶级的思想成为社会上唯一合法的、有统治力和支配力的思想。所以,资产阶级的意识形态是一种虚假的意识形态,但是因为社会主义社会取代资本主义社会是一个漫长的过程,所以这种虚假的意识形态具有一定的历史性。马克思对资产阶级虚假意识形态的批判,其目的就是要向无产阶级揭露资产阶级的丑恶嘴脸,赋予意识形态批判政治实践的特色。

---

① 《马克思恩格斯文集》第八卷,人民出版社2009年版,第550页。
② 《马克思恩格斯文集》第一卷,人民出版社2009年版,第552页。
③ 《马克思恩格斯文集》第八卷,人民出版社2009年版,第241页。

所谓"观念的上层建筑"的意识形态，就是与经济基础相联系的意识形态。马克思从这一视角出发，认为对意识形态的考察应该将其放置于社会结构的总体中，从社会生活的经济因素出发来分析，指出意识形态应与经济基础相适应，经济因素对意识形态有着重要的影响。在唯物史观创立初期，马克思恩格斯为了批判唯心史观，在意识形态理论上，突出强调了经济因素对意识形态的决定作用。马克思指出，"教堂讲坛、滑稽小报，总之，统治阶级所掌握的一切工具则人为地保持和加深这种对立……这就是资本家阶级能够保持它的权力的秘密所在"[1]。在这里，马克思含蓄地指出了意识形态与资本的密切关联。

马克思揭示了意识形态在社会总体中形成和发展的具体环节与机制。马克思强调指出，"人们在自己生活的一定的社会生产中发生的一定的、必然的、不以他们的意志为转移的关系，即同他们的物质生产力的一定阶段相适应的生产关系。这些关系的综合构成社会的经济结构，即有法律的和政治的上层建筑竖立其上并有一定的社会意识形式与之相适应的现实基础。"[2]。由此，马克思认为在社会总体中有三个相互依存并相互独立的因素，同时意识形态作为观念上层建筑，它是"一定的社会意识形式"，以观念的形式存在于社会总体之中，并构成社会总体的一部分。马克思指出，"物质生活的生产方式制约着整个社会生活、政治生活和精神生活的过程"[3]。观念上层建筑与政治上层建筑两者都围绕着经济关系这条主线展开。分析、考察意识形态应从社会生产实践的总过程出发。在这里，马

---

[1]《马克思恩格斯文集》第十卷，人民出版社2009年版，第328页。
[2]《马克思恩格斯选集》第二卷，人民出版社1995年版，第82页。
[3]《马克思恩格斯文集》第二卷，人民出版社2009年版，第591页。

克思突出强调了社会存在对社会意识的决定作用，认为意识形态属于精神生活的范围，它是现实社会在人的头脑中的反映，它只能被社会存在所决定。恩格斯多次肯定了马克思的经济决定论思想，他指出，"每一时代的社会经济结构形成现实基础，每一个历史时期由法律设施和政治设施以及宗教的、哲学的和其他的观点所构成的全部上层建筑，归根到底都是应由这个基础来说明的"[①]。这里，恩格斯把哲学、宗教、文学、艺术等都归于"思想上层建筑"这一范畴之内，认为它们都同属于意识形态的范畴，都应当由经济基础来决定；但是，意识形态在一定条件下也能够推动或阻碍经济的发展。所以，它们相互协调才能够共同为统治阶级的长久统治保驾护航。恩格斯在晚年时期指出了早期对意识形态功能认识的不足，"我们大家首先是把重点放在从基本经济事实中引出政治的、法律的和其他意识形态的观念以及以这些观念为中介的行动，而且必须这么做。但是我们这样做的时候为了内容方面而忽略了形式方面，即这些观念等等是由什么样的方式和方法产生的"[②]。恩格斯认为，意识形态的产生与经济发展的状况有关，也与观念领域的发展状况有关，同时，它对人们的社会行动又有制约作用。

马克思认为，在阶级社会中，随着生产力的不断发展，社会分工的精细化，社会阶层结构也日益细化，在统治阶级内部，也相应地出现了一批专职思想家。这批职业思想家依附于统治阶级，以创造、再生产以及宣传统治阶级的意识形态，帮助统治阶级为统治阶级的统治和利益的合法性辩护。马克思将其称为"意识形态阶

---

① 《马克思恩格斯选集》第三卷，人民出版社2012年版，第401页。
② 《马克思恩格斯文集》第十卷，人民出版社2009年版，第657页。

层"①。意识形态阶层作为统治阶级意识形态的生产者，他们所建构的意识形态是维护统治阶级的根本利益，而不是某一个体的利益。统治阶级的成员在维护本阶级的根本利益方面达成了一致。马克思指出，在资本主义社会中，资产阶级为了更好地维护其统治地位，意识形态阶层总是将统治阶级的意识形态裹上一层虚伪的、假仁假义的外衣，将其伪装成为普通大众利益服务的普世意识形态，其目的就是为了蒙蔽普通大众的思想，骗取普通大众的信任，赢得普通大众对其政权的支持，维护其执政地位的稳固。在资本主义社会中，无论资产阶级如何粉饰本阶级的意识形态，其根本目的就是统治阶级在意识形态方面如何伪装自己，其根本目的就是维护资产阶级的根本利益，保证资产阶级利益的最大化。马克思指出，"意识在任何时候都只能是被意识到了的存在，而人们的存在就是他们的现实生活过程"②。也就是说，"不是意识决定生活，而是生活决定意识"③。换言之，任何一种意识形态活动都不是纯观念的抽象的自在运动，只能而且必然是人们感性活动特别是日常生活活动的反映。马克思指出："物质生活的生产方式制约着整个社会生活、政治生活和精神生活的过程。不是人们的意识决定人们的存在，相反，是人们的社会存在决定人们的意识。"④"意识的一切形式和产物不是可以通过精神的批判来消灭的"，而只有"实际地推翻这一切唯心主义谬论所有产生的社会关系，才能把它们消灭"。⑤意识形态的建设，不能脱离经济建设，意识形态要围绕"一个中心，两个基本点"的

---

① 《马克思恩格斯文集》第八卷，人民出版社2009年版，第241页。
② 《马克思恩格斯选集》第一卷，人民出版社2012年版，第152页。
③ 《马克思恩格斯选集》第一卷，人民出版社2012年版，第152页。
④ 《马克思恩格斯文集》第二卷，人民出版社2009年版，第591页。
⑤ 《马克思恩格斯文集》第一卷，人民出版社2009年版，第544页。

基本路线，才能从根本上维护意识形态安全。

在统治阶级的统治下，被统治阶级只能够被动接受统治阶级的意识形态。这是因为，统治阶级作为社会资源的掌控者，他们同样掌控着精神产品的创作权，而被统治阶级根本不可能有机会参与到统治阶级的意识形态创造中。这样，由占统治地位的阶级所创作的精神产品必然会被打上统治阶级意志的烙印；同时，被统治阶级自幼所接受的教育都是统治阶级所设计的为本阶级培养所需人才的教育，意识形态教化由统治阶级所精心挑选的人来开展，教育所选用的教材以及所设置的教育体制和制度也同样为统治阶级所控制。在统治阶级所营造的为意识形态合法性辩护的氛围影响下，被统治阶级在无意识的状态下被同化。只有当统治阶级内部出现裂痕时，被统治阶级的阶级意识觉醒并为之斗争，部分有良知的知识阶层才会根据被统治阶级的阶级诉求升华创造成一整套反映被统治阶级根本利益的完整的思想体系。恩格斯指出，在统治阶级思想家的理论粉饰下，统治阶级的意识形态上升到普世化的高度，它不再是统治阶级为自身存在而进行辩护的手段，而是被赋予了社会使命，成为社会各个阶级共同遵守的生活准则和道德标尺。"统治阶级为了反对被压迫阶级的个人，把它们提出来作为生活准则，一则是作为对自己统治的粉饰或意识，一则是作为这种统治的道德手段。"[①]恩格斯揭示了资本主义统治阶级思想家刻意将其阶级意识与统治阶级自身分割出来的根本原因，就是要使阶级意识获得一种超阶级的社会地位，转变为社会意识形态，进而将其塑造为既具政治合法性又具社会权威性、既具价值至上性又具道德完美性的最高精神法则，由此获得社会意识领域的领导权。统治阶级借助对意识形态的隐性操纵，达

[①]《马克思恩格斯全集》第三卷，人民出版社1960年版，第492页。

到暴力和强制方式所难以达到的目的,使人们自觉遵循和维护其统治秩序。同时,马克思强调指出:"一定的意识形式的解体足以使整个时代覆灭。"①可见,马克思认为,国家的稳定发展,在依靠雄厚的物质基础的前提下,同时更需要统治阶级把握主流意识形态,以此武装广大群众,才能实现执政地位的稳定。恩格斯根据意识形态斗争条件的变化情况,明确提出了意识形态"阵地战"思想。"人民各个阶层都同情的起义,很难再有了;在阶级斗争中,中间阶层大概永远不会毫无例外地统统团结在无产阶级的周围,从而使纠集在资产阶级周围的反动党派几乎完全消失。"②因此,无产阶级"远不能以一次重大的打击取得胜利,而不得不慢慢地向前推进,在严酷顽强的斗争中夺取一个一个的阵地"③。

二、列宁意识形态安全理论

列宁对马克思主义意识形态的理论进行了重要的发展,对意识形态安全问题进行了重要阐述。列宁指出:"没有革命的理论,就不会有革命的运动。"④这个影响深远的著名论断。列宁强调:"只有以先进理论为指南的党,才能实现先进战士的作用。"⑤列宁将马克思恩格斯的意识形态思想与苏联的经济、政治和文化建设紧密结合起来,提出了自己独到的见解。在列宁看来,资产阶级和无产阶级都有属于本阶级的意识形态,这两种意识形态是对立的。列宁关于社会主义意识形态的建立和对资本主义意识形态的批判,为指导俄

---

① 《马克思恩格斯文集》第八卷,人民出版社2009年版,第170页。
② 《马克思恩格斯文集》第四卷,人民出版社2009年版,第548页。
③ 《马克思恩格斯文集》第四卷,人民出版社2009年版,第541页。
④ 《列宁专题文集·论无产阶级政党》,人民出版社2009年版,第39页。
⑤ 《列宁专题文集·论无产阶级政党》,人民出版社2009年版,第71页。

国无产阶级斗争提供了理论指导。

列宁根据革命斗争实践的需要，对当时学术界将马克思主义与科学性相剥离的错误学术潮流进行了严肃的批判，并在此基础上提出了"科学的意识形态"这一概念。列宁认为："任何意识形态都是受历史条件制约的，可是，任何科学的意识形态（例如不同于宗教的意识形态）都和客观真理、绝对自然相符合，这是无条件的。"①由此，我们可以看到，列宁认为，任何意识形态都是社会发展的产物。列宁认为科学的意识形态应当具备两个必要条件：一是必须符合社会发展规律，能够顺应社会并推动社会的运行和发展，同时能够随着社会发展的变化而变化；二是这一意识形态所包括的价值观念必须是与社会的整体发展趋势相一致。在对科学的意识形态概念进行阐述的基础上，列宁明确提出，无产阶级必须要拥有能够与资产阶级意识形态相抗衡的属于本阶级的科学的意识形态，而马克思主义作为科学性和革命性高度统一的意识形态，无疑就是为无产阶级量身定做的意识形态。列宁指出："马克思学说具有无限力量，就是因为它正确。它完备而严密，它给人们提供了决不同任何迷信、任何反动势力、任何为资产阶级压迫所作的辩护相妥协的完整的世界观。"②由此，我们可以看到，在列宁看来，马克思主义得以成为科学的意识形态，有其内在的必然性，它不仅符合科学的意识形态形成的必要条件，同时，它还抛弃了资本主义意识形态的虚伪性，直接明了地向全世界宣布了自己的无产阶级立场。为了进一步证明马克思主义是科学而完备的意识形态体系，列宁在《马克思主义的三个来源和三个组成部分》中对其进行了详细的阐明。列宁指出，

---

① 《列宁选集》第二卷，人民出版社2012年版，第96页。
② 《列宁选集》第二卷，人民出版社2012年版，第309页。

马克思主义是以马克思主义哲学为基础，以政治经济关系为研究对象，以科学社会主义为核心的科学理论体系。列宁所提出的"科学的意识形态"，让无产阶级深入了解了意识形态的本质，明白了资产阶级意识形态的虚伪性，从而为无产阶级争取意识形态领导权提供了理论依据。

针对当时俄国盛行的轻视意识形态建设的情况，列宁提出了"没有革命的理论，就不会有革命的运动"[①]的观点。列宁指出，马克思主义理论是俄国工人阶级革命胜利的理论保障。然而，在当时，因为无产阶级中的绝大部分人并未意识到革命理论的重要性，他们与资本主义的对抗活动仍然是一种分散的、自发的活动。所以，要实现把自发的工人运动变为自觉的革命运动，必须要由革命的知识分子和无产阶级政党向工人阶级灌输马克思主义理论，增强工人阶级的阶级意识，使其明确自身的历史使命。列宁指出："把政治鼓动扩大到必要程度的基本条件之一，就是组织全面的政治揭露工作。不进行这样的揭露工作，就不能培养群众的政治意识和革命积极性。"[②]因此，坚持向无产阶级灌输社会主义意识形态，加强无产阶级思想领导权，是提升无产阶级革命觉悟，取得革命胜利的关键。同时，列宁认为意识形态宣传者要明确自己的身份，"我们应当既以理论家的身份，又以宣传员的身份，既以鼓动员的身份，又以组织者的身份'到居民的一切阶级中去'"[③]。为了开展有效的意识形态灌输，列宁充分发挥了报刊和小册子的作用，通过向农村增派宣传人员以及广发宣传单，让更多的人群了解到布尔什维克党的革命

---

① 《列宁专题文集·论无产阶级政党》，人民出版社2009年版，第39页。
② 《列宁选集》第一卷，人民出版社2012年版，第354页。
③ 《列宁选集》第一卷，人民出版社2012年版，第366页。

策略和方针，把散布在俄国各地的分散反抗活动变成有组织的斗争。列宁深知革命斗争是一个长期性的过程，因此，列宁反复强调指出，要做好社会主义意识形态灌输的持久准备，"对社会主义思想体系的任何轻视和脱离，都意味着资产阶级思想体系的加强"①。可见，在列宁看来，实现工人意识由自发向自觉转变的关键是进行社会主义意识形态的传播、灌输，使社会主义意识形态发挥凝聚和引领工人运动、无产阶级革命的作用。因此，无产阶级政党要做好无产阶级意识形态灌输的长期性的工作。

列宁根据时代的发展，对意识形态的概念进行了深刻的解读。在列宁看来，意识形态作为一个概念而言只是一个描述性的词汇，只是一个代表不同阶级利益的概念，其本身并不包含褒贬之意。"思想的社会关系不过是物质的社会关系的上层建筑。"②因此，意识形态具有鲜明的阶级性是因为其与一定社会的经济和政治直接相联系，是为维护统治阶级的利益而服务的。在《怎么办？我们运动中的迫切问题》一文中，列宁进一步指出，"或者是资产阶级的思想体系，或者是社会主义的思想体系。这里中间的东西是没有的"③。因此，意识形态是否真实与虚假，关键要看其被哪个阶级所支配。所谓的意识形态的虚假性是因为将其放置于资本主义的社会结构中，与资产阶级的阶级属性相关联，与其所依附的资本主义经济制度的剥削性相联系才得出的结论。如果将意识形态一词与无产阶级革命相结合，意识形态就具有无产阶级的阶级性，是科学的意识形态。通过对意识形态的详细论证与阐述，列宁对意识形态进行了新的界定。

---

① 《列宁选集》第一卷，人民出版社2012年版，第327页。
② 《列宁选集》第一卷，人民出版社2012年版，第19页。
③ 《列宁选集》第一卷，人民出版社2012年版，第326页。

除此之外，列宁还进一步指出，要对分散的、自发的工人阶级的反抗斗争意识与社会主义意识形态进行辨别。因为，前者对资产阶级劳动剥削的反抗是基于自身的不同经济利益，目的是改善自身的经济状况，并未真正意识到资本主义制度的剥削性和欺骗性，因此，这种斗争意识仍然处于混杂的状态。而后者则已经对无产阶级的斗争意识进行了进一步的升华，从根源认识到了资本主义制度的剥削性，它不是为个人或者小群体利益服务的，而是为广大无产阶级服务的。由此，列宁对意识形态概念的解读揭示了意识形态的本质。

第二节　中国化马克思主义意识形态安全思想

中国共产党自成立以来就非常重视无产阶级的意识形态建设，各届领导集体将意识形态建设赋予中国的时代特征，提出了一系列新思想、新观点、新论断，发展了马克思主义意识形态思想，形成了意识形态安全的思想体系。

一、毛泽东社会主义意识形态安全思想

在我国社会主义革命和建设的实践中，毛泽东对意识形态安全问题给予了特殊的关注，并进行了长期的探索。毛泽东将马克思主义意识形态思想与中国的实际状况相结合，将马克思主义意识形态思想中国化，丰富了马克思主义意识形态的思想体系。

毛泽东对意识形态安全是非常重视的，也是一以贯之的。在古田会议时便强调："红军的宣传工作是红军第一个重大工作。"[①]毛泽东指出："指导一个伟大的革命运动的政党，如果没有革命理论，没有历史知识，没有对于实际运动的深刻的了解，要取得胜利是不可能的。"[②]毛泽东认为，意识形态在社会主义建设过程中起着关键性作用，主要体现在以下两个方面：一方面，强调社会主义意识形

[①]《毛泽东文集》第一卷，人民出版社1993年版，第96页。
[②]《毛泽东选集》第二卷，人民出版社1991年版，第533页。

态要服务于社会主义建设。毛泽东指出:"思想工作和政治工作是完成经济工作和技术工作的保证,它们是为经济基础服务的。"① 从这一论述可以看出,毛泽东认为意识形态建设是社会主义建设的重要组成部分,对社会经济和政治有着巨大影响。毛泽东强调指出:"掌握思想教育,是团结全党进行伟大政治斗争的中心环节。如果这个任务不解决,党的一切政治任务是不能完成的。"② 毛泽东对意识形态在社会主义建设中的重视性随着革命建设的发展不断深化,毛泽东在深入研究社会主义改造刚刚结束时指出,"阶级斗争并没有结束。无产阶级和资产阶级之间的阶级斗争,各派政治力量之间的阶级斗争,无产阶级和资产阶级之间在意识形态方面的阶级斗争,还是长期的、曲折的,有时甚至是很激烈的"③。毛泽东认为,资产阶级思想是对马克思主义的否定,这些落后的思想阻碍着社会主义经济的发展。因此,毛泽东始终高度重视发挥社会主义意识形态的服务功能。另一方面,强调发挥意识形态对社会主义建设的引领功能。新中国成立以后,毛泽东提出要重视意识形态在社会主义建设中的重要引领作用。毛泽东指出,"思想和政治又是统帅,是灵魂。只要我们的思想工作和政治工作一放松,经济工作和技术工作就一定会走到邪路上去"④。因此,毛泽东特别强调:"政治工作是一切经济工作的生命线。"⑤ 这个著名的论断。毛泽东认为,思想政治工作是重点,核心的工作就是意识形态安全问题。针对美国的和平演变,毛泽东一针见血地指出,和平演变是美国对社会主义国家所实

---

① 《毛泽东文集》第七卷,人民出版社1999年版,第351页。
② 《毛泽东选集》第三卷,人民出版社1991年版,第1094页。
③ 《毛泽东文集》第七卷,人民出版社1999年版,第230页。
④ 《毛泽东文集》第七卷,人民出版社1999年版,第351页。
⑤ 《毛泽东文集》第六卷,人民出版社1999年版,第449页。

施的意识形态侵略策略，其目的就是要颠覆共产党的统治，颠覆无产阶级专政，将社会主义国家并入资本主义的版图中去。为此，毛泽东要求全党要对美国意识形态渗透始终保持高度警惕，并认为马克思主义意识形态正是反制美国意识形态渗透的有力武器。毛泽东指出："马列主义的基本原理应该接受，不接受是没有道理的，也不利。"①毛泽东认为，文化阵地是意识形态工作的重要前沿阵地，只有用符合无产阶级利益的主流文化占领文化阵地，才能够引领人民群众形成符合无产阶级意识的个人意识。因此，如果这一阵地被资本主义意识形态侵入并占领了，社会主义国家政权就会被颠覆。为此，毛泽东提出要坚决批判各种错误思潮，"我们应当批评各种各样的错误思想。不加批评，看着错误思想到处泛滥，任凭它们去占领市场，当然不行"②。毛泽东还特别提出，在思想文化领域，存在着两类不同性质的思想矛盾，一类是马克思主义与反马克思主义的思想斗争。这种斗争应该采用坚决的方式，彻底根除反动思想，维护马克思主义的主导位置。另一类则是大量存在的人民内部的思想矛盾。毛泽东认为，对待不同的思想矛盾，应该区别对待，采取具有针对性的相应措施。人民内部的思想矛盾与意识形态工作是非对抗性的，所以要采取和缓的处理方式，如果操之过急，效果只会适得其反。

毛泽东强调思想政治工作是一切工作的生命线，是完成经济工作和政治工作的重要保证。毛泽东认为："掌握思想教育，是团结全党进行伟大政治斗争的中心环节。如果这个任务不解决，党的一切

---

① 《毛泽东文集》第七卷，人民出版社1999年版，第78页。
② 《毛泽东文集》第七卷，人民出版社1999年版，第232页。

政治任务是不能完成的。"①因此,毛泽东强调要加强意识形态建设,指出要实现社会主义制度的完全巩固,就要实施全面的思想政治工作,从上至下推进社会主义意识形态教育。社会主义意识形态,只有通过思想政治教育,被群众所认同,才能变为社会主义革命和建设的强大物质力量。毛泽东同志提出要重点培养一批为社会主义建设事业服务的高素质马克思主义理论人才。毛泽东指出,"为了建成社会主义,工人阶级必须有自己的技术干部队伍,必须有自己的教授、教员、科学家、新闻记者、文学家、艺术家和马克思主义理论家的队伍"②。毛泽东强调,在西方的意识形态攻势下,意识形态领域的斗争形势格外严峻。我们要巩固马克思主义的指导地位,保证中国共产党执政地位的稳固,就要培养一支强大的马克思主义理论队伍。毛泽东认为中国共产党要想实现长期执政、政权稳定,不仅要重视马克思主义理论队伍的培养,还要注重青少年群体的思想政治教育,要加强对革命接班人的思想政治教育,从而为革命事业培养一批又一批又红又专的革命后备人才。毛泽东还提出要充分发挥舆论宣传的传播作用,"很简单的一些标语、图画和讲演,使得农民如同每个都进过一下子政治学校一样,收效非常之广而速"③。毛泽东强调不仅要通过贴标语等形式宣传中国共产党的政治理念,同时还要注重对革命模范人物的树立和宣传,让广大人民群众通过具象化的形象了解中国共产党、拥护中国共产党。

新中国成立初期,我国的局势尚未完全稳定,国内国外敌对势力对新政权虎视眈眈,因此,意识形态局势是否稳定决定着中国共

---

① 《毛泽东选集》第三卷,人民出版社1991年版,第1094页。
② 《毛泽东选集》第五卷,人民出版社1977年版,第462页。
③ 《毛泽东选集》第一卷,人民出版社1991年版,第35页。

产党和国家的生死安危。毛泽东认为，知识分子作为教育者，是社会思想的先导，是意识形态的传播者，对意识形态的影响最大，所以为了保证党的事业顺利进行，要注重对知识分子群体的意识形态教育，通过理论灌输等方式加强对广大知识分子群体的政治引领，帮助其端正政治态度，使其成为坚定的马克思主义的支持者和传播者。毛泽东指出："我们的文学艺术家，我们的科学技术人员，我们的教授、教员，都在教育人民，教育学生。因为他们是教育者，是当先生的，他们就有一个先受教育的任务。"[1]教育者先接受教育是保证教育者能够拥有正确政治价值观的重要途径。"由于我国的社会制度已经起了变化，资产阶级思想的经济基础已经基本上消灭了，这就使大量知识分子的世界观不但有了改变的必要，而且有了改变的可能。"[2]所以，知识分子应依据已经发生根本性变革的社会制度和社会现实，顺应社会历史的进步，进行世界观的自我改造。除此之外，毛泽东还指出，思想政治教育是教育者在学习中可以充分运用的有效手段，是他们接受新事物、研究新问题的理论指南，只有用马克思主义的世界观和方法论取代思想头脑中旧有的、落后的观念，才能更好地担负起教育别人的任务。"知识分子如果不把自己头脑里的不恰当的东西去掉，就不能担负起教育别人的任务。"[3]毛泽东认为，对广大知识分子来讲，要彻底摒除资产阶级世界观的影响，关键是要深入群众，站在群众的立场上思考问题，才能从根本上改造思想。同时，毛泽东认为，在社会主义建设初期，资本主义意识形态对我国知识分子的负面影响将长期存在，所以，知识分子的意

---

[1]《毛泽东文集》第三卷，人民出版社1996年版，第93页。
[2]《毛泽东文集》第七卷，人民出版社1999年版，第226页。
[3]《毛泽东文集》第七卷，人民出版社1999年版，第271页。

识形态教育是一个长期的过程。毛泽东注重对知识分子进行意识形态教育的理论为我国的革命建设提供了重要的理论指导。

二、邓小平社会主义意识形态安全思想

在新的历史时期，邓小平领导全党对意识形态领域的混乱进行了拨乱反正，对党的意识形态工作进行深刻反思，并针对当时在社会主义建设过程中所产生的困扰人们的一系列问题给予了新的思路和解释，使我国的意识形态工作重现崭新的面貌，为推进党和国家事业的繁荣发展做出了重要的理论贡献。

20世纪80年代末期，随着改革开放的不断深入，再加之因为过分注重经济建设对文化管理工作和意识形态工作在一定程度上的放松，资产阶级自由化思潮乘虚而入，成为盛行一时的文化潮流。此时，社会上各种反对马克思主义的声音多了起来，更有反动势力鼓吹"马克思主义过时论"，西方错误思潮的泛滥给我国的意识形态领域的稳定造成了极大的威胁。对于意识形态领域的突出问题，邓小平多次强调马克思主义在经济建设中的指导地位，提出了四项基本原则，并对意识形态领域的大是大非问题进行了澄清。邓小平指出，中国共产党的领导在我国社会主义建设发展中具有重要地位。"如果没有共产党的领导，不搞社会主义，不搞改革开放，就呜呼哀哉了，哪里能有现在的中国。"[1] 与此同时，邓小平一针见血地指出了资产阶级自由化思潮的政治本质，认为资本主义自由化思潮就是帝国主义所发动的和平演变，其目的就是想要社会主义国家变质。邓小平认为，马克思主义过时论与资产阶级自由化是相辅相成、首尾呼应的关系，资产阶级自由化思潮正是西方发达国家向社会主义中国发

---

[1] 《邓小平文选》第三卷，人民出版社1993年版，第252页。

动的一场文化攻势。马克思主义过时论的鼓吹是西方发达国家及其支持者意图取消马克思主义在我国意识形态领域的领导权,为资产阶级夺取中国意识形态阵地所设计的一项有组织的文化战争阴谋,是西方发达国家实施其"和平演变"战略的策略,最终目的就是使中国共产党"放弃社会主义道路,最终纳入国际垄断资本的统治,纳入资本主义的轨道"①。这对于社会主义国家而言是一种亡党、亡国的危险。邓小平指出,和平演变战略的危险性就在于其手段的隐秘性,因而极易为我们所忽视。为了粉碎西方国家的阴谋,邓小平明确强调要加强党的意识形态领导权,帮助人民群众认清西方和平演变的真实面目,这是应对西方国家和平演变战略的必胜法宝。邓小平在总结资产阶级自由化泛滥的深刻教训时指出:"凡是闹得起来的地方,都是因为那里的领导旗帜不鲜明,态度不坚决。"②同时,邓小平提出继续推进马克思主义的中国化时代化,才能够更有效地让人民群众认同马克思主义对我国发展的指导作用。由此可见,加强并改善党对意识形态工作的领导权是邓小平在社会主义意识形态建设中所得出的重要结论。

邓小平指出,人民性是意识形态的党性原则。坚持社会主义意识形态的人民性导向是维护社会稳定,巩固党的意识形态领导权的根本要求。邓小平对社会主义意识形态人民性导向的关注主要体现在两个方面。首先,大众文化要体现人民性导向。大众文化作为意识形态的承载载体,具有引导人们思想价值观念的作用。所以,邓小平指出,在文化领域从来就没有绝对价值中立的、纯粹的文化产品,也从来没有无目的的宣传媒体,任何文化宣传的背后都包含一

---

① 《邓小平文选》第三卷,人民出版社1993年版,第311页。
② 《邓小平文选》第三卷,人民出版社1993年版,第194页。

定的价值选择和政治导向。社会主义意识形态存在的根本基础，在于工农大众的普遍性支持，"任何进步的、革命的文艺工作者都不能不考虑作品的社会影响，不能不考虑人民的利益、国家的利益、党的利益。"①。所以，社会主义国家的文化领域的工作者要认清自身所担负的责任，文学创作要以人民性为导向，要用马克思主义作为指导思想，反映、维护无产阶级的利益。其次，党的意识形态工作要坚持人民性导向。党的意识形态工作坚持人民性导向，才能够做到想民之所想，急民之所急，以人民的利益为中心，为人民服务。唯有这样才能激发人民群众投身社会主义现代化建设的激情和动力。为此，邓小平提出必须在党内外积极宣传马克思主义，大兴学马列之风。邓小平指出，"学马列要精，要管用"②。马克思主义是无产阶级的意识形态，是为工农大众服务的先进理论，它反对一切剥削形式，追求自由解放的革命理想，在任何时期对工农大众都具有巨大的号召力。我们要将这种号召力发挥出来，就是要广泛宣传马克思主义。邓小平认为，马克思主义不是教条，它来自无产阶级的实践，因而是与资产阶级学者抽象玄奥的空谈有着本质区别的科学理论，是为无产阶级改造旧世界、建设新世界的实践服务的，是具有革命性和实践性的先进理论。不仅党员干部要掌握，工农大众也应该学习，学习它的世界观和方法论。邓小平指出，马克思主义意识形态思想的重要内容就是整合社会力量，获得持久的支持，让更多的群众接触马克思主义，学习马克思主义。这样，才能为马克思主义意识形态奠定更深厚的群众基础。

新时期，邓小平确立了意识形态工作的基本出发点，即维护意

---

① 《邓小平文选》第二卷，人民出版社1994年版，第274页。
② 《邓小平文选》第三卷，人民出版社1993年版，第147页。

识形态领导权，要充分发挥经济建设的基础性作用。邓小平指出，"社会主义现代化建设是我们当前最大的政治"①。邓小平认为意识形态工作的开展不能够脱离现实政治的土壤，而中国的现实国情就是仍然处于社会主义初级阶段。坚持马克思主义，就要认清这一基本国情，认清社会主义现代化建设所面临的新形势、新问题和新任务，由此才能制定出正确的路线、方针和政策，这才是坚持马克思主义的根本原则。如果意识形态工作"不从这个实际出发，就是脱离马克思主义，就是空谈马克思主义"②。邓小平指出，改革开放以后，虽然我国经济建设有所发展，但是由于早期我国工作重心的偏差，导致我国的现代化建设水平远远落后于世界水平。所以，在未来，党和国家必须将经济建设作为一切工作的中心。"离开了经济建设这个中心，就有丧失物质基础的危险。其他一切任务都要服从这个中心，围绕这个中心，决不能干扰它，冲击它。"③同时，面对当时一些地区、部门"唯经济至上"的思想有所抬头的极端现象，邓小平再次告诫全党，要警惕"意识形态淡化论"的错误苗头。虽然意识形态是为经济建设所服务的，但是，马克思主义指导地位仍然是我国的指导思想，这个一点也不能含糊。"我们搞改革开放，把工作重心放在经济建设上，没有丢马克思，没有丢列宁，也没有丢毛泽东。老祖宗不能丢啊！"④一心一意搞建设，正是新时期对马克思主义理论的奉行与坚守。显然，要维护意识形态安全，基础性的工作是大力发展经济，发展生产力。邓小平指出，"社会主义阶段的最根本任务就是发展生产力，社会主义的优越性归根到底要体现在

---

① 《邓小平文选》第二卷，人民出版社1994年版，第163页。
② 《邓小平文选》第二卷，人民出版社1994年版，第162页。
③ 《邓小平文选》第二卷，人民出版社1994年版，第250页。
④ 《邓小平文选》第三卷，人民出版社1993年版，第173页。

它的生产力比资本主义发展得更快一些、更高一些"①。同时，邓小平也指出，"在工作重心转移到经济建设以后，全党要研究如何适应新的条件，加强党的思想工作，防止埋头经济工作，忽视思想工作的倾向"②。邓小平认为，经济建设与意识形态两者之间的关系能否处理好是社会主义国家政权能否长存的关键，这是"苏东剧变"得出的一个惨痛教训。所以，邓小平多次提醒党员干部不能以经济建设为借口放松思想政治教育工作。邓小平指出，"中国的问题，压倒一切的是需要稳定。没有稳定的环境，什么都搞不成，已经取得的成果也会失掉"③。邓小平认为，抓好意识形态工作，就要遵循思想建设的基本规律。意识形态问题的出现，有一个形成与扩散的过程。这就要求我们在改革开放的现代化进程中，对思想建设要始终保持高度警惕，及时发现并遏止思想领域出现的不良矛头，维护马克思主义在思想领域的指导地位，使社会主义意识形态理论在思想界真正发挥引领作用，唯有如此才能在经济改革中坚持正确的方向，才能将社会主义事业不断推向前进。

三、江泽民社会主义意识形态安全思想

以江泽民同志为核心的党的第三代领导集体，在对当时国内国外的意识形态形势变化进行深刻剖析的基础上，结合我国的现实情况，对我国社会主义意识形态建设规律进行了进一步的探索，提出了一系列符合我国国情的意识形态安全理论。

进入20世纪90年代，针对复杂多变的地区安全环境，江泽民总

---

① 《邓小平文选》第三卷，人民出版社1993年版，第63页。
② 《邓小平文选》第三卷，人民出版社1993年版，第48页。
③ 《邓小平文选》第三卷，人民出版社1993年版，第284页。

书记高度重视意识形态工作，并提出新安全观。江泽民总书记指出："我们党历来重视意识形态工作。这方面工作做得好不好，直接关系社会主义事业的成败。"①所以，江泽民总书记要求要从战略的高度出发，将意识形态工作纳入社会主义事业的发展全局中，同时，他指出全党都必须重视并且担负起这一战略任务，不断提高自身的意识形态凝聚力。江泽民总书记这一理论的提出为党的意识形态工作的全面开展提供了理论支撑。江泽民总书记指出："意识形态领域是和平演变和反和平演变斗争的重要领域。"②在新的历史时期，党中央之所以再次重申意识形态工作的重要性并将其提升为战略地位，其目的不仅是为了防御西方发达资本主义国家的和平演变，更为关键的是因为随着经济的快速发展和国外新鲜事物的涌入，人们旧有的传统观念、价值取向以及生活方式都受到了强烈的冲击，快速的时代变化让一些人感到无所适从。在面对时代巨变对人们的现实观念产生影响的同时，苏东剧变事件的爆发对社会主义意识形态的影响前所未有。在当时，稳定民心成为意识形态工作的重中之重，所以，面对在思想领域普遍出现的新问题时，江泽民总书记提出，"社会主义精神文明，是我们进行改革开放和现代化建设的重要目标，也是搞好改革开放和现代化建设的重要保证。建设社会主义精神文明，关系党和国家的前途命运，关系中华民族自尊、自信、自强地屹立于世界民族之林"③。所以，我们党要大力开展社会主义精神文明建设，充分发挥意识形态工作的引领作用。

"三个代表"重要思想的提出，是江泽民总书记在全面总结党的

---

① 《江泽民文选》第一卷，人民出版社2006年版，第160页。
② 《江泽民文选》第一卷，人民出版社2006年版，第160页。
③ 《江泽民论有中国特色社会主义（专题摘编）》，中央文献出版社2002年版，第382页。

历史经验、结合国内外新形势的发展和社会主义市场经济实践的基础上,对马克思主义理论的再次创新。"三个代表"重要思想不仅是党的建设的根本要求,同时也是社会主义意识形态建设的目标总则。在这一重要思想的指导下,江泽民总书记指出:"加强和改进思想政治工作,最根本是坚持和巩固马克思主义在意识形态领域的指导地位。这是保证全党全国人民加强团结、始终沿着正确方向前进的根本思想基础。"[①]这一论述阐明了我国意识形态工作的指导思想,就是要坚持马克思主义指导地位。与此同时,江泽民总书记提出在坚持马克思主义在意识形态领域的指导地位的同时,要根据我国思想政治工作所面临的现实问题,找准抓好思想政治教育工作的着力点,切实加强新时期我国的思想政治教育工作。除此之外,江泽民指出,"党的思想政治工作的任务是:以科学的理论武装人,以正确的舆论引导人,以高尚的精神塑造人,以优秀的作品鼓舞人,不断提高全民族的思想道德素质和科学文化素质,努力培养造就有理想、有道德、有文化、有纪律的社会主义公民"[②]。这一任务的提出为我国思想政治工作的开展提供了方向指引。江泽民总书记指出:"党委书记主管思想政治和意识形态工作,这是我们党的一个好传统。各级党委书记都很忙,需要抓的大事确实不少,但是任何情况下都不能放松对思想政治和意识形态工作的领导。不重视、不会做思想政治工作,不可能成为成熟的领导干部。"[③]同时,江泽民总书记强调:"我们的思想政治工作在继承和发扬优良传统的基础上,必须在内容、形式、方式方法、手段、机制等方面努力进行创新和改进,特

[①]《江泽民论有中国特色社会主义(专题摘编)》,中央文献出版社2002年版,第411页。

[②]《江泽民文选》第三卷,人民出版社2006年版,第85页。

[③]《江泽民文选》第三卷,人民出版社2006年版,第96页。

别要在增强时代感和加强针对性、实效性、主动性上下功夫。"①即为了有效开展思想政治工作,思想政治工作者必须结合时代特征和人们需要,全方位、多渠道拓宽思想政治教育工作的途径和方法,在满足不同阶层的多元精神诉求的同时,实现思想政治教育工作从原来的大水漫灌到现在的精准滴灌,提升思想政治教育工作的针对性。

建设社会主义先进文化这一命题,是江泽民总书记根据我国的社会实际情况所提出来的。江泽民总书记指出,"坚持什么样的文化方向,推动建设什么样的文化,是一个政党在思想上精神上的一面旗帜"②。由此可见,以江泽民同志为核心的党中央对文化引领在意识形态工作中的重要作用的重视程度。同时,江泽民总书记还进一步强调了社会主义文化建设在意识形态工作中的重要地位,"大量事实证明,思想文化阵地,马克思主义、无产阶级的思想不去占领,各种非马克思主义、非无产阶级的思想甚至反马克思主义的思想就会去占领"③。坚持马克思主义的指导地位,坚持指导思想的一元化是社会主义先进文化建设不走歪路邪路的重要保证。除此之外,江泽民总书记就社会主义先进文化的内涵进行了详细的阐述。江泽民总书记指出,"建设中国特色社会主义的文化,就是以马克思主义为指导,以培育有理想、有道德、有文化、有纪律的公民为目标,发展面向现代化、面向世界、面向未来的,民族的、科学的、大众的社会主义文化"④。这一理论的阐述,为社会主义先进文化建设提供了正确性和科学性的方向指引。江泽民总书记针对西方霸权主

---

① 《江泽民文选》第三卷,人民出版社2006年版,第86页。
② 《江泽民文选》第三卷,人民出版社2006年版,第277页。
③ 《江泽民文选》第三卷,人民出版社2006年版,第97页。
④ 《十五大以来重要文献选编》(上),人民出版社2000年版,第19页。

义对他国政治、文化，甚至意识形态的干预，一针见血地指出："世界上的事情应由各国政府和人民平等协商，反对一切形式的霸权主义和强权政治。国际社会应树立以互信、互利、平等、协作为核心的新安全观，努力营造长期稳定、安全可靠的国际和平环境。"[①]这种新安全观意味着各领域的全面安全，国际安全与国内安全的相互联系。由此可见，中国特色社会主义的先进文化的建设，为我国民众抵制西方文化渗透提供了思想防御盾牌，让我国民众能够认清西方敌对势力的真实面目，对西方社会思潮所传递的错误观念拥有清醒的认识，帮助民众不被错误思潮所干扰。因此，社会主义先进文化建设理论的提出，为我国的社会主义意识形态建设提供了指导。

四、胡锦涛社会主义意识形态安全思想

新世纪，面对我国发展的阶段性特征和出现的新矛盾，以胡锦涛同志为核心的党中央从维护国家政治稳定的大局出发，提出了一系列新的意识形态安全思想，推动了党的理论创新。胡锦涛总书记指出："经济工作搞不好要出大问题，意识形态工作搞不好也要出大问题。……在集中力量进行经济建设的同时，一刻也不能放松意识形态工作。"[②]

面对改革发展关键时期的复杂发展环境，以胡锦涛同志为核心的党中央从党和国家事业的发展全局出发，提出了科学发展观。科学发展观的提出是以胡锦涛同志为核心的党中央对新形势下我国应该实现什么样的发展、怎样发展等关系党和国家前途命运的重大问

---

① 《江泽民文选》第三卷，人民出版社2006年版，第298页。
② 《十六大以来重要文献选编》（下），中央文献出版社2008年版，第684页。

题所给予的新的科学回答，实现了党的指导思想的又一次与时俱进。所谓科学发展观，它的核心和本质是以人为本。以人为本作为科学发展观的价值基础，就是将依靠人民群众作为社会发展的基本前提，将尊重人民群众的多样化需求作为发展的根本准则，将为了人民群众的利益而奋斗作为发展的根本目的，确保发展的出发点和落脚点都建立在维护人民群众的利益这一基础上。这一核心与本质的存在是科学发展观能够得到人民群众真心拥护的关键所在。科学发展观在实践中的体现就是构建社会主义和谐社会。胡锦涛总书记指出，"科学发展和社会和谐是内在统一的"①。科学发展观在构建社会主义和谐社会的过程中起着思想统领作用，是和谐社会构建全过程的统领，而和谐社会的构建同样必须以科学发展观为思想依据，才不会变成空中楼阁。在这一观念的指导下，以胡锦涛同志为核心的党中央就人民群众所关心的切身利益的热点问题进行了思考，将其作为和谐社会构建的重点解决问题，从而为增强民族凝聚力奠定了坚实的基础。

　　胡锦涛总书记高度重视思想舆论宣传工作作为意识形态工作前沿阵地的意义。胡锦涛总书记指出："能不能把宣传舆论工作抓在手上，关系人心向背，关系事业兴衰，关系党的执政地位。"②在全面强调党的宣传思想工作的极端重要性的基础上，胡锦涛总书记再次就新形势下党的宣传思想工作做出了全面部署，提出要坚持用"三个代表"重要思想全面统领我国的宣传思想工作，思想宣传工作者要重视并深入把握思想宣传工作的时代性，积极创新工作方式，充

---

① 《中国共产党第十七次全国代表大会文件汇编》，人民出版社2007年版，第17页。
② 《十六大以来重要文献选编》（上），中央文献出版社2005年版，第535页。

分发挥思想宣传工作凝聚人心的作用。胡锦涛总书记在全面部署宣传思想工作任务的同时，也多次强调宣传思想工作的党性原则，提出"坚持党管媒体原则，增强引导舆论的本领，掌握舆论工作的主动权"①。同时，在面对思想文化领域中各种错误思潮涌入的问题时，胡锦涛总书记表示："我国是当今世界上最大的社会主义国家，必然长期面对各种敌对势力在意识形态领域的渗透活动，敌对势力也必然在意识形态领域与我们进行激烈较量。对此，各级党委和政府要保持高度警觉，把意识形态工作纳入全局来考虑。"②胡锦涛总书记这一论述指出宣传思想工作是党的意识形态得以被人民群众所认知的重要途径，同时也是敌对势力试图攻破的重要阵地。胡锦涛总书记指出："用更广阔的视野审视安全，维护世界和平稳定。"③这新的安全观既是对国际关系的新认识，也是对我国安全的新追求。因此，如果党的宣传思想工作做得不到位，那么意识形态领域势必会被敌对势力所侵入，最终就会导致民心动摇，政权不稳定。因此，宣传思想工作者必须加强对宣传思想工作的认识，将其作为主流意识形态建设的重要阵地常抓不懈。胡锦涛总书记这一系列关于宣传思想工作的论述为我国意识形态建设提供了理论支撑。

改革开放以来，随着经济改革、社会的急剧变革以及西方社会思潮的不断涌入，这一系列的社会变化使我国的社会主义意识形态引领力受到了一定的冲击，干扰了人民群众对主流意识形态的认同。

---

① 《中共中央关于加强党的执政能力建设的决定》（辅导读书），人民出版社2004年版，第21页。
② 《十六大以来重要文献选编》（上），中央文献出版社2005年版，第501页。
③ 胡锦涛：《同舟共济共创未来——在第六十四届联大一般性辩论时的讲话》，《人民日报》2009年9月25日。

面对我国全面深化改革关键时期所面临的复杂形势与时代发展的需要，胡锦涛总书记创造性地提出了社会主义核心价值体系这一重大理论命题。胡锦涛总书记指出，"社会主义核心价值体系是社会主义意识形态的本质体现"①。这一重大理论命题的提出为中国共产党用先进的文化价值观占领思想文化阵地，加强社会主义意识形态建设提供了新的理论指导。胡锦涛总书记指出："马克思主义指导思想，中国特色社会主义共同理想，以爱国主义为核心的民族精神和以改革创新为核心的时代精神，社会主义荣辱观，构成社会主义核心价值体系的基本内容。"②因此，这一重大理论命题的提出，表明了中国共产党对意识形态建设内容创新的高度重视，为新时期党的意识形态工作的开展提供了新的理论依据，同时也为其明确了基本任务和目标。社会主义核心价值体系的提出，为我们凝练了全民族的共同思想基础，为多样化的思想政治教育方式的开展充实了内容，提供了方向，为感召、凝聚各族人民群众，帮助人民群众提升社会主义意识形态认同感，构建和谐社会提供了理论支点。

---

① 《十七大以来重要文献选编》（上），中央文献出版社2009年版，第26页。
② 《中共中央关于构建社会主义和谐社会若干重大问题的决定》，人民出版社2006年版，第28页。

第三节　习近平新时代意识形态安全论述

习近平指出："国家安全工作是党治国理政一项十分重要的工作，也是保障国泰民安一项十分重要的工作。"[①]党的十八大以来，国内意识形态安全面临诸多新情况、新问题、新变化，以习近平同志为核心的党中央高度重视意识形态安全问题，并围绕意识形态安全问题发表了系列论述。

一、习近平国家总体安全观论述

习近平指出："我们党诞生于国家内忧外患、民族危难之时，对国家安全的重要性有着刻骨铭心的认识。"[②]进入新时代以来，国际局势出现了新变化，新的霸权主义和强权政治有所抬头，网络安全、金融安全、能源资源安全等非传统安全问题与其他传统安全问题交织在一起。习近平指出："当前我国国家安全内涵和外延比历史上任何时候都要丰富，时空领域比历史上任何时候都要宽广，内外因素比历史上任何时候都要复杂，必须坚持总体国家安全观，以人民安全为宗旨……走出一条中国特色国家安全道路。"[③]国内改革、发展、稳定三大事业逐步推进，社会主要矛盾发生了根本性变化。针

[①]《习近平谈治国理政》第四卷，外文出版社2022年版，第389页。
[②]《习近平谈治国理政》第四卷，外文出版社2022年版，第389页。
[③]《习近平谈治国理政》第一卷，外文出版社2018年版，第200、201页。

对上述国内外变幻莫测的安全形势，以习近平同志为核心的党中央，从国家战略的高度出发，按照新时代国家安全理论和实践提出的新要求，提出了一系列顺应时代潮流、符合时代发展的安全战略思想，做出了一系列富有成效的安全战略决策和部署，形成了具有总体性和时代性的国家安全观。

保障人民安全是国家安全工作的应有之义，以人民安全为宗旨是党的宗旨的具体表现，同时人民作为国家的主人，维护国家安全必须依靠人民。

首先，总体国家安全观不仅注重国家的整体安全，最主要的是它强调人民群众的根本利益，它以维护人民的各方面安全为根本目的。习近平指出："国家安全工作归根结底是保障人民利益，要坚持国家安全一切为了人民、一切依靠人民，为群众安居乐业提供坚强保障。"[1]其次，党的全心全意为人民服务的宗旨决定了党执政为民的理念和诉求，表现在总体国家安全观中就是党以人民对自身安全的向往为奋斗目标。新时代人民为主体、人民为中心的思想在国家安全方面得到了新的诠释。习近平提出的以人民安全为宗旨的安全观是党立党为公、执政为民的政治底色在国家安全上的深刻体现，是党的宗旨的深刻体现，是党的先进性质的本质要求，既集中体现了总体国家安全观的安全理念，同时也表明了实现和维护国家安全的为民情怀。再次，人民群众是党执政力量的源泉，这在总体国家安全观上就充分表明了人民群众是国家安全工作的主体力量。一个国家是由人民组成的集合体，人民作为国家的主人，在安全问题上占有重要地位，是国家安全的主力军。水可载舟，亦可覆舟，开展国家安全工作只有紧紧依靠人民群众，有效激发群众的参与热情和

---

[1]《习近平谈治国理政》第二卷，外文出版社2017年版，第382页。

展现他们的聪明智慧，不断充实安全力量，才能构建起实现国家安全的"大格局"。

政治安全事关国家政治体系的安全与稳定，事关党的执政，与国家和民族的发展前途息息相关。习近平指出："世界上没有完全相同的政治制度模式，政治制度不能脱离特定社会政治条件和历史文化传统来抽象评判，不能定于一尊，不能生搬硬套外国政治制度模式。"[①]政权和主权作为国家政治的核心，国家的政权是否稳定直接决定了党的生死存亡，主权是否遭到破坏直接关系到国家前途命运，两者是国家政治安全的基本前提和重要基础。习近平指出："坚持走和平发展道路，但决不能放弃我们的正当权益，决不能牺牲国家核心利益。任何外国不要指望我们会拿自己的核心利益做交易，不要指望我们会吞下损害我国主权、安全、发展利益的苦果。"[②]从外部挑战来看，政权安全主要受到西方"颜色革命"的威胁，一些西方国家利用非政府组织采用各种非武力手段对中国进行渗透，企图否定党的领导，颠覆国家政权，使中国放弃走社会主义道路。国家主权的主要威胁来自周边国家在南海、西藏等属于我国主权的领土上进行的无端挑事，这些都严重损害了国家的领土完整和主权利益。从内部挑战来看，国家政权的主要挑战来自党自身面临的考验和风险，这关系到党的生死存亡；国家主权的威胁主要来自外部势力与内部势力相结合，利用民族、宗教矛盾和历史问题，对我国进行的渗透与分裂。对于国家政权和主权安全面临的内外双重挑战，第一，要始终坚持和巩固无产阶级专政，坚持中国共产党的领导以确保国家政权的稳固和不变质，在国家和社会治理方面建立健全防范预警

---

① 《习近平谈治国理政》第三卷，外文出版社2020年版，第28页。
② 《习近平谈治国理政》第一卷，外文出版社2018年版，第249页。

的综合机制，坚决防范"颜色革命"，坚决反对霸权主义与强权政治，决不允许任何国家插手中国的内政。第二，党要加强自身建设，推进全面从严治党进一步发展，不断提升党的治国理政水平与能力，提高党抵御各种挑战和风险的能力，坚决反对一切分裂祖国的势力与行径。因此，维护和实现好政权和主权安全是政治安全的基础，同时也是国家总体安全的重要基石。

经济安全是整个国家安全中的一个重要领域，是保证国家安全的重要基础。习近平在国家安全的论述中多次提到经济建设是建设社会主义现代化的基础，强调经济安全的重要地位并高度重视维护经济安全。

由于经济制度是社会主义制度的基础，所以国家的经济安全是国家总体安全的基础。习近平指出："可持续，就是要发展和安全并重以实现持久安全。"[①]经济安全是反映和体现国家经济的社会主义性质，规定经济发展的要求，同时，经济安全为国家经济运行提供实现形式，为经济发展提供了制度化保障。在推动形成全面开放新格局的过程中维护经济主权安全是保证经济安全的重要方面。目前，开放一定会促进社会经济发展，现在不是说国家要不要实行开放，而是如何提高对外开放的水平，随着中国与世界各国的交流范围日益广泛，其中经济交流与合作仍然是对外开放的核心内容。进入新时代，虽然我国实行对外开放的国际大环境总体来说有利因素更多一点，但是深度交融的世界经济会给参与经济全球化的每一个国家都带来不确定的风险与挑战，会直接影响到国家的经济主权，威胁国家经济安全。一方面只有维护和保持国家经济主权的独立，才能够解决好国际贸易中的复杂情况，进一步提高运用各种规则的本领，

---

① 《习近平谈治国理政》第一卷，外文出版社2018年版，第356页。

在世界经济交流中维护和实现国家经济安全；另一方面经济主权作为国家主权在经济建设方面的反映，只有拥有对国家自身发展道路选择的权力，其中包括对国家金融、货币政策等经济政策和活动制定和规范的权力，才能独立自主出台和实施有效应对国内外各种经济风险和挑战的对策。

军事安全是维护国家安全的最后底牌，文化安全关系到党和国家的未来发展，是国家安全的灵魂，社会安全事关人民群众生活的方方面面和社会的安定有序，三者有机结合共同构成了总体国家安全观的安全保障。

军事安全在传统国家安全观中位于最重要的位置，是整个国家安全体系的有力支柱，虽然冷战结束以来非传统安全凭借形式的复杂多样性已经渐渐超过了传统安全所带来的威胁，但是世界局部地区的战争与冲突从未停止，军事安全仍然在国家安全中占有不可替代的地位，其与国家安全的其他领域相互联系、相互影响，为其他各领域安全提供了重要保障，同时又以其他各方面安全作为自己的基础。

文化作为文明永续的血脉，对一个国家和民族具有重要意义和价值。现如今，国家之间的竞争不再是单纯的物质方面的硬实力较量，而是已经变成以文化软实力为基础的软硬实力相结合的综合国力竞争，这就使得不同思想文化之间的交流越来越密切，一些别有用心的国家利用文化交流的机会趁机对我国思想文化进行渗透，恶意歪曲中国的传统文化，不断向青少年群体传播一些腐朽思想；除了外部因素威胁着文化安全，一个国家的内部也可能潜伏着危害文化发展的因素。进入新时代，我国的经济社会正处在关键转型期，网络信息技术的发展给文化安全问题带来更大风险。因此，维护和实现文化安全不仅仅是建设社会主义文化强国的重要内容，而且还是提高国家文化竞争力的重要抓手，是维护国家安全不可或缺的重要方面。在中国，社会的和谐稳定与经济的发展同等重要，社会是否稳定直接事关社会主义现代化建设的成败。习近平总书记强调，确保国家安宁和社会稳定是非常紧要的大事，这表明了国家安全是中国特色社会主义事业发展前进的基础和保障，而社会安全稳定又是国家安全的前提。

网络技术的发展对一个国家的发展及人民生活至关重要，因此，网络安全是国家安全的关键。习近平指出："要从国际国内大势出发，总体布局，统筹各方，创新发展，努力把我国建设成为网络强国。""没有网络安全就没有国家安全，没有信息化就没有现代化。"① 在信息化时代，网络技术作为一把"双刃剑"，一方面互联网的快速发展深刻地影响着人们的生活习惯，为人们的衣食住行创造了便利，可以说网络发展正在造福全人类；另一方面，由于网络的普及性和渗透性，全球范围内的网络威胁和风险日益突出。进入新时代，中国的网络安全面临着新威胁和新挑战，一些敌对势力利用网络空间大肆宣扬民族分裂思想和宗教极端主义，企图实现"颜色革命"。国家关键的网络基础设施安全一直是网络安全的核心，网络攻击通常会通过跨网入侵、指令篡改、信息窃取等手段给社会发展运行的神经中枢带来巨大的破坏性和杀伤力。除了上述安全威胁之外，经济、文化、生态、国防等领域也是网络攻击的重点目标，可见网络安全事关国家的总体安全和整体发展。习近平指出："在信息时代，网络安全对国家安全牵一发而动全身，同许多其他方面的

---

① 《习近平谈治国理政》第一卷，外文出版社2018年版，第198页。

安全都有着密切关系。"①因此，保证网络领域的安全是实现国家安全的关键。

国家的发展不仅仅需要一个安稳的国内环境，同时还需要一个重要的外部环境，因此必须要实现国际安全。中国坚持通过走和平的道路来促进世界安全，这符合国家的根本利益。习近平指出："各国和人民应该共同享受安全保障。……面对错综复杂的国际安全威胁，单打独斗不行，迷信武力更不行，合作安全、集体安全、共同安全才是解决问题的正确选择。"②国际安全是一个国家存在的重要外部保障，没有安全的外部环境，中国自身安全也难以为继。一方面改革开放四十多年以来，中国一直积极参与全球事务，中国和世界各国命运相息，世界各国的发展都需要依赖各国彼此之间生产要素的整合；这四十多年以来，中国已经成为经济全球化的受益者，国内经济社会发展取得了举世瞩目的成就，中国所取得的发展成果需要安全的国际环境来保护。另一方面新时代中国社会进入新的历史方位，国家正在完成的伟大目标和正在实现的伟大梦想迫切需要安全的外部环境作为依托，中国也愿意把自身安全与国际安全相结合，不断推动世界各国的共同安全与发展。坚持促进国际社会的共同安全，既符合我国的根本利益和现实需求，又满足了世界各国人民的和平心愿。习近平指出："实现我们的奋斗目标，必须有和平国际环境。没有和平，中国和世界都不可能顺利发展；没有发展，中国和世界也不可能有持久和平。"③因此，促进国际安全是中国实现

---

① 中共中央党史和文献研究院：《习近平关于总体国家安全观论述摘编》，中央文献出版社2018年版，第173页。
② 《习近平谈治国理政》第一卷，外文出版社2018年版，第274页。
③ 中共中央党史和文献研究院：《习近平关于总体国家安全观论述摘编》，中央文献出版社2018年版，第258页。

自身安全与发展、维护世界和平与繁荣的现实选择。

二、习近平新时代意识形态安全论述的主要内容

一个新时代的到来，总是以新思想的产生为依托。党的十八大以来，党和国家的事业之所以能够发生如此巨大的变化，关键在于有习近平新时代中国特色社会主义思想指导。习近平关于新时代意识形态安全思想的系列论述，是习近平新时代中国特色社会主义思想的重要组成部分，是马克思主义意识形态理论与中国具体实际相结合的产物，是党的十八大以来我国意识形态领域最具深远意义的伟大成就。

（一）社会主义意识形态的地位论

习近平指出，"能否做好意识形态工作，事关党的前途命运，事关国家长治久安，事关民族凝聚力和向心力"[1]。纵观中国共产党的发展史，意识形态工作一直是一项事关党的前途命运的重要工作。习近平强调指出："意识形态工作是党的一项极端重要的工作。"[2] 新时代以来，中国"经受住了来自政治、经济、意识形态、自然界等方面的风险挑战考验"[3]，取得了历史性成就。在全面建设社会主义现代化国家新征程中，我们要牢牢掌握意识形态领导权，守好"三个地带"，进一步做好新时代意识形态工作，要"把马克思主义基本原理同中国具体实际相结合、同中华优秀传统文化相结合，坚持运用辩证唯物主义和历史唯物主义"[4]，不断推进实践基础上的

---

[1] 中共中央宣传部：《习近平新时代中国特色社会主义思想三十讲》，学习出版社2018年版，第213页。
[2] 《习近平谈治国理政》第一卷，外文出版社2018年版，第9页。
[3] 《习近平著作选读》第一卷，人民出版社2023年版，第5页。
[4] 《习近平著作选读》第一卷，人民出版社2023年版，第14页。

理论创新。"意识形态工作是为国家立心、为民族立魂的工作。"①如果对意识形态工作的重要性认识不足，就会影响到意识形态的安全。然而一段时间以来，由于方方面面的原因，意识形态工作出现弱化、边缘化问题，一些地方和部门存在着说起来重要、做起来不重要的现象，一些领域乱象丛生，各种噪音、杂音不断。针对一段时间以来意识形态工作存在的问题，习近平以苏联事例教育全党，提醒全党上下要重视意识形态工作的重要性。习近平指出："苏联为什么解体？苏共为什么垮台？一个重要原因就是意识形态领域的斗争十分激烈，全面否定苏联历史、苏共历史，否定列宁，否定斯大林，搞历史虚无主义，思想乱了，各级党组织几乎没任何作用了，军队都不在党的领导之下了。最后，苏联共产党偌大一个党就作鸟兽散了，苏联偌大一个社会主义国家就分崩离析了。这是前车之鉴啊！"②习近平告诫全党意识形态工作是事关党和国家生死存亡的一项重要工作，全党上下要勇于直面意识形态工作中的短板和问题，回避或者忽视这些问题都会为党和国家带来不可预计的灾难。习近平指出："宣传思想工作就是要巩固马克思主义在意识形态领域的指导地位，巩固全党全国人民团结奋斗的共同思想基础。"③因此，习近平强调，"宣传思想阵地，我们不去占领，人家就会去占领"④。一个国家的认知体系、价值体系和信仰体系是该国的意识形态的核心，也是该国思想意识、理想信念、精神信仰、道德法律的理论基

---

① 《习近平著作选读》第一卷，人民出版社2023年版，第36页。
② 《十八大以来重要文献选编》（上），中央文献出版社2014年版，第113页。
③ 《习近平谈治国理政》第一卷，外文出版社2018年版，第15页。
④ 中共中央文献研究室：《习近平关于社会主义文化建设论述摘编》，中央文献出版社2017年版，第30页。

础和根基。2018年，习近平再次强调指出，"经济建设是党的中心工作，意识形态工作是党的一项极端重要的工作"①。这一论断再次将中国共产党对意识形态工作的重视程度提升到了一个新的高度。用"极端重要"这一论断来强调意识形态工作在中国发展历程中所占据的重要地位，是习近平在新的历史时期对我国意识形态工作的清醒判断，是习近平在直面我国意识形态领域存在的挑战和问题后所做出的科学研判。"世界上各种文化之争，本质上是价值观念之争，也是人心之争、意识形态之争"，因此，"要打好价值观念之争这场硬仗"。②当前，意识形态斗争形势复杂、尖锐，其结果关乎国家的前途命运。所以，在面对当前复杂多变、风险和挑战越显严峻的意识形态领域，全党上下要重视意识形态工作作为传递理想信念、巩固党的群众基础和执政基础的这一项工作，从思想高度将其作为一项"极端重要"的工作放在首位，使其能够为促进经济社会稳定和发展提供良好的氛围。

（二）社会主义意识形态的根本任务论

习近平强调，"宣传思想工作就是要巩固马克思主义在意识形态领域的指导地位，巩固全党全国人民团结奋斗的共同思想基础"③。这一论断的提出，指明了我国意识形态工作的根本任务，明确指出了宣传思想工作的努力方向。"两个巩固"之所以是意识形态工作的根本任务，是因为一百年来，我们党之所以能够战胜一个又一个困难，取得举世瞩目的伟大成就，就在于坚持马克思主义这一科学理论的指导，并结合中国实际赋予了其中国特色，推动了马克思主义

---

① 《习近平谈治国理政》第一卷，外文出版社2018年版，第153页。
② 中共中央文献研究室：《习近平关于社会主义文化建设论述摘编》，中央文献出版社2017年版，第105页。
③ 《习近平谈治国理政》第一卷，外文出版社2018年版，第153页。

中国化。马克思主义及其中国化的成果，是指导我们党的科学理论，因此，尽管现在意识形态工作的环境、对象、范围、方式发生了很大变化，但"两个巩固"仍然是意识形态工作的根本任务。所以，习近平多次强调社会主义意识形态工作在我国的"强基固本"功能，指出"两个巩固"是中国特色社会主义事业的精神之基。同时，习近平多次强调，"对马克思主义的信仰，对社会主义和共产主义的信念，是共产党人的政治灵魂，是共产党人经受住任何考验的精神支柱"[①]。如果我们在社会主义建设过程中只注重经济建设，忽视了从思想上建党，忽视了对人民群众的马克思主义信仰教育，就会失去灵魂。中国共产党之所以能够在历经一次次挫折后重新奋起，一个根本的原因，就是全党上下、全国人民都能够凝聚一心，为了共同的远大理想而奋斗。而一个政党的衰败，也总是从理想信念的丧失或缺失开始的，所以，理想信念动摇是最危险的动摇，理想信念滑坡是最危险的滑坡。中国共产党要坚强有力，要带领全国人民实现中国梦，就必须坚定马克思主义指导地位不动摇，坚定共产主义远大理想不动摇。

（三）社会主义意识形态的立场论

意识形态工作的立场问题，是关乎意识形态工作是为谁服务的重大问题，所以必须对此保持清醒而坚定的认知。习近平强调："必须把意识形态工作的领导权、管理权、话语权牢牢掌握在手中，任何时候都不能旁落，否则就要犯无可挽回的历史性错误。"[②]习近平总书记的重要论述和党的二十大报告相关精神为做好当前形势下的

[①]《习近平谈治国理政》第一卷，外文出版社2018年版，第15页。
[②] 中共中央文献研究室：《习近平关于社会主义文化建设论述摘编》，中央文献出版社2017年版，第21页。

意识形态工作提供了根本遵循。一是坚定正确方向，牢牢掌握意识形态工作领导权。"当今时代，社会思想观念和价值取向日趋活跃，主流的和非主流的同时并存，先进的和落后的相互交织，社会思潮风云激荡。"①为此，我们要"牢牢掌握党对意识形态工作领导权，全面落实意识形态工作责任制，巩固壮大奋进新时代的主流思想舆论。"②在党的领导下，巩固意识形态阵地，必须坚持正确的舆论导向，积极弘扬社会主义核心价值观。习近平强调："各级党委要负起政治责任和领导责任，加强对宣传思想领域重大问题的分析研判和重大战略性任务的统筹指导，不断提高领导宣传思想工作能力和水平。"③

在我国，党性和人民性是社会主义意识形态工作的根本立场。早在革命战争时期，毛泽东就明确指示："抓紧对通讯社及报纸的领导，务使通讯社及报纸的宣传完全符合党的政策，务使我们的宣传增强党性。"④由此可见，党性和人民性一直以来都是中国共产党意识形态宣传工作鲜明的底色。然而，在一段时期内，一些人却开始鼓吹"党民对立论"，混淆了民众的视听。鉴于此，习近平指出："党性和人民性从来都是一致的、统一的。"⑤这一论断表明，在我国，党性和人民性是一个永不分割的整体概念，对党性和人民性的理解，必须站在全党、全体人民的立场上去理解，而不是将其狭隘地局限为小部分群体来解读。一方面，社会主义意识形态工作要讲

---

① 《习近平谈治国理政》第二卷，外文出版社2017年版，第328页。
② 《习近平著作选读》第一卷，人民出版社2023年版，第36页。
③ 《习近平谈治国理政》第一卷，外文出版社2018年版，第156页。
④ 《建党以来重要文献选编（1921—1949）》第十九册，中央文献出版社2011年版，第497页。
⑤ 《习近平谈治国理政》第一卷，外文出版社2018年版，第154页。

党性。习近平指出,"党的新闻舆论工作坚持党性原则,最根本的是坚持党对新闻舆论工作的领导"①。意识形态工作讲党性,核心就是政治立场要正确,要做到在思想上政治上同党中央保持高度一致。唯有如此,才能够做到宣传的内容具有正确的政治立场。另一方面,社会主义意识形态工作要讲人民性。人民性,是指意识形态工作要坚持为人民服务的宗旨,在对人民群众进行思想引领的同时,满足人民群众多样化的精神需求,努力做到关注民生、反映民声、聚焦民智、传达民忧,切实把意识形态工作做到人民群众的心坎上。社会主义意识形态工作只有坚持党性和人民性的统一,才能够坚持正确的政治导向不放松。

三、习近平关于网络意识形态安全论述

习近平关于网络意识形态安全的系列论述,是习近平新时代意识形态安全思想的重要组成部分,为新时代我国网络意识形态工作的开展贡献了新理念、新思维、新战略、新方法,同时从多方面发展了马克思主义意识形态安全理论。

(一)习近平网络意识形态"同心圆"论述

习近平指出,实现中华民族的伟大复兴梦,需要全社会各族人民凝聚共识、共同努力。然而,因为我国人口众多,地域广阔,凝聚共识工作本已不容易。尤其是随着科技的不断发展以及网络智能化的普及,互联网已经通过各种移动智能工具渗透到现代社会的方方面面,人们越来越倾向于通过网络途径获取信息,人们开始越来越多地依赖网络生活。因此,网络空间成了不同意识形态争夺的阵地。因此,在当今时代,掌握网络意识形态工作的领导权,成了维

---

① 《习近平谈治国理政》第二卷,外文出版社2017年版,第332页。

护国家政治安全的重要保障。为此，习近平提出了网络意识形态"同心圆"的重要论述。习近平指出："凝聚共识工作不容易做，大家要共同努力。为了实现我们的目标，网上网下要形成同心圆。什么是同心圆？就是在党的领导下，动员全国各族人民，调动各方面积极性，共同为实现中华民族伟大复兴的中国梦而奋斗。"①习近平总书记还指出："构建网上网下同心圆，更好凝聚社会共识，巩固全党全国人民团结奋斗的共同思想基础。"②如果网络意识形态工作没有处理好，传统意识形态工作的实效性就会大打折扣。因此，做好意识形态工作，必须在管理好传统意识形态传播媒介的同时，加强对网络传播媒介的管控，实现网络空间的风清气正，最终使现实和网络两大空间中的意识形态思想保持一致，网上和网下两大场域同频共振，形成合力。让网络成为凝聚共识的最重要载体，善于运用网络了解民意、开展工作。习近平指出："网络空间同现实社会一样，既要提倡自由，也要保持秩序。自由是秩序的目的，秩序是自由的保障……要坚持依法治网、依法办网、依法上网，让互联网在法治轨道上健康运行。"③同时，习近平强调指出，"互联网管理是一项政治性极强的工作，讲政治是对网信部门第一位的要求"。现阶段，随着网络传播的便捷性、开放性、隐蔽性以及跨时空性，西方发达资本主义在网络上对我国不断进行意识形态渗透，网络成为传播资本主义意识形态、散布反马克思主义谣言、攻击社会主义道路最为便捷的渠道。甚至还有部分网站为了博取点击率，利用人们的猎奇

---

① 《习近平著作选读》第一卷，人民出版社2023年版，第471页。
② 习近平：《在全国网络安全和信息化工作会议上强调敏锐抓住信息化发展历史机遇自主创新推进网络强国建设》，《人民日报》2018年4月22日。
③ 习近平：《在第二届世界互联网大会开幕式上的讲话》，《人民日报》2015年12月17日。

心理，将社会热点问题政治化，在社会热点问题、民生问题上大做文章，片面放大社会发展过程中的矛盾和不足，错误引导社会舆论的导向，消解主流舆论的声音。习近平指出："维护网络安全不应有双重标准，不能一个国家安全而其他国家不安全，一部分国家安全而另一部分国家不安全，更不能以牺牲别国安全谋求自身所谓绝对安全。"①习近平指出："每一个国家在信息领域的主权权益都不应受到侵犯，互联网技术再发展也不能侵犯他国的信息主权。"②因此，必须加强对网络意识形态的管控，积极争取网络意识形态工作的主动权，提升网络意识形态领域风险防范化解能力，开展好网络意识形态斗争。"要改进创新网上宣传，要大力推进传统媒体和新媒体融合发展……着力打造一批新型主流媒体和传播载体，以内容优势赢得发展优势。"③加强网络的内容建设与正面宣传，培育积极健康的网络文化，借助网络平台，宣扬正能量，弘扬主旋律，从而不断提升广大民众对社会主义意识形态的认同，打造晴朗的网络空间，使网上网下两大阵地凝聚共识、协同发力，建设同心圆。

（二）习近平网络意识形态"三个地带"论述

网络意识形态安全问题是当前意识形态领域所面临的新问题。习近平指出："互联网已经成为舆论斗争的主战场……在互联网这个战场上，我们能否顶得住、打得赢，直接关系我国意识形态安全和

---

① 习近平：《在第二届世界互联网大会开幕式上的讲话》，《人民日报》2015年12月17日。

② 习近平：《弘扬传统友好共谱合作新篇——在巴西国会的演讲》，《人民日报》2014年7月18日。

③ 中共中央宣传部：《习近平总书记系列重要讲话读本》，学习出版社、人民出版社2016年版，第205页。

政权安全。"①这一论述表明，当前，互联网不能仅仅被局限于作为信息传递的工具，更是不同意识形态争夺的主战场。习近平将意识形态领域划分为红色、灰色和黑色三个地带。习近平指出："当前，思想舆论领域大致有红色、黑色、灰色'三个地带'。"②这一划分标准同样适用于网络意识形态工作。网络意识形态领域的红色地带，是指由各级党报党刊等主流媒体的官方网站和网上正面舆论传播地所组成的，是我们弘扬主旋律的主要阵地。它们在传播新闻的同时，能够理性客观辩证地评论事件，把控舆论的大方向，在社会舆论的引导过程中发挥积极正面的作用。网络意识形态的灰色地带，是指处于网络红色地带和黑色地带中间的以隐形的形式传递信息的领域。这些信息在渲染不良情绪、传递扭曲价值观、误导社会认知方面起到了错误的示范，消解着人们对主流意识形态的认同。在这一领域内，一些网民以隐晦的方式发表着对主流意识形态不利的信息，但因为这些信息多具有模糊的特点，并未对我国的主流意识形态安全造成直接的正面威胁，所以往往难以掌控。网络意识形态的黑色地带，是指在网络上发表攻击国家意识形态言论的领域。这些言论通过网络这一平台的传递所产生的舆论传播力和影响力被放大，对我国主流意识形态安全的影响不可低估。习近平强调指出，"红色地带是我们的主阵地，一定要守住；黑色地带主要是负面的东西，要敢于亮剑，大大压缩其地盘；灰色地带要大张旗鼓争取，使其转化为红色地带"③。所以，我们要以习近平网络意识形态"三个地带"理论作为当前网络意识形态安全建设工作的重要理论依据，牢固树

---

① 中共中央党史和文献研究院：《习近平关于总体国家安全观论述摘编》，中央文献出版社2018年版，第103页。
② 《习近平谈治国理政》第二卷，外文出版社2017年版，第328页。
③ 《习近平谈治国理政》第二卷，外文出版社2017年版，第328页。

立阵地意识,在牢牢守住现有红色地带的同时,不断拓宽其范围,并通过积极引导争取灰色地带,同时,面对网络意识形态的黑色地带,我们也要勇于亮剑,有理有度有节开展意识形态斗争,并促进三个地带的正向转化。

(三)习近平网络意识形态领导权论述

在一个国家中,舆论是统治阶级思想意识传播的重要工具。统治阶级的地位能否稳固,在于其是否充分掌握了舆论的领导权。当前,随着互联网产业的不断发展,网络空间中各种意识形态充斥其中,网络舆论对民众言行的引导作用已经不可小觑。网络意识形态领域的话语权如果不能被统治阶级所掌握,势必会被其他阶级所掌握,那么这个阶级的统治地位最终会被其他阶级所颠覆。所以,为了避免我国意识形态阵地的失守,牢牢掌握网络意识形态领导权,提升网络意识形态领域风险防范化解能力已成为当前我国意识形态工作中的一项重要任务。习近平认为,加强党对网络意识形态的领导权,关键是要求网络舆论传播者能够坚持党性原则。习近平指出:"互联网不是法外之地。利用网络鼓吹推翻国家政权,煽动宗教极端主义,宣扬民族分裂思想,教唆暴力恐怖活动等,这样的行为要坚决制止和打击,决不能任其大行其道。"[①]所以,在任何时刻都要站稳立场,在政治上、思想上始终坚决地与党和人民站在一起,坚决拥护党的领导,体现党的意志、反映党的主张。因此,坚持网络意识形态的党性原则是首要任务。同时,习近平还指出,加强网络意识形态的领导权,还需要从思想上端正态度,要清楚经济工作虽然是社会主义建设的中心任务,但是意识形态工作也具有与经济工作同等重要的地位。习近平指出:"一个政权的瓦解往往是从思想领域

---

① 《习近平谈治国理政》第二卷,外文出版社2017年版,第336页。

开始的，政治动荡、政权更迭可能在一夜之间发生，但思想演化是个长期过程。思想防线被攻破了，其他防线就很难守住。"①所以，全党要清醒认识到意识形态建设的重要性，不能够因为经济工作而忽视意识形态工作。除此之外，习近平强调指出，网络意识形态治理工作是一项浩大的系统工程，靠个人力量不可能完成。所以，习近平提出，"做好意识形态工作，必须坚持全党动手"②。网络意识形态工作的开展需要全党建立上下联动、沟通畅通的互动机制，领导机关要学会运用网络体察民情、收集民意，就网民提出的意见不能只是一味打压或置之不理，而是要有则改之无则加勉，并积极就网民所关注的焦点问题给予及时的回应。走网络群众路线，运用网络开展意识形态教育，引导网络意识形态释放出正能量。

---

① 中共中央宣传部：《习近平新时代中国特色社会主义思想三十讲》，学习出版社2018年版，第213页。
② 中共中央宣传部：《习近平总书记系列重要讲话读本》，学习出版社、人民出版社2016年版，第195页。

第三章

新时代意识形态安全面临的现实境遇

意识形态安全总是处在一定的现实环境，不同的时代境遇赋予了意识形态安全不同的存在环境和发展条件。当今广泛而深刻的时代变革引发了意识形态安全的深刻变化，机遇与挑战并存是新时代意识形态安全的显著特征。经济全球化、市场经济、多元文化以及网络信息技术的发展已经成为当代中国社会不可回避、最为突出的客观现实，西方思想文化的涌入和多元化的社会思潮也给意识形态安全带来了众多挑战，同时也给意识形态安全提出了更多新要求，更加彰显了意识形态安全的重要性和紧迫性。

第一节 全球化境遇下
意识形态安全面临的机遇与挑战

习近平指出:"当前,我国处于近代以来最好的发展时期,世界处于百年未有之大变局,两者同步交织、相互激荡。"① 这是新时代对国际形势作出的重大战略判断。新时代世界百年未有之大变局正在加速演变,在实现中华民族伟大复兴的道路上光明前景和各种风险挑战并存。"中华民族伟大复兴绝不是轻轻松松、敲锣打鼓就能实现的。"② 在这个过程中,意识形态安全问题显得尤为重要。在人类社会的现实发展中,全球化一方面给意识形态安全带来了时代机遇,同时也给意识形态安全带来了巨大的挑战。新时代中国意识形态安全环境面临的形势更加复杂,为了更好地维护新时代意识形态安全,我们有必要以全球化的理论视野、历史与现实的视角为切入点深入研究其对于新时代意识形态安全带来的深刻影响。

一、全球化的时代与逆全球化的逆流

全球化是当今世界发展的显著趋势,与意识形态本身有着千丝万缕的联系。全球化是指不同国家或地区在经济、政治、文化、科技、军事和安全等领域日益增长的相互联系、影响和作用。自20世

---

① 《习近平谈治国理政》第三卷,外文出版社2020年版,第428页。
② 中共中央党史和文献研究院:《习近平关于总体国家安全观论述摘编》,中央文献出版社2018年版,第68页。

纪90年代以来,全球化进入了一个席卷全球的总体加速阶段。全球化不仅深刻地改变了生产方式、利益格局和整个世界经济秩序,而且还深深地影响人们的思想、行为、生活方式、社会心理等,乃至整个价值体系。全球化已成为不可逆转的时代潮流。近代以来,全球化不仅推动生产力实现普遍增长,而且有力重构了人类社会生产方式和交往形式,这样一个深刻变革的过程,也带来了贫富差距、生态危机、区域冲突和恐怖主义等重重危机。

全球化这一概念本身承载诸多内容,与人类社会生活的重大变迁紧密相关,并在社会科学的理论领域实现了范式转化。首先,站在经济视角来看,全球化是不同生产要素间的跨国流动与转移,实现市场经济在全球范围内的扩张和覆盖。全球化意味着,跨国商品与服务交易及国际资本流动规模和形式的增加,以及技术的广泛迅速传播,使世界各国经济的相互依赖性增强。全球化背景下世界各国经济发展之间相互联系,相互合作,广泛流通,这也被认为是全球化的实质。其次,站在现代技术视角来看,全球化指的是人类在便捷通信技术条件下克服一定的时空限制而得以实现信息、人员、物品间的自由流动与变动。再次,站在文化视角来看,全球化被看作是人类思想理念与文化观念的持续对话和融合过程。马克思指出:"它首次开创了历史,因为它使每个文明国家都依赖于整个世界,因为它消灭了各国以往自然形成的闭关自守状态。"[①]最后,站在意识形态视角看,全球化是现代性观念和制度在世界范围内的扩展和沟通。实际上,全球化作为客观历史发展的过程,在世界范围内外溢并影响着人们的日常生活,"在高度现代性的时代,远距离外所发生的事变对近距离事件以及对自我的亲密关系的影响,变得越来越普

---

① 《马克思恩格斯选集》第一卷,人民出版社1995年版,第51页。

遍"①。这就是对全球化影响的描述，也是现代化的发展趋势。

全球化是近代发展的产物，发端于15世纪末。地理大发现之前，处于不同空间的人们相互独立，横向连接体系也尚未形成。随着大工业的发展和生产方式的改变，以增值为本性的资本在世界范围内配置生产，"使一切国家的生产和消费成为世界性"②，其扩展和掠夺促使了全球化的形成，"按照自己的面貌为自己创造出一个世界"③。而这样的趋势下进一步推动科技不断创新，不断加强世界的联系来逆袭，分工日益细化，成为脱胎于西方社会的生产方式。19世纪后期至第一次世界大战，以英国为首的资本主义国家进行殖民扩张和版图扩展，全球化发展达到高潮。"客观上使资本主义生产关系及其要素嵌入到那些处在不同历史发展中的民族国家的内在结构之中，逐步构建了世界体系化的雏形。"④第二次世界大战结束后，美国代替英国主导世界历史进程，在民族国家、跨国公司和国际组织等推动下世界发展更加紧密，全球化进入加速扩张期。全球化的生产使得资本要素的利益诉求延伸至全球，也满足了其对绝对要素的满足。全球化不以人的个人意志为转移，既表现为以技术为内驱力、影响广泛的扩散过程，也指向了以资本为逻辑、高度密切的一体化过程，其中不可避免地受到主要参与者的影响。法国学者雅克·阿达认为："论述全球化，就是回顾资本主义这种经济体制对

---

① 安东尼·吉登斯：《现代性与自我认同》，生活·读书·新知三联书店1998年版，第5页。
② 《马克思恩格斯选集》第一卷，人民出版社1995年版，第275页。
③ 《马克斯恩格斯选集》第一卷，人民出版社1995年版，第276页。
④ [美] 伊曼纽尔·沃勒斯坦：《现代世界体系》第二卷，高等教育出版社1998年版，第38页。

世界空间的主宰。"①从这个意义上说，全球化与西方价值观念脱不了干系，带有浓厚的西方意识形态色彩。基欧汉与奈认为："今天的全球主义是以美国为中心的，信息革命的绝大多数动力来自美国，全球信息网络的大部分内容在美国制造。美国在该网络所处的中心位置产生了软权力。"②在过去五百年时间内，四分之三是欧洲主导全球化进程，而后以美国为核心和受益者主导着全球化的进程，实际上是以欧美资本主义模式主导下的经济全球化作为主流趋势。习近平指出："历史地看，经济全球化是社会生产力发展的客观要求和科技进步的必然结果，不是哪些人、哪些国家人为造出来的。经济全球化为世界经济增长提供了强劲动力，促进了商品和资本流动、科技和文明进步、各国人民交往。"③同时，全球性的问题也随之而来，表现在生态环境、人口状态、经济差距、民族冲突等诸多方面，其实质乃是人与人、人与自然的关系问题的投射。

全球化是一个人类历史发展的必然选择和现实发展的动态过程，其深层的文化观念在保持自身特性的同时，不断与他者文化发生联系，生成了具有全球化特性的价值取向。站在全球化的历史进程视角看，全球化是资本主义生产方式的拓展空间、形构体系的结果，其主导和引领力量是欧美等西方资本主义国家，因而全球化价值取向无疑反映和蕴藏着西方文明的输出因子。哈罗德·詹姆斯认为，20世纪中后期由美国主导的全球化进程，不同于19世纪末源于大西

---

① ［法］雅克·阿达：《经济全球化》，何竟，周晓幸译，中央编译出版社2000年版，第3页。
② 罗伯特·基欧汉，约瑟夫·奈：《权力与相互依赖》（第3版），北京大学出版社2002年版，第281页。
③ 《习近平主席在出席世界经济论坛2017年年会和访问联合国日内瓦总部时的演讲》，人民出版社2017年版，第3页。

洋贸易的早期全球化，美国所主导的制度性建设有效地支撑了第二轮全球化进程。全球化的发展推动了世界的经济、技术交流互动的持续加深，背后是来自世界不同国家、民族之间涉及文化价值、发展模式与意识形态方面的摩擦与汇合，形成了自由流动的利益诉求、互利平衡的交往理性、多元共存的包容态度。"全球化有它的不同侧面，它融合和重建的不仅仅是经济，更兼有思维、文化和行为的方式。全球化是变化的因素，它使我们反省自己的传统和行为方式。"① 从某种意义上说，正是全球文化新基因或新要素的生成及其与民族国家文化间的关系走向，决定并规范着全球化进程的基本方向。② 首先，在自由流动的利益诉求方面，全球化以资本主义国家为发端，遵循的是资本主义生产方式，自然贯穿着利益最大化的价值取向，自由流动体现了世界交往趋势。西方文明的基本价值观念受到早期资产阶级思想家的契约论思想、天赋人权思想以及自由平等理论的影响，直接催生了贸易自由原则、市场民主与平等等当代西方文明理论，为现代全球化实践提供了重要的思想种子和精神要素。自由化、市场化的价值观为实现资本征服整个世界创造了条件。个体自由选择的空间得以扩大，市场生产力得到释放，推动世界各主要经济体融入全球体系，以获得经济利益最大化。其次，在互利平衡的交往理性方面，全球化的过程是利润创造和利益分配的过程，也是交往的过程，各国通过经贸交往、文化交流打破国家间限制和堡垒，实现物质利益，其中派生出相关原则规范，逐渐趋向合理化。马克思指出："各个相互影响的活动范围在这个发展进程中越是扩

---

① 魏明德：《全球化与中国——一位法国学者谈当代文化交流》，商务印书馆2002年版，第5页。
② [美] 塞缪尔·亨廷顿：《文明的冲突与世界秩序的重建》（修订版），新华出版社2018年版，第129页。

大，各民族的原始封闭状态由于日益完善的生产方式、交往以及因交往而自然形成的不同民族之间的分工消灭得越彻底。"[1]西方传统推崇功利理性思想和利益关系原则，即真理必须被安置在"利益"与"实力"的框架中，以西方利益为中心指向。[2]最后，在多元共存的包容态度方面，世界是多元多样的，个体间差异仍然是客观普遍化存在，全球化本身包含着对于不同国家之间的差异的容纳和理解。国家不论强弱或大小，都是享有自身权利的平等主体，全球化并没有消除国家界限和国家利益，不同民族、国家长期以来所形成的历史传统和思维习惯决定着全球化是普遍性和特殊性的辩证统一，因而在一定程度上促进了民族间、国家间、地区间、人群间的交流与沟通。

近年来，逆全球化思潮不断泛起，贸易保护主义、世界民粹主义以及孤立主义盛行，对于世界经济发展造成一定程度的负面冲击，全球化进程大大受阻。在一定时期，全球贸易达至顶峰后，因金融危机的爆发成为逆转的关键分水岭。出口贸易不断减少，经济复苏乏力的形势不容乐观。逆全球化从字面上指向了全球经济一体化进程的逆转，现实中以一系列事件为标志，反映出个别国家对于特殊利益的追求与推崇，对于共同价值具有否定性和狭隘化价值倾向。传统全球化价值理念如贸易自由、平等交易、互惠互利等被赋予独断论色彩，使得全球化进程出现矛盾冲突和纷争。之所以出现逆全球化，其深层原因在于金融资本主义前期攫取大量财富导致全球利益分配不均和财富发展失衡，激化了社会结构内部矛盾。"对大部分

---

[1] 《马克思恩格斯选集》第一卷，人民出版社1995年版，第88页。
[2] 丹尼尔·贝尔：《资本主义文化矛盾》，赵一凡，蒲隆，任晓晋译，生活·读书·新知三联书店1989年版，第26页。

发展中国家来说，全球化并没有带来它承诺的经济利益。贫富差距的持续扩大已使得第三世界中越来越多的人处于赤贫之中。"① 在过去全球化的进程中，高收入人群的更快增长减缓了代际流动，收入分配的不均现象没有改善，社会贫富差距逐渐加大。托马斯·皮凯蒂在对比1910—2010年美国的收入不平等状况时发现，前10%人群的收入占总收入的比重在20世纪70年代不足35%，进入21世纪以后则上升到近50%。然而，前10%人群的收入比重自20世纪70年代以来的上升，基本可归因于前1%人群。② 为解决债务危机、失业问题、难民危机等难题，扭转不利形势，实现国家自身利益，曾经的全球化获利者带头实行贸易保护主义，成为逆全球化的推手。美国前总统特朗普打着美国优先的旗号，在美国利益至上的狭隘民族主义的价值口号引领下，面对本国利益和全球利益、本国资本利益和民众利益的双重矛盾，不仅退出了旨在保护人类生存环境的《巴黎协定》和联合国教科文组织，而且退出TPP，扬言威胁要退出WTO，并要求重启NAFTA谈判，将先前全球化理念抛之脑后。在涉及全球重大问题的政策取向上，美国作出了与世界多数国家立场相反的策略选择，企图转移和转嫁矛盾，这与以往遵循的自由竞争理念背道而驰，也是典型的西方中心主义、霸权主义和新自由主义思想在作祟。这样做的结果只是会加剧贫困以及经济发展和社会运行中的不平等，危害世界人民利益。马克思认为，全球化是资本主义生产扩张的必然要求和必经阶段，但并非始终由资本主义主导，当资本主义固有矛盾被不断激化以至社会无法容纳之时，其也就完成

---

① ［美］约瑟夫E.斯蒂格利茨：《全球化及其不满》，李杨，章添香译，机械工业出版社2010年版，第20页。
② ［法］托马斯·皮凯蒂：《21世纪资本论》，中信出版社2014年版，第297页。

了历史使命走向终结。习近平指出:"这个世界,和平、发展、合作、共赢成为时代潮流,旧的殖民体系土崩瓦解,冷战时期的集团对抗不复存在,任何国家或国家集团都再也无法单独主宰世界事务。"①可以说,当前的逆全球化作为无视全球化客观性的主观自私表现,暴露了原发达国家主导全球化下的弊端,呈现为全球化发展的一个阶段性特征而非历史趋势,它无法掩盖世界经济体之间相互依存、深刻关联的客观事实,不能阻挡和改变全球化发展的总体方向,全球治理体系和国际秩序变革依旧在加速推进。

全球化与意识形态安全的关系密切。意识形态表达了特定群体的利益和价值取向,为行为提供合理性辩护和自觉性约束,以此实现的主导社会思想体系不受侵害、稳定存在的状态,这就是意识形态安全。格尔兹认为,没有意识形态,我们几乎就没有善恶观,没有法律和秩序,没有停靠的锚地和港湾。意识形态造就了我们行为的动力、态度和生活于其中的政治制度,意识形态形成了我们的价值观念。对于国家而言,意识形态安全是国家利益和国家安全的核心组成与表达,而全球化作为一个理论认知,本身具有的意识形态属性和色彩赋予了意识形态安全问题颇具现实性的视角。全球化发端于资本扩张的需要,目前表现为一种美国主导下的全球意识形态进程,其经济实力优势造就了西方话语在全球化进程中的主导地位,以塑造符合西方国家安全战略利益的全球意识形态格局和秩序。目前西方学界流行的西方全球化理论表现出明显的宿命论色彩、文化霸权思维,以全球视野转移和遮蔽西方中心主义的逻辑前提,用抽象的、虚假的价值理念为资本主义制度辩护。比如意识形态终结论、

---

① 习近平:《顺应时代前进潮流 促进世界和平发展——在莫斯科国际关系学院的演讲》,《人民日报》2013年03月24日。

历史终结论、第三条道路理论、文明冲突论、中国威胁论、新自由主义、新保守主义思潮等，这些理论受个人经验和社会角色的约束，都不可避免地站在西方发达国家的资产阶级立场上，强调全球经济、政治、文化秩序和运行规则，维护资本主义利益，为资本主义发声，这也是全球化背景下资本主义意识形态最隐蔽的形态。意识形态安全问题在此背景下被历史和现实推到了各主权国家面前。全球化作为一个现象，伴随着意识形态流动而实现资本扩张，其发展过程夹杂着为维护意识形态安全所做的斗争。"资产阶级……迫使一切民族——如果它们不想灭亡的话——采用资产阶级的生产方式；它迫使它们在自己那里推行所谓的文明，即变成资产者。"[1]也就是说，资本全球化扩张必然会投射到思想、政治和价值观念等领域，衍生出浓厚的意识形态色彩。特别是西方发达国家并未放弃所持有的意识形态，并借助全球化的发展把区域性经验、模式、文明和价值上升为全球模式，以实现独霸全球的目的。随着信息、资本、知识在全世界流动，全球化在几百年发展中不仅使得世界利益格局和经济秩序得以改变，民众的生活方式、文化认同、思想观念和价值体系也在无形中得以变迁，被整合到一个大的秩序框架和思维逻辑之内，各国自身意识形态安全态势不容乐观。

二、全球化境遇下意识形态安全面临的战略机遇

意识形态工作的极端重要性毋庸置疑。事实上，衡量我国意识形态安全与否的标志，主要是看我国意识形态的外部环境以及意识形态本身的先进状态。新时代意识形态安全不是在一个封闭的环境中实现的，认清意识形态安全领域的整体现状和有利机遇，有必要

---

[1]《马克思恩格斯选集》第一卷，人民出版社1995年版，第276页。

审视国内外发展的大环境，将其放置于全球化这一宏阔的历史进程中加以分析，才能客观科学地把握新时代意识形态安全。

第一，全球化境遇下新时代意识形态安全迎来了关键的发展性机遇。意识形态是一个政党维持政治统治的重要力量，也是一个国家生存发展的重要内容，而意识形态安全的实现离不开经济基础的有力支撑，与经济建设有着密切的关系。唯物史观认为，意识形态作为观念上层建筑，其生成与演变归根结底是由经济基础决定的。恩格斯指出："一种历史因素一旦被其他的、归根到底是经济的原因造成了，它也就起作用，就能够对它的环境，甚至对产生它的原因发生反作用。"[1]这揭示出意识形态与经济基础二者间的一种具有客观性和规律性的作用与反作用关系。"政治、法律、哲学、宗教、文学、艺术等的发展是以经济发展为基础的。但是，它们又都互相影响并对经济基础发生作用。这并不是说，只有经济状况才是原因，才是积极的，其余一切都不过是消极的结果，而是说，这是在归根到底不断为自己开辟道路的经济必然性的基础上的相互作用。"[2]经济活动是人们的首要活动，为意识形态安全开路。意识形态安全的首要基础和物质支撑来源于经济发展。改革开放以来，中国积极扩大对外开放，参与经济全球化进程，促使中国经济获得持续增长的红利，从一个积贫积弱的国家而一跃成为当今世界第二大经济体，取得现代化建设事业的巨大成就。党的十九大报告指出，中国GDP排名位居世界第二，对世界经济增长贡献率已然超过30%。[3]中国在进行自身经济结构转型的同时，其经济增长对世界经济增长的贡

---

[1] 《马克思恩格斯文集》第十卷，人民出版社2009年版，第659页。
[2] 《马克思恩格斯文集》第十卷，人民出版社2009年版，第668页。
[3] 《习近平谈治国理政》第三卷，外文出版社2020年版，第3页。

献超过美国、日本和欧盟的总和，给世界带来更多合作共赢机会，助推世界经济结构性改革，为我国意识形态安全提供了较为稳定的大环境。总体上看，世界政治经济形势有利于维护世界和平与发展大局，世界经济在深度调整中曲折复苏，全球治理体系深刻变革，国际力量对比趋向平衡，我国发展具有相对稳定的外部环境。[①]中国作为世界上最大的发展中国家，借助全球化与发达国家发展经济关系的机会，不断获得资金、技术和管理经验，不断缩小与美国等发达国家综合实力差距，给中国意识形态安全的巩固提供了更大空间。因此，从发展的眼光看，中国经济实力发生的变化不仅具有经济意义也具有政治意义。中国自主选择加入世界贸易组织，履行承诺并相应调整有关领域内的法律制度与意识形态原则，重建了中国经济制度及意识形态安全。习近平在全国宣传思想工作会议上强调，"我们要深刻认识经济基础对上层建筑的决定作用，深刻认识上层建筑对经济基础的反作用，既要有硬实力，也要有软实力，既要切实做好中心工作、为意识形态工作提供坚实物质基础，又要切实做好意识形态工作、为中心工作提供有力保障；既不能因为中心工作而忽视意识形态工作，也不能使意识形态工作游离于中心工作"[②]。认清经济建设和意识形态安全之间的关系，始终坚持物质文明建设和精神文明建设"两手抓、两手都要硬"，是维护和保障意识形态安全的重要保障。正如习近平所强调："只要国内外大势没有发生根本变化，坚持以经济建设为中心就不能也不应该改变。这是坚持党的基本路线100年不动摇的根本要求，也是解决当代中国一切问题的

---

① 《十八大以来重要文献选编》（中），中央文献出版社2016年版，第823页。
② 中共中央文献研究室：《习近平关于社会主义文化建设论述摘编》，中央文献出版社2017年版，第21页。

根本要求。"①这是新时代意识形态安全的前提条件和基本遵循。习近平指出:"只有物质文明建设和精神文明建设都搞好,国家物质力量和精神力量都增强,全国各族人民物质生活和精神生活都改善,中国特色社会主义事业才能顺利向前推进。"②经济安全是国家安全的基础,经济全球化带来的外部环境变化与我国意识形态建设能力的提升使新时代意识形态安全拥有一个有利的战略机遇期和主动作为并影响国际变局发展进程的时代空间。把握好经济领域和意识形态领域、意识形态安全和经济发展之间的关系,对于理解全球化境遇下意识形态安全的战略机遇具有决定意义。

第二,全球化境遇下意识形态安全拥有独特的认同性机遇。意识形态作为包含思维方式和价值观念的理论体系,通过宣传和塑造社会价值目标,引导社会成员的价值取向和价值选择,协调整合不同主体的利益诉求,从而推动社会成员的价值认同,凝聚人心。中国在顺应全球化发展大势过程中不断提升综合国力和国际地位,使得中国道路和中国方案引起全世界的高度关注。如习近平所说:"能否做好意识形态工作,事关党的前途,事关国家长治久安,事关民族凝聚力和向心力。"③意识形态具有双重属性,政治意识形态是其核心意义,安危关乎一国的政治稳定和社会安定,是影响国家战略利益的重要因素,也是国家安全的核心要义。国家安全描绘了外部不存在威胁,内部不具有疾患的客观状态。作为第二次世界大战中形成的一项基于维护本国免遭强敌入侵、捍卫本国领土安全和人民利益的国际政治范畴,国家安全是以国家利益为核心、以核心价值

---

① 《习近平谈治国理政》第一卷,外文出版社2018年版,第153页。
② 《习近平谈治国理政》第一卷,外文出版社2018年版,第153页。
③ 中共中央宣传部:《习近平总书记系列重要讲话读本》,学习出版社、人民出版社2014年版,第105页。

为灵魂的复杂系统，其中意识形态安全是现代国家能力的重要战略组成部分与存在方式。1947年美国出台第一部《国家安全法》赋予了国家安全以法律的意义，成为传统安全领域处理国家安全关系的重要原则，被写入了联合国宪章。国家安全的意识形态化，是全球化以来国家意识形态安全问题的新特征。因而，在国家安全意义上研究意识形态安全的发展机遇，需要从政治意义和文化意义双向度进行分析。在政治意义上看，意识形态安全可能会随着一个国家执政主体的变动而出现巨大的变动，而在文化意义的角度看，意识形态安全更因长期的潜隐性和稳定性，深埋于复杂的社会环境之下。党的十八大以来，习近平提出了总体国家安全观思想，成为维护国家安全的行动纲领和科学指南，也是中国国家安全理论的最新成果。党的十九大更是将坚持总体国家安全观纳入新时代坚持和发展中国特色社会主义基本方略。习近平强调指出："统筹发展和安全，增强忧患意识，做到居安思危，是我们党治国理政的一个重大原则。"[①]习近平指出："当前，中国社会安定有序，人民安居乐业，越来越多的人认为中国是世界上最安全的国家之一。"[②]作为全球化境遇下快速崛起的大国，中国始终做世界和平的建设者、全球发展的贡献者、国际秩序的维护者，成为正在走进世界舞台中央的积极建设性力量，国际形象日益趋好，获得世界人民的认可和支持。习近平强调指出："展形象，就是要推进国际传播能力建设，讲好中国故事、传播好中国声音，向世界展现真实、立体、全面的中国，提高国家文化软实

---

① 中共中央宣传部：《习近平新时代中国特色社会主义思想三十讲》，学习出版社2018年版，第252页。
② 习近平：《坚持合作创新法治共赢　携手开展全球安全治理——在国际刑警组织第八十六届全体大会开幕式上的主旨演讲》，《人民日报》2017年9月27日。

力和中华文化影响力。"①近些年来，中国主要倡议的"一带一路"、亚投行、亚太自贸区等，以及提出的处理国际关系的一些原则（如人类命运共同体、新型国际关系等），是以中国历史文化为底蕴、以为世界谋发展为目标的中国方案，也是新时代意识形态的具体主张和现有国际秩序的有益补充，并且已经被世界许多国家所接受，并多次写入联合国的决议性文件，正在发展成为一种超越不同国家制度和传统意识形态安全的新原则，为维护和巩固新时代意识形态安全提供了良好的认同性机遇。

第三，全球化境遇下意识形态安全遇到重要的发展性机遇。全球化发展趋势下，现有由西方创建和主导的国际秩序与国际体系的变动无法适应新时代形势发展变化，其出现的危机和矛盾本身对于新时代意识形态安全来说就是一个巨大挑战。习近平指出："全球治理格局和国际体系主要取决于国际力量对比，国际力量对比变化则是全球治理体系和国际秩序变革的最重要动因。"②随着美国次贷危机引发的信贷危机、银行危机接连爆发，构成系统性金融危机，同时建筑业、汽车制造业和钢铁工业生产过剩问题，导致上下游实体经济企业纷纷出现危机，进一步加剧虚拟经济危机风险。欧洲国家除了金融危机和经济危机外，还出现以国家主权为担保的公共债务危机。西方国家的经济形势恶化不只表现为金融危机和经济危机，持续性蔓延不仅成为市场经济系统性危机的证明，同时也预示着旧有西方中心的世界体系的崩解。这场危机使得经济出现严重倒退，社会失业率急剧上升，居民收入（包括薪金、养老金和社会福利）

---

① 习近平：《举旗帜 聚民心 育新人 兴文化 展形象 更好完成新形势下宣传思想工作使命任务》，《人民日报》2018年8月23日。
② 习近平：《加强合作推动全球治理体系变革 共同促进人类和平发展崇高事业》，《人民日报》2016年9月29日。

大幅减少，人民生活水平显著下降，社会矛盾激化。这些动荡使得人们开始反思危机，并重新聚焦马克思主义的现实价值，兴起了学习研究《资本论》的热潮。戴维·麦克莱伦说："马克思的社会理论是19世纪最令人印象深刻的知识成果之一，它实现了历史学、哲学、社会学和经济学的强力综合。当萨特称马克思主义为'我们时代的哲学'时，他知道，马克思的许多观点得以形成的方法……已经成为我们时代的方法。在某种意义上，我们都是马克思主义者……由于我们关于历史和社会的很多观点是和马克思的幽灵进行对话的结果，这些理论已经成为20世纪以及未来精神支架的一部分。"[1]我国始终坚持马克思主义意识形态的主导地位，坚持马克思主义的世界观和方法论，我国对于危机的处理表现平稳，积极应对，未受到直接的冲击。我国始终坚持把中国人民利益同各国人民共同利益结合起来，统筹国际国内两个大局，保证了国内经济平稳增长。

三、全球化境遇下意识形态安全面临的挑战

党的十九大报告指出："当前，国内外形势正在发生深刻复杂变化，我国发展仍处于重要战略机遇期，前景十分光明，挑战也十分严峻。"[2]全球化一方面加强了世界人民间的联系，推进经济、政治、文化交流互鉴，观念得到更新，为维护意识形态安全提供了新的活力和条件，但另一方面，也要看到本身具有意识形态性的全球化同样对我国新时代意识形态安全产生的冲击和带来的挑战。

新时代意识形态安全需要面对全球化快速发展之下带来的国内

---

[1] ［英］戴维·麦克莱伦：《马克思传》（第4版），王珍译，中国人民大学出版社2016年版，第439页。
[2]《习近平谈治国理政》第三卷，外文出版社2020年版，第2页。

复杂社会问题和思想意识问题，这是其内生性挑战。全球化境遇下社会意识形态领域的封闭保守状态被打破，日益呈现出开放活跃的新局面。新形势下，人民群众思想观念得到巨大的重塑和更新，这给新时代意识形态安全带来了不小的挑战。改革开放以来，我国顺应全球化发展大势，为人们开始接触不同的意识形态、理论和信仰体系提供了社会条件，使得人们开始从相对隔绝的封闭状态转向开放丰富的活跃状态。但是，这些思想理念和价值体系在更新人们头脑和观念的同时，也对人们原有的认知模式和行为方式造成剧烈的冲击，使得社会意识形态呈现从一元到多元的嬗变。目前，中国正处于经济发展新阶段，经济新常态下的矛盾和风险比以往更加复杂。不论是需求结构、人口比重、生产状况、生态资源还是社会心理都发生了前所未有的改变。这些变化都是社会发展的必经过程，却也给意识形态带来巨大挑战，尤其表现在主流意识形态与非主流意识形态的碰撞，这既是社会主义初级阶段的典型特征，也是经济形态多样化的观念呈现。在社会思潮更迭、价值多元的影响之下，过去的国家利益、社会利益、群体利益至上的观念逐渐在人们的传统认知中开始淡化，代而出现的是少数人呈现的个人主义、利己主义和拜金主义的思想倾向。虽然只是少数人，但是其影响却是空前的，因而，不得不引起高度的重视。在传统与现代交织、西方与东方交锋、现代与后现代交替的过程中，人们差异性思维增强，同时也陷入价值困惑之中，思想辨别力和心理承受力遭受考验，在一定程度上影响了人们对主流意识形态的价值接受和理想认同，弱化了主导意识形态的引领力和凝聚力。此外，我国社会发展不平衡不充分的现实加剧了人们思想情绪的变化，表现在利益集团化和贫富差距扩大化以及各种民生问题和矛盾，容易滋生和引发一些深层次的社会矛盾和问题，使新时代意识形态安全面临着极其复杂的态势，如何维护新时代意识形态安全成为严峻问题，凝聚社会共识、巩固思想基础的任务显得异常艰巨。习近平要求，增强对各种社会思潮的辨析和引导，不能做旁观者，而是要敢于发声，勇于亮剑，善于解疑释惑，守护马克思主义、中国特色社会主义前沿阵地，切实加强国家安全，为维护重要战略机遇期提供保障。要树立新时代意识形态安全理念，坚持马克思主义在意识形态领域的指导地位，妥善处理好主导意识形态与非主导意识形态、一元与多元的关系问题。

新时代意识形态安全需要面对全球化带来的西方思潮的渗透，这是其外生性挑战。"全球化并不以公平的方式发展，而且它所带来的结果绝对不是完全良性的。"① 全球化的进程使各个国家在一个新的平台上进行文化交流、比较和创新成为可能，跨国界的全球性价值取向开始流行并向全球范围延伸。"全球化既指世界的压缩，又指认为世界是一个整体的意识的增强"②，全球化时代的安全问题已经由单方面的军事问题向政治、经济、军事、文化与意识形态等综合问题转变，其中意识形态安全是其中一个重要组成部分。意识形态渗透很早便存在，从中国社会主义制度建立的那天起，西方国家对我国的意识形态渗透和民主战略输出长期存在，从未停止。从1989年捷克斯洛伐克爆发的"天鹅绒革命"到21世纪初在格鲁吉亚、吉尔吉斯斯坦、乌克兰等国出现的颜色革命，2019年初委内瑞拉的政局突变，意识形态领域的较量和斗争波及世界多个国家和地区，给相关国家、地区和国际政治带来了深远的影响。特别是随着

---

① ［英］安东尼·吉登斯：《失控的世界》，周红云译，江西人民出版社2001年版，第10页。
② ［美］罗兰·罗伯森：《全球化：社会理论和全球文化》，梁光严译，上海人民出版社2000年版，第11页。

时代的发展，西方借助经济优势和技术强势，不仅在我国文化市场获取经济利益，而且不遗余力地多渠道推行其文化理念、价值观念和生活方式，使得资本主义意识形态的传播和渗透无孔不入，让人们在不知不觉中受到西方文化意识形态的影响，强势挤压着我国主流意识形态的空间，意识形态领域的安全问题日益凸显。如亨廷顿所说："对一个传统社会的稳定来说，构成主要威胁的，并非来自外国军队和坦克进攻，而是来自外国观念的侵入，印刷品比军队和坦克推进得更快、更深入。"①西方国家在冷战后通过颜色革命对一些国家进行意识形态扩张活动，其或明或暗的和平演变和颠覆活动既是对世界社会主义意识形态版图的蚕食鲸吞，也是对我国社会主义意识形态攻势的不断演练。特别是全球化进程中美国实施软硬结合的"巧实力"战略，将意识形态渗透提升到新层次。不仅用"自由""民主"等意识形态口号为其对外的军事打击活动鼓旗呐喊、鸣锣开道，散播和抨击一些国家的政治体制和文化价值观，而且在国际经贸活动中以经济支援为噱头，将其意识形态强加给他国，实现其战略目的。所谓"为拉美国家经济改革提供方案"的"华盛顿共识"，其内在的理论基础便是服务于国际垄断资本全球流动服务的新自由主义意识形态。目前，世界经济增长乏力，风险增多，历史积怨和文化冲突浮出水面，传统安全威胁和非传统安全威胁交织，国际安全问题的综合性、复杂性和多变性增强。此外，资源短缺、粮食安全、气候变化、网络攻击、人口爆炸、环境污染、疾病流行、跨国犯罪等全球性问题的层出不穷，给国际秩序和人类生存都构成严峻挑战。习近平指出，认清国家安全形势，维护国家安全，要立足国

---

① ［美］塞缪尔·P.亨廷顿：《变化社会中的政治秩序》，王冠华，刘为等译，沈宗美校，上海人民出版社2015年版，第141页。

际秩序大变局来把握规律，立足防范风险的大前提来统筹，立足我国发展重要战略机遇期大背景来谋划。这就要求深刻认识全球化给意识形态安全带来的挑战问题，用思想和行动筑牢社会主义意识形态安全的防线。

第二节　市场化境遇下
意识形态安全面临的机遇和挑战

新时代意识形态安全问题不仅被全球化放大，更因市场化发展趋势而变得日益复杂。面对中国市场经济带来的利益纷争和多元化社会思潮，给意识形态安全工作带来诸多机遇与挑战。因此，需要防范和化解新时代意识形态领域的风险，把握和紧扣中心工作，夯实新时代意识形态安全的经济基础。

一、市场化的历史逻辑与单边保护主义困境

市场作为资源配置的有效手段之一，虽不是人类天然以及唯一的经济组织方式，但在人类经济发展进程中起着重要作用。从经济发展史的角度来看，人的经济活动开始大规模按照市场交换价值体系组织是在15世纪末欧洲地理大发现之后逐渐展开的。欧洲市场发展是依循从地方性集市到专业性市场、区域性大型集市再到跨国市场的梯级发展逻辑。以劳动为表现形式的经济活动是人的类本质和对象性活动。劳动是人的存在方式，追求经济利益最大化，是从事市场经济活动的人的原初动因。马克思认为："动物只生产自身，而人再生产整个自然界。"[1]个体的经济活动与他人的经济活动是相互联系、相互依存的。分工是人为应对复杂生存要求的生存手段。群

---

[1] 马克思：《1844年经济学哲学手稿》，人民出版社2000年版，第56页。

体生存方式促进自然人向社会人转变。前市场经济的分工主要在人的自然禀赋和社会习俗基础上展开，具有相对稳定性。市场经济条件下的分工从一开始就是为服务于市场的需要而设置的，具体表现为人必须迁就市场的标准对自身做出改造（例如接受专业教育）以获得参与分工的机会。市场需求的变动性导致市场经济分工的非稳定性。市场组织方式的特殊性在于：在以分工为驱动因素的经济组织方式的历史变迁过程中，货币由服务于物—物交换的一般等价物演变为代表财富本身的资本；与此同时，货币作为交换媒介的中介性将交换的对象——物和交换的目的——人转而异化为交换链条的中介并最终以货币（资本）间的流动取而代之。这就意味着以市场为核心的人的经济活动是具有高度中介性的活动，而高度抽象的中介性则导致了市场所有参与要素工具化的倾向。

中国的市场化是从计划经济向市场经济的转轨过程，从政府主导的行政配置转向市场调节的配置方式，涉及一系列经济、社会、法律乃至政治体制的变革。从动态的角度说，市场化规律表现为以建立市场型管理体制为重点，市场化呈现为与工业化和城市化一同发展的渐进过程，以市场经济的全面推进为标志，其中政府始终处在关键位置。市场经济能否顺利实行，离不开市场各主体力量的驱动，但关键取决于政府行为。一旦政府认可并支持，取消或放松国家对商品生产要素供求数量及价格的管制，那么市场化便能够以合法形式存在并推进。市场化的推进过程是市场范围、市场结构、市场组织以及交易方式变革的过程，也是政府放松管制和垄断的过程。从现代化的角度说，市场化伴随着工业化和城市化的一同发展，代表投资的工业化和代表消费的城市化互动产生市场化。从静态的角度说，指涉一定的指标标准，主要体现在市场参与社会资源配置的程度，可以通过政府行为的规范化程度、经济主体的自由化程度、生产要素的市场化程度、贸易环境的公平化程度以及金融参数的合理化程度等方面来判断。市场化以社会经济生活全部转入市场轨道为基本特征，致力形成一种平等、自愿和互惠的经济关系，消除差别对待和践踏自由。

中国经济的市场化进程始于改革开放。中国改革开放过程的实质是经济转型的过程，表现在自然经济向商品经济、计划经济向市场经济的转型，前者涉及经济发展问题，后者涉及经济体制改革和社会经济形态问题。从社会技术形态来看，中国的市场化进程是农业社会向工业社会、知识社会的双重转变；从微观信号看，也是数量信号引导资源配置向价格信号过渡。"由计划体制到市场体制，是经过了一段很长的历史时期的。这期间，从理论上到实践中也曾提出和实行过各种目标模式，直到社会主义市场经济体制正式确立。"[①]1978年以前中国实行的是高度集中的计划经济体制，无市场化行为可言。根据《中国统计年鉴》有关统计资料显示，1978年中国产品市场化程度仅为2.56%，要素市场化程度和企业市场化程度皆为零，市场对外开放程度为3.3%。随着农村改革的率先启动，国家逐步扩大了企业的经营自主权，放开和发展了集市贸易，放开了个体经营，调整和放开了部分产品的价格，消费品市场最先得到较快发展，并带动了生产资料市场的萌芽和产生。同时，国家创办了经济特区，打造对外开放的窗口。这一阶段的市场化基本上是在原有计划经济体制总体格局未变的态势下展开的，计划体制仍占主导地位，市场发育刚刚开始。1984年10月，《中共中央关于经济体制

[①] 孙健：《20世纪的中国——走向现代化的历程·经济卷（1949—2000）》，人民出版社2010年版，第497页。

改革的决定》提出"有计划的商品经济",推动以放权让利和扩大企业自主权为主要内容的国有企业改革,我国市场化进入加速阶段。1987年9月,中共十三大提出"社会主义市场体系"概念,实行"国家调节市场,市场引导企业",包括资本、土地、劳动力、技术、信息等在内的生产要素在市场相继起步和迅速发展。1992年,邓小平视察武昌、深圳、珠海、上海等地,明确指出:"计划多一点还是市场多一点,不是社会主义与资本主义的本质区别。计划经济不等于社会主义,资本主义也有计划;市场经济不等于资本主义,社会主义也有市场。"[1]这次讲话结束了计划与市场之争,明确了经济改革的市场化取向,迎来了中国改革开放新时期。1992年10月,党的十四大郑重宣布,我国经济改革的目标是建立社会主义市场经济体制。1993年11月14日,党的十四届三中全会通过《中共中央关于建立社会主义市场经济体制若干问题的决定》,进一步明确社会主义市场经济体制的基本框架,把在20世纪末初步确立社会主义市场经济的基本框架作为重大奋斗目标,从而形成比较完备的社会主义市场经济论,中国市场化进程进入全面推进阶段。2001年,中国正式加入WTO,中国开放从局部走向全局,市场化进程向纵深迈进。新时代以来,中国继续贯彻新发展理念,谋求实现经济高质量发展。中国经济增长数量和经济结构变化质量、经济发展程度和社会发展水平的提升体现着市场化带来的巨大效用:社会生产力获得了极大发展,束缚生产力发展的体制机制障碍得到破除,我国的综合国力得到大幅提升,对外开放格局基本形成,人民的生活水平实现历史性跨越,国际影响力和民族凝聚力大大增强,使得中国社会经历着一场极其深刻而伟大的变革。毛泽东指出:"在社会主义社会中,基

---

[1]《邓小平文选》第三卷,人民出版社1993年版,第973页。

本的矛盾仍然是生产关系和生产力之间的矛盾,上层建筑和经济基础之间的矛盾。"因此,"我们今后必须按照具体的情况,继续解决上述的各种矛盾。当然,在解决这些矛盾以后,又会出现新的问题,新的矛盾,又需要人们去解决。"①这一思想为中国社会主义经济发展提供了坚实的方法论指引。党的十九大报告指出:"我国仍处于并将长期处于社会主义初级阶段的基本国情没有变,我国是世界最大发展中国家的国际地位没有变。全党要牢牢把握社会主义初级阶段这个基本国情,牢牢立足社会主义初级阶段这个最大实际"②,中国的市场经济突破了西方经济学框架中简单"政府—市场"二维向度模式,妥善处理了"执政党—中央政府—地方政府—企业"之间的关系。"我们党把马克思主义政治经济学基本原理同改革开放新的实践结合起来,不断丰富和发展马克思主义政治经济学,形成了当代中国马克思主义政治经济学的许多重要理论成果。"③中国社会主义市场经济的历史发展证明,处理好政府和市场的关系,是市场化的核心问题。在市场对资源配置起决定性作用和更好地发挥政府作用的关系问题上,坚持辩证法和两点论,使用好"看不见的手"和"看得见的手",实现优势互补、有机结合。习近平指出:"经济体制改革仍然是全面深化改革的重点,经济体制改革的核心问题仍然是处理好政府和市场的关系问题。"④市场经济作为抽象要素,只有在与一定的社会基本经济制度结合时,才具有充分性和现实性。这就是说必须把社会主义基本制度与市场经济一同结合,发挥社会主义

---

① 《毛泽东文集》第七卷,人民出版社1999年版,第214页。
② 《习近平谈治国理政》第三卷,外文出版社2020年版,第10页。
③ 习近平:《立足我国国情和我国发展实践 发展当代中国马克思主义政治经济学》,《人民日报》2015年11月23日。
④ 《十八大以来重要文献选编》(上),中央文献出版社2014年版,第498页。

制度的优越性和市场配置资源的有效性。中国特色社会主义对于市场经济制度的本质规定在于,"一个公有制占主体,一个共同富裕,这是我们所必须坚持的社会主义的根本原则。我们就是要坚决执行和实现这些社会主义的原则"①。习近平总书记明确提出,不能走封闭僵化的老路,和改旗易帜的邪路,确保方向的正确。中国在逆全球化浪潮中高举全球化大旗,推进"一带一路"建设、着力打造人类命运共同体,重塑世界经济的新全球化秩序,体现了新时代中国全方位扩大对外开放战略的优势。

二、市场化境遇给意识形态安全带来的机遇

改革开放是中国的第二次革命。新中国成立以来,随着经济体制从计划经济转变为社会主义市场经济,市场在资源配置中的作用从"基础性"转变为"决定性",生产要素配置效率不断提高,为我国经济发展注入强大动力,极大地推动了我国经济社会事业的发展。可以说中国特色社会主义市场经济发展的过程,就是我国经济实力、人民生活水平和科技水平等不断提高的过程。它引起了社会经济体制、生产方式、生活方式、思想观念和精神面貌的深刻变化,给社会成员带来思想观念、价值取向、行为方式的差异性和多变性,催生了包括公平竞争、诚实守信、民主法制、开拓创新、主体意识等富有时代精神的思想意识和价值观念,在这个意义上说,为意识形态安全提供实践基础,赋予新时代意识形态安全新的生机活力。

社会主义市场经济使得社会阶层发生变化,推动思想解放和观念更新,为新时代意识形态安全提供更多视角和切入点。"思想、观念、意识的生产最初是直接与人们的物质活动,与人们的物质交往,

---

① 《邓小平文选》第三卷,人民出版社1993年版,第111页。

与现实生活的语言交织在一起的。"[1]改革开放以来，我国逐步实现了从社会主义计划经济向社会主义市场经济的转变。通常情况下，人们往往从经济的角度来认识市场经济，把市场经济只看作是一种经济活动方式或经济现象，这在经济领域无疑是正确的。但从广义上讲，经济行为也是人类特有文化实践的表现形式。在此意义上，市场经济背后蕴含着意识形态的意蕴。"改革开放以来，我国经济社会发展取得巨大成就，为促进社会公平正义提供了坚实物质基础和有利条件。"[2]中国自进入市场化时代以来，社会上曾存在对于市场经济有着"私有化"的误解。我国的社会主义市场经济是公有制为主体、多种所有制经济共同发展的经济，改革开放以来正是因为坚持基本经济制度不动摇，坚持"两个毫不动摇"方针，我国经济才得以快速发展。社会主义市场经济是一个统一、开放、竞争、有序的体系，有着符合公平公正要求的市场规则，这使得不同阶层的群体与个体都有更大的市场空间和更多的创造活力来实现自己的物质利益需要。社会主义市场经济形成的价值观念潜移默化地影响着人们的社交关系。市场的本质是主体间契约关系，强调主体以独立的身份参与经济活动和其他社会活动，把人从依赖关系、狭窄的范围、孤立的地点上解脱出来，从而形成了人的独立性，从一定程度上彰显了人的独立性人格和自主性意识。从意识形态生产本身的规律看，价值观念属于较高级形式的社会意识，多种所有制经济并存的经济生活会使大量自发的个人主义、自由主义等资产阶级意识萌芽，需要以公平公正的价值准则对市场进行合理设计与安排，既要承认多种分配方式的合理性，也要使利益分配的差距在一定可控的范围。

---

[1] 《马克思恩格斯全集》第一卷，人民出版社1956年版，第151页。
[2] 《习近平谈治国理政》第一卷，外文出版社2018年版，第95页。

这就是要让一部分人先富起来，然后带领全体人民走向共同富裕，有效化解不同阶层之间由利益而引发的矛盾与冲突。

三、市场化境遇给意识形态安全带来的挑战

改革开放以来，中国逐渐告别了计划经济时代，形成了以公有制为主体多种所有制经济共同发展的状态，走向了中国特色社会主义市场经济时代。由于"物质生活的生产方式制约着整个社会生活、政治生活和精神生活的过程"①，市场化的深入推进所带来的经济基础的剧烈变革必然给上层建筑诸领域带来深刻挑战，特别对意识形态安全问题，具体表现为以下几个方面：

第一，市场化境遇中容易导致人的逐利化倾向问题，使得少数人的理想信念出现淡化问题。1978年以前高度集中的计划经济时代，共产主义理想和社会主义信仰在凝聚人心、动员群众进行社会建设方面发挥了重要作用，与之相适应的牺牲精神和奉献精神成为改革开放前经济社会发展的能动力量，并取得了积极效果，奠定了经济社会发展的认同基础和价值基础。随着社会主义市场经济体制的纵深发展，社会关系和社会生活发生了深刻变化。市场经济条件下，逐利是资本的本质特征，以实现利益最大化。《资本论》中曾对资本追逐剩余价值本性进行了描述和阐释。"资本只有一种生活本能，这就是增值自身，创造剩余价值，用自己的不变部分即生产资料吮吸尽可能多的剩余劳动。"②大工业时代的早期资本主义只要还有创新扩张的空间，它就会设法谋利并不断积蓄动能，主导历史发展。马克思认为，"资本不可遏止地追求的普遍性，在资本本身的性

---

① 《马克思恩格斯文集》第二卷，人民出版社2009年版，第591页。
② 《马克思恩格斯文集》第五卷，人民出版社2009年版，第269页。

质上遇到了限制，这些限制在资本发展到一定时段时，会使人们认识到资本本身就是这种趋势的最大限制，因而驱使人们利用资本本身来消灭资本"①。资本具有的内在矛盾表现在，"资本一方面确立它所特有的界限，另一方面又驱使生产超出任何界限，所以资本是一个活生生的矛盾"②。西方经济学的"理性人"假设前提，从亚当·斯密开始到现代以追求利益效应最大化为目标，作出的理性选择和经济行为，也在一定程度上表明市场化背景下人的逐利性存在。而市场的逐利性不断发展又会出现资源分配、地区发展不均衡现象。改革开放后，不可否认，市场经济的发展确实提升了人民生活水平，市场开放环境下人们对物质利益的追求，并由此产生的某种逐利倾向问题，对意识形态领域具有一定负面影响。由于我国市场经济体制机制还不完善，市场化条件下人们对物质利益的推崇自发形成的功利主义思想，在一定程度上消解着某些人理想信念的价值追求，从背后可能反映出主流意识形态安全的隐患问题。市场离不开规则和竞争，而人们的逐利冲动泛化、盲目追求利益，从而导致的某些人产生的享乐拜金的思想滋生，就容易突破社会秩序和道德规范，在一定程度上容易恶化社会环境和风气，影响意识形态安全。习近平指出："不可否认的是，在发展社会主义市场经济条件下，商品交换原则必然会渗透到党内生活中来，这是不以人的意志为转移的。"③因此，我们必须认识到意识形态安全在市场环境下遇到的挑战，并充分发挥社会主义意识形态的引领力和凝聚力，采取有力举措抑制这种消极影响和负面作用的扩散。

---

① 《马克思恩格斯文集》第八卷，人民出版社2009年版，第91页。
② 《马克思恩格斯全集》第三十卷，人民出版社1975年版，第405页。
③ 习近平：《在党的群众路线教育实践活动总结大会上的讲话》，《人民日报》2014年10月9日。

第二，市场化境遇下人的主体意识和批判思维愈发强烈，容易对传统的思想观念产生怀疑的态度，特别是对传统集体主义的价值理念产生质疑，从而影响意识形态功能的发挥和内部稳定。马克思指出："不是人们的意识决定人们的存在，相反，是人们的社会存在决定人们的意识。"[①]随着市场经济在中国的深入发展，人们的主体自觉意识不知不觉得到强化，对于主体地位和价值有了新的认识，因而差异化思维和能动性批判也开始增强。相较于之前的服从组织、集体至上的思想认同以及集体主义教育的影响，由于市场化条件下追求利益是基本规则和默认前提，因而人在观念层面，特别是对于个人物质利益的需要开始膨胀，在某些方面甚至成为判断是否有价值的衡量标准，显然冲击了原有传统的集体主义的价值原则，不利于主流意识形态的认同和凝聚。一个统一的社会离不开社会成员对于事物存在达成的共识，这是社会整体得以发展的思想基础，也是行动的前提。因此，对于市场化条件下主体利益和观念认知的差异，需要认识这一问题并努力找到共同点，维护广大人民的根本利益，协调差别，画出同心圆，这是保持意识形态稳定和团结的必然要求。此外，除了利益观的问题外，基于自身立场的批判思维的形成也是影响意识形态安全的不确定因素。由于开放的市场条件下多元利益主体具有多样多变的价值观念，频繁而便捷地接触外部复杂世界的思想观念促使理性反思批判精神得以萌发和发展，对于客观事物有着更多理解视角和判断方式。一方面，这些批判可以纠偏一些固有落后的偏见成见，另一方面，也容易被误导成为社会舆论的不稳定性因素，对于意识形态安全产生一定的解构。2016年10月，习近平在全国国有企业党的建设工作会议上指出："中国共产党领导和我国

---

① 《马克思恩格斯选集》第二卷，人民出版社2012年版，第2页。

社会主义制度下，国有企业和国有经济必须不断发展壮大，这个问题应该是毋庸置疑的；特别是各种敌对势力和一些别有用心的人重点拿国有企业说事，恶意攻击、抹黑国有企业，宣扬国企不破，中国不立，声称'肢解'是国有企业改革的最佳方式；醉翁之意不在酒！这些人很清楚国有企业对我们党执政、对我国社会主义制度的重要性，想搞乱人心、釜底抽薪。"① 对于国有企业的质疑，是另一种形式的较量，这就要求主流意识形态做到正本清源，回答好重大经济问题和理论问题，进一步清理错误思想和敌对势力对我国社会意识形态安全造成的混乱状态和负面影响。

第三，西方社会思潮等对新时代意识形态安全造成一定的冲击和威胁。从意识形态安全的维度看，如新自由主义、消费主义等社会思潮在一定范围内滋生泛滥，直接威胁到意识形态安全、国家安危以及社会和谐。2019年《人民论坛》通过思潮的关注度、活跃度与影响力三个主要指标综合评选出最具影响力的国际十大思潮——贸易保护主义、民粹主义、单边主义、排外主义、极端主义、新自由主义、生态主义、种族主义、女性主义、普世价值论。② 特别是新自由主义作为一种垄断资本国际扩张的思潮，在20世纪70年代后借助全球化趋势开始蔓延。大卫·哈维指出，"从苏联解体后新成立的国家到老牌社会民主制和福利国家（诸如新西兰和瑞典），几乎所有国家都接受了某种形式的新自由主义理论"③。其主要观点在经济方面继承古典自由主义的自由经营、自由贸易思想，大力宣扬自

---

① 习近平：《坚持党对国有企业的领导不动摇　开创国有企业党的建设新局面》，《人民日报》2016年10月12日。
② 《2018国际十大思潮》，《人民论坛》2019年第1期。
③ ［美］大卫·哈维：《新自由主义简史》，王钦译，上海译文出版社2016年版，第3页。

由化、私有化和市场化，否定公有制和国家干预，并鼓吹大国主导下的全球一体化，实际上是进行财富和权力垄断的遮羞布。新自由主义既是一种经济思想，也是一种政治立场，一方面掩盖生产资料所有权对人的支配关系，另一方面形式上的自由平等掩盖实质上的不公和贫穷。近些年来，在中国表现得更加具有意识形态色彩的西方思潮，往往以西方民主政治制度来评价和设计中国的政治问题，鼓吹宪政民主，并且将绝对的市场化和私有化用来解决一切经济问题。消费主义作为一种遵循资本逻辑的消费价值观念，以崇尚占有、满足需要为特质，具有隐藏的意识形态功能。让·鲍德里亚认为，消费"是一种约束、一种道德、一种制度。它完全是一种价值体系，具备这个概念所必需的集团一体化及社会控制功能"①。随着西方消费理念的普及和流行，人们的消费方式正逐步西化，提前消费和享乐成为常态，消费被赋予和时尚品位一样的意义。负债在今天已成为社会生活的普遍状况。不负债，生活已几乎不可能——学生贷款上学、买房、买车、就医，等等。社会保障网已经从福利体系转向债务体系，因为贷款已经成为满足社会需要的基本手段。你的主体性建立在债务的基础上。你只有举债才能存活下去，因此你也生活在债务的重压之下。消费主义实际上服务于资本增值和扩张，在资本逻辑演绎下以流行文化、西方文化为外衣进行意识形态塑化和传播。习近平指出："冷战结束以来，在西方价值观念鼓捣下，一些国家被折腾得不成样子了，有的四分五裂，有的战火纷飞，有的整天乱哄哄的。如果我们用西方资本主义价值体系来剪裁我们的实践，用西方资本主义评价体系来衡量我国发展，符合西方标准就行，不

---

① ［法］让·鲍德里亚：《消费社会》，刘成富、全志钢译，南京大学出版社2014年版，第73页。

符合西方标准就是落后的陈旧的,就要批判、攻击,那后果将不堪设想!"① 上述种种现象容易导致主流意识形态在不同程度上被这些错误和消极的思潮所影响,不利于意识形态安全的巩固和维护。

---

① 《习近平谈治国理政》第二卷,外文出版社2017年版,第327页。

第三节　网络化境遇下意识形态安全面临的机遇与挑战

新时代意识形态安全有着新的态势和趋向，需要科学把握和有效应对。意识形态作为观念上层建筑离不开特定的载体和媒介。伴随着信息技术革命的发展，互联网作为信息交互传递的枢纽和载体，以其容量大、覆盖广、速度快的特性极大地满足了人们生产和生活的现实需要，为意识形态发展创造了新的生发空间和运行场域，成为意识形态安全的新领域。进入新时代，我国意识形态领域斗争依然严峻复杂，"网络已是当前意识形态斗争的最前沿。掌控网络意识形态主导权，就是守护国家的主权和政权"，要"坚决打赢网络意识形态斗争"[①]。这就需要深刻分析和研究网络化境遇下新时代意识形态安全所面对的机遇和挑战。

一、网络化的时代演变与网络渗透问题

当前，我们身处一个信息科技高速发展的时代。如约翰·奈斯比特所言："今天我们生活在一个互相重叠的网络世界中，它不只是一个网络组织星座，而是由网络组织星座组成的一个整个的银河系。"[②]由物联网与互联网共同作用引发的大变革时代对新时代意识

[①] 中共中央党史和文献研究院：《习近平关于总体国家安全观论述摘编》，中央文献出版社2018年版，第117页。
[②] ［美］约翰·奈斯比特：《大趋势改变我们生活的十个新方向》，中国社会科学出版社1984年版，第210页。

形态安全产生了深远影响,并随着网络信息技术的迅猛发展进一步深化。

站在信息技术的角度上说,网络指的是利用通信技术和计算机技术将终端设备互联,并按照TCP/IP协议实现通信、共享的目的。从造纸术和印刷术的发明到电子技术的使用,再到互联网技术的蓬勃发展,技术迭代更新引发了网络化时代的快速到来。计算机网络最初以实验测试平台为终端,通过有线信息通信连接计算机,而后逐渐发展为网络融合态势,通信平台在无线网络的覆盖下与移动终端实现互联互通。可见,网络本身是一个整体性概念,而非仅仅指通信技术或移动服务。毛泽东说:"'化'者,彻头彻尾、彻里彻外之谓也。"网络化的化,以"化"作为后缀,表示网络转变成某种性质或状态,因而网络化指的是网络之于人类社会的影响范围、表现形式和作用力量三者的统一。网络化既是网络技术的运作机制,也是影响社会的整个过程和结果。网络不会主动成为"化"的状态,而是由不同的具有主观意志的主体进行,包括个人、企业、社会组织以及政府等。网络化的客体覆盖和涉及的领域及内容广泛多样,核心是以数据信息为支撑的使用和开发。因网络本身具有开放性、平等性和渗透性的特点,网络化的发展趋势指向了开放的信息结构、多元的传播主体和异质的传播客体。随着信息技术的升级研发,网络化下以去中心化的分布式网状结构来生产、传播信息,颠覆了传统大众传播的"中心点—受众面"式结构,使得网络信息革命的外延和领域得到进一步延展和拓宽,广泛影响着世界范围内人们的公共生活和私人生活。2015年中国提出实行的"互联网+"行动计划,将互联网与传统产业进行联合,以优化生产要素、更新业务体系、重构商业模式等途径来完成经济转型和升级,成为一种新的经济形态，为我国经济发展提供更广阔空间，创造巨大的效益。《国务院关于积极推进"互联网+"行动的指导意见》（2015）中将"互联网+"界定为互联网的创新成果与经济社会各领域深度融合的新形态，对稳增长、促改革、调结构、惠民生、防风险有重要作用。除了经济层面，网络化时代对于政治、文化、社会、生态等领域都有着存在方式的全方位转变和升级。"互联网迅猛发展，深刻改变着舆论生成方式和传播方式，改变着媒体格局和舆论生态。"[①]因此，可以说网络化的实质是关于社会生存发展方式和思维方式的变革。

意识形态安全与网络化有着复杂又高度的关联。一方面，网络化时代在技术层面直接影响着意识形态安全。马克思很早就注意到了科学技术与意识形态之间的密切关系。马克思指出："手推磨产生的是封建主的社会，蒸汽磨产生的是工业资本家的社会。""人们按照自己的物质生产率建立相应的社会关系，正是这些人又按照自己的社会关系创造了相应的原理、观念和范畴。"[②]在《资本论》中论述了技术与人的社会生活的内在联系。"技术会揭示人对自然的能动关系，人的生活的直接生产过程，以及人的社会生活条件和由此产生的精神观念的直接生产过程。"[③]随着互联网的全球化和普及化，兼具开放性、渗透性、多元性、虚拟性的网络技术以其独特的传播方式和互动机制，促使人与人之间通信障碍大大缩小，一定程度上夹杂着各种意识形态安全问题，使其管理更加艰难和复杂。习近平指出，"要依法加强网络社会管理，加强网络新技术新应用的管理，

[①] 中共中央宣传部：《习近平总书记系列重要讲话读本》（2016年版），人民出版社2016年版，第204页。
[②] 《马克思恩格斯文集》第一卷，人民出版社2009年版，第602页。
[③] 马克思：《资本论》第一卷，人民出版社2004年版，第152页。

确保互联网可管可控，使我们的网络空间清朗起来"①。另一方面，网络化时代在思想层面深刻影响着意识形态安全。网络特有的信息传递和大众参与使得意识形态格局得到重塑。网络化时代社会发生着深刻变革，改变了现实社会关系，重新构建网络交往模式，为个体的社会化提供了全新的虚拟环境。丹·希勒指出："互联网绝不是一个脱离真实世界之外而构建的全新王国。相反，互联网空间与现实世界是不可分割的部分。"②在网络化时代仍然离不开现实生产关系的社会基础，但同时也出现了基于网络关系的社会结构，意识形态安全的关系基础变得更加复杂多变。另外，在社会个体影响方面，特别表现在个体的现代性激增状态，个人的思维方式和行为逻辑在网络化时代体现了不同于传统价值的现代性特质。《2019全国网民网络安全感满意度调查统计报告》显示，各级政府部门对网络安全治理取得良好的效果，网络安全状况有了较为明显的改善。习近平指出："互联网是我们面临的'最大变量'，搞不好会成为我们的'心头之患'。"西方反华势力的"互联网活动能量和规模远远超出了世人想象。在互联网这个战场上，我们能否顶得住、打得赢，直接关系我国意识形态安全和政权安全。"③在以全媒体为显要标识的传播变革技术革新驱动下，网络化在当今表现为媒体跨界融合的全媒体时代。通过构建不同形式的协同平台，组织架构、体制机制、生产流程等方面实现全

---

① 中共中央文献研究室：《习近平关于社会主义文化建设论述摘编》，中央文献出版社2017年版，第30页。
② ［美］丹·希勒：《数字资本主义》，杨立平译，江西人民出版社2001年版，第289页。
③ 中共中央党史和文献研究院：《习近平关于总体国家安全观论述摘编》，中央文献出版社2018年版，第103页。

方面更新，内容生产方式与信息传播模式得到重组，有效提高了信息的生产力和影响力，整个网络化媒介生态呈现出新特征。大数据、人工智能等前沿技术驱动多媒体融合深入发展的条件下，为人们主动选择和接受信息提供良好条件，使得新时代意识形态安全在多个向度上面临着新的境遇。习近平指出，"推动媒体融合发展、建设全媒体成为我们面临的一项紧迫课题"[1]。因此，"我们要因势而谋、应势而动、顺势而为，加快推动媒体融合发展"[2]。新时代意识形态安全的维护必须适应网络空间媒介传播新规律，充分发挥自身优势，将现实的实力转换为虚拟世界安全主导力，在不同意识形态的空间竞争中占据主动地位，才能进一步延伸自身网络话语权。习近平在中共中央政治局第十二次集体学习时强调，"要运用信息革命成果，推动媒体融合向纵深发展，做大做强主流舆论，巩固全党全国人民团结奋斗的共同思想基础，为实现'两个一百年'奋斗目标、实现中华民族伟大复兴的中国梦提供强大精神力量和舆论支持"[3]。

二、网络化境遇下意识形态安全面临的主要机遇

网络化境遇下新时代意识形态安全出现了新的变化。网络化时代媒体融合和数据传输的纵深发展以一种日益扩大的迅猛势头影响并改变着人类社会的方方面面，促使舆论生态、媒体格局、传播方

---

[1] 习近平：《推动媒体融合向纵深发展巩固　全党全国人民共同思想基础》，《人民日报》2019年1月26日。
[2] 习近平：《推动媒体融合向纵深发展巩固　全党全国人民共同思想基础》，《人民日报》2019年1月26日。
[3] 习近平：《推动媒体融合向纵深发展巩固　全党全国人民共同思想基础》，《人民日报》2019年1月26日。

式等发生了深刻变化，为新时代意识形态安全的建设提供了前所未有的发展机遇。

第一，网络化助推新时代意识形态安全理念的变革。理念即思维和观念，新时代意识形态安全理念就是在新时代条件下关于意识形态安全工作的意识和观念。马克思指出："如果从观念上来考察，那么一定的意识形式的解体足以使整个时代覆灭。"①意识形态工作的极端重要性不言而喻，习近平在党的十九大报告中指出："国家安全是安邦定国的重要基石，维护国家安全是全国各族人民根本利益所在。"②随着网络信息技术的发展，网络应用愈发普遍和深入，网络环境也日新月异，对于现实世界的影响愈加明显，使得意识形态安全以一种全新的姿态展现在人们面前。网络安全的内涵从最初指涉计算机系统及其硬件的物理安全，拓展到囊括全球、国家、社会、个人在网络空间中的安全状态。而作为国际安全重要内容的传统意识形态安全，同样在现实中开始悄然出现新的变革，对于维护意识形态安全的理念需要因此进行更新，以适应其发展。网络化的发展趋势不仅为意识形态安全搭建了新平台，而且提供了新途径，这就为意识形态安全工作形式与方法创新提供了条件和机遇。曼纽尔·卡斯特认为："个人和集体的所有存在，都不可避免地会直接受到新媒介技术的塑造。"③互联网在社会政治文化生活中的广泛应用，对意识形态工作产生了深刻影响，促使其成为新时代意识形态安全的新疆域，也是新时代国家安全牵一发而动全身的关键。习近平指出："随着新媒体快速发展，国际国内、线上线下、虚拟现实、体制外体

---

① 《马克思恩格斯文集》第八卷，人民出版社2009年版，第170页。
② 《习近平谈治国理政》第三卷，外文出版社2020年版，第39页。
③ [美]曼纽尔·卡斯特：《网络社会的崛起》，社会科学文献出版社2006年版，第64页。

制内等界限愈益模糊，构成了越来越复杂的大舆论场，更具有自发性、突发性、公开性、多元性、冲突性、匿名性、无界性、难控性等特点。"①"要研究把握现代新闻传播规律和新兴媒体发展规律，强化互联网思维和一体化发展理念"。②新时代意识形态安全需要更新关于网络安全的认识，维持在现实社会和网络空间内不受内外环境威胁和干扰的状态。新时代意识形态安全理念需要在大安全观指导下全面把握意识形态领域的新形势，重视网络空间内意识形态安全的治理和管理，将互联网思维与意识形态安全工作融合，树立新时代网络安全理念，对于网络空间、网络环境以及网络的不确定因素有所认知，与时俱进地改进工作和方法。网络传播本身的无序化、自由化、分散化、难控制的特点对国家安全和社会稳定有着巨大影响，也使得意识形态安全问题日益严峻。习近平指出："互联网虽然是无形的，但运用互联网的人们都是有形的，互联网是人类的共同家园。让这个家园更美丽、更干净、更安全，是国际社会的共同责任。"③这就要求关注网络舆论动向和意识形态发展态势，提高理论传播的速度，强化舆论宣传的成效，摸索和探究意识形态工作在网络空间内的规律和机制，积极谋取网络优势和主动权。

第二，网络化时代助推新时代意识形态安全覆盖空间的拓展。意识形态借助网络技术不但实现了对时间的压缩，同时还克服了物理空间对人类的认知和交往的制约。曼纽尔·卡斯特指出："空间不

---

① 中共中央文献研究室：《习近平关于社会主义文化建设论述摘编》，中央文献出版社2017年版，第45页。
② 习近平：《坚持军报姓党坚持强军为本坚持创新为要为实现中国梦强军梦提供思想舆论支持》，《人民日报》2015年12月27日。
③ 习近平：《习近平出席第二届世界互联网大会开幕式并发表主旨演讲》，《人民日报》2015年12月17日。

是社会的反映而是社会的表现。换言之，空间不是社会的拷贝，空间就是社会。"① 沃尔特·李普曼提出"楔入在人和环境之间的虚拟环境"概念，指出："在社会生活的层面上，人对环境的调适是通过'虚构'这一媒介进行的"②，强调网络对个体的认知影响。网络赋予大众双重身份，一方面是按照个人喜好和理念对信息进行主动筛选，另一方面又不断地在被动接受有导向和指向的信息，形成一个多维辩证的象征性虚拟空间。安东尼奥·葛兰西曾把意识形态喻为一种能够团结社会共同体的有力"黏合剂"或"社会水泥"，表明了意识形态的鲜明社会政治整合力。网络空间不仅扩大了马克思主义视阈下的政治、资本、文化等多因素交叠共存的空间意义，还使得工具理性得到进一步张扬。网络化给新时代意识形态安全开辟了新的空间，从单纯的现实空间环境到虚拟现实交融的空间环境，可以说极大地拓展和延伸了意识形态安全场域，增强了主流意识形态覆盖的广泛性，因而又被称为"第五大战略空间"。意识形态的网络传播依托于网络技术以 Byte（字节）的方式进行不受时间限制的传播和覆盖，打破意识形态的时空壁垒，显现出传播范围的无界特性和方式具象化特点。正如比尔·盖茨所言："信息高速公路将打破国界，并有可能推动一种世界文化的发展或至少推动一种文化活动、文化经济价值观的共享。"③ 随着网络规模以几何级数的方式扩张，信息网络使得人与人、人与社会之间的联系日益紧密，国家的声音、社会的要求和个人的意愿在网络空间内同构出开放的联动世界。网

---

① ［美］曼纽尔·卡斯特：《网络社会的崛起》，社会科学文献出版社2006年版，第504页。
② ［美］沃尔特·李普曼：《公众舆论》，阎克文、江红译，上海人民出版社2002年版，第12页。
③ ［美］比尔·盖茨：《未来之路》，北京大学出版社1996年版，第327页。

络媒体平台为在网络空间树立马克思主义鲜明旗帜、用科学的理论将网民凝聚到社会主义意识形态的主阵地提供了可能，为新时代意识形态安全的维护和治理提供了良好条件。习近平指出："网络空间是亿万民众共同的精神家园。网络空间天朗气清、生态良好，符合人民利益。网络空间乌烟瘴气、生态恶化，不符合人民利益。"[①]互联网是一个全球性网络，但不是法外之地，各国有着网络空间的主权，有权维护意识形态阵地，共同保护好网络空间的生态环境，实现共建网络空间命运共同体。

第三，网络化时代助推新时代意识形态安全维护方式的革新。网络空间安全关系到国家的政治、经济、军事等多个领域的安全利益，其战略作用不容小觑。信息网络化提高了意识形态宣传的时效性和生动性，为意识形态安全的维护提供了新的方法。无处不在的网络作为思想文化合作交流的新纽带，使得"网络化生存"成为人们一种全新的社会存在方式。网络传播的速度快、影响大、覆盖广、信息量大，丰富了新时代意识形态传播方式和渠道。网络新媒体的传播和技术革命极大地重塑了原有的意识形态安全格局，多元化的传播主体、多样化的传播渠道使得意识形态安全出现新境遇，意识形态安全环境也正在向更加开放化的发展趋势更移。网络化对于意识形态安全维护方法的影响表现在一改传统意识形态传播和治理方式，对于文字、声音、图像、视频等感知功能的融合，使得其形式相比以往更为生动多样。网络化的隐匿性使得意识形态安全教育变得潜移默化。匿名的网络世界不仅使得公众自由真实表达意见，同时也有助于意识形态工作者把握舆论形势，隐匿身份，与错误思潮

[①] 习近平：《在网络安全和信息化工作座谈会上的讲话》，《人民日报》2016年4月26日。

作斗争，敢于亮剑发声。就国内意识形态领域的思想格局而言，中国特色社会主义思想占据主导地位的同时，民主社会主义思想、宪政社会主义思想、自由主义思想、新儒家思想、新左派思想、民族主义思想、生态主义思想等，甚至还有落后陈旧的迷信思想却在网络空间内兴风作浪，互联网成了马克思主义与"非马克思主义"交锋的主战场。习近平指出："网络安全是经济社会稳定运行的重要保障，目前已经成为我国面临的最复杂、最现实、最严峻的非传统安全问题之一。"①在数字智能及算法推荐技术日渐发展的网络化时代，已基本形成以互联网为中心的新传播格局。新时代意识形态安全在依托传统媒体的同时，也可以在一定程度上利用网络媒体来维护意识形态安全，可以利用去边界化的传播媒介与去中心化的信息生产成为新的传播生产模式，依附信息聚合与社交链接，如微博、微信、今日头条、bilibili 视频弹幕网站等平台开设专属账号，掌握意识形态传播主动权，为新时代意识形态凝聚力和引领力保驾护航。

三、网络化境遇下意识形态安全面临的挑战

习近平指出："每个时代总有属于它自己的问题，只要科学地认识、准确地把握、正确地解决这些问题，就能够把我们的社会不断推向前进。"②近年来，随着网络信息化的快速发展，国内外思想文化和信息交流传播的方式和路径出现颠覆性的巨变，使得我国意识形态安全建设受到不同程度的冲击，网络如今成为意识形态安全的最大变量。厘清并有效应对网络化时代维护我国意识形态安全面临

---

① 《习近平谈治国理政》第二卷，外文出版社 2017 年版，第 382 页。
② 中共中央宣传部：《习近平新时代中国特色社会主义思想学习纲要》，学习出版社、人民出版社 2019 年版，第 248 页。

的前所未有新挑战，增强意识形态安全的风险意识和危机意识，已经成为当前一项非常重要的战略任务。

第一，网络安全的技术防御高要求是新时代意识形态安全面对的现实挑战。新时代意识形态安全是国家安全在网络空间的特殊形态，反映了网络技术与意识形态安全的交融互动关系。"技术与政治之间始终存在着相互影响的关系：一方面，技术越来越对政治产生深刻的影响，影响政治的内容、结构及运行方式等；另一方面，技术的发展也越来越需要政治的引导和规范。"[①]由于多元技术手段在意识形态领域的全面渗入，意识形态安全发生了深刻变化，意识形态安全维护尤其不能忽视网络技术要素，这是适应时代变革的现实性需要。一般来说，网络安全的技术体系包括硬件设备和接入终端在内的底层物理层安全、有线无线传输数据的传送层安全以及面向用户提供服务的应用层安全。网络空间成为人类社会生存发展的新空间，意识形态安全在网络空间的维护成为新的制高点。当前网络安全环境较为严峻，信息安全体系存在一定漏洞。2016年国家互联网信息办公室针对日益复杂的网络安全形势，发布了《国家网络空间安全战略》，指出网络空间由互联网、通信网、计算机系统、自动化控制系统、数字设备及其承载的应用、服务和数据等组成。网络信息技术的发展对于新时代意识形态安全而言，是一把双刃剑。一方面，大数据、人工智能等信息技术全面改变人们的生产生活方式，给意识形态安全的维护提供了新的技术手段，能够提高网络舆情预警、网络舆情研判以及网络舆情引导的精准度。人们利用多种网络渠道进行意见诉求的表达和社会活动的参与，有助于更好发现问题、解决问题，缓解社会矛盾压力，推进社会民生建设。互联网自身的

---

① 刘文海：《技术的政治价值》，人民出版社1996年版，第250页。

技术特征和信息传播优势，也为主流意识形态传播和引导创造了有利条件。另一方面，网络技术成为危及意识形态安全的重要诱因。当前我国网络自主创新能力尚显薄弱，存在一定的技术依赖。与世界发达国家相比，我们的网络舆情监测、汇集、预警和分析处理的信息技术还存在一定差距。涉及军事机密的中国重工企业频频被黑客攻击入侵，高端技术的非对称性使得网络犯罪活动以及跨越国界的网络政治攻击和渗透有增不减，加剧了社会稳定风险，削弱了我国开展意识形态网络舆论斗争的自身优势，给新时代意识形态安全带来重大隐患。习近平指出，"互联网核心技术是我们最大的'命门'，核心技术受制于人是我们最大的隐患"[1]，其重要论述所强调的正是网络技术创新对于当今新时代意识形态安全的重要意义。因此，提升互联网搭建技术、大数据技术、微电子技术、信息传输技术、"破网"技术和无线网络防御技术等在内的网络技术对于保障新时代意识形态安全至关重要。

第二，网络舆情的秩序保障新要求是新时代意识形态安全面对的重大挑战。网络是新时代社会舆论演变发展的主要场域，也是主流意识形态与各种非主流意识形态争夺的主要阵地。舆情是公众对于社会公共事件的综合反映，隐含一定利益诉求。当今"人人都是麦克风"，网络化时代的信息传播轻而易举。网络舆情指向了互联网上人们对于现实社会问题、突发事件、热点新闻等存在的不同看法和声音，是社会舆情的空间投射。现实利益冲突是网络负面舆情爆发的深层原因。作为社会言论和民众观点借助网络传播的新形态，网络舆情具有一定影响力和倾向性，并且其在网络的生成速度迅速，

---

[1] 习近平：《在网络安全和信息化工作座谈会上的讲话》，《人民日报》2016年4月26日。

演变趋势难以预判。持不同意识形态立场的群体在网络的直接交锋，容易造成舆论格局失衡。这也是新时代意识形态安全所要面临的内部风险和难关。近年来网络突发性群体性事件的频频发生，往往会引发不同意识形态立场的舆情论争，并极易被上升为涉及社会制度层面的敏感问题，持续不断地冲击网民的心理和认知。这种网络舆情泛政治化呈现的非理性政治批判构成了新时代意识形态安全的风险因素。《中国互联网舆情分析报告》中指出，网络舆论中的意识形态因素呈现激增状态，对于现有政治的非理性指涉扰乱了社会秩序和民众认知，威胁国家意识形态安全。出现这一情况的原因，有国际范围的反政府、反体制的敌对势力频频介入作祟。它们往往借助一定的政治动员和鼓动，使得意识形态舆论安全格局出现巨大波动。国外意识形态势力借助网络平台倾销西方价值观念，歪曲中国历史，质疑诋毁执政情况，引发舆情危机。此外，主流媒体在议程设置和舆论整合方面有待提升，意识形态安全的维护和治理容易处于被动位置。"议程设置是一个关于显要性转移的理论，亦即大众媒介描绘的关于世界的重要图画转移到我们头脑中，成为我们头脑中的图画。其核心理论观点是，媒介图画中的显著成分会成为受众图画中的显著成分，公众也会认为媒介议程上强调的这些成分是重要的。"[1]某些社会思潮借助社交媒体传播具有标签化、煽动性、迷惑性的错误观点，有意制造社会矛盾，与主流意识形态观点相对抗。习近平指出："宣传思想阵地，我们不去占领，人家就会去占领。"[2]"随着互联网媒体属性越来越强，网上媒体管理和产业管理远远跟不上形

---

[1] ［美］马克斯韦尔·麦库姆斯：《议程设置：大众媒介与舆论》，郭镇之、徐培喜译，北京大学出版社2008年版，第81页。
[2] 中共中央宣传部：《习近平总书记系列重要讲话读本》（2016年版），学习出版社、人民出版社2016年版，第196页。

势发展变化。特别是面对传播快、影响大、覆盖广、社会动员能力强的微客、微信等社交网络和即时通信工具用户的快速增长，如何加强网络法制建设和舆论引导，确保网络信息传播秩序和国家安全、社会稳定，已经成为摆在我们面前的现实突出问题。"①网络化时代信息传播的特质决定网络舆论场中议题设置能力的关键作用，意味着信息生产和传播的主动权和意识形态安全的控制权。应对网络中的意识形态舆情，需要完善网络秩序管理，健全网络制度体系和诉求机制，强化防控前瞻性。

第三，网络空间斗争的风险管控新要求是新时代意识形态安全面对的重要挑战。早在美苏争霸之时西方国家就通过电台宣传等方式，宣扬和输出资本主义价值观，用西方标准评判世界范围内发生的事情，从而试图达到"不战而胜"的目的。由于互联网的虚拟性和渗透性，不同性质间意识形态斗争也越来越隐蔽。约瑟夫·奈曾指出，信息革命正在改变权力的本质，网络信息在虚拟空间内不断传播，通过吸引他国公民而形成软实力。②网络化时代强化了西方国家的网络霸权行径，使得西方国家对非西方国家"和平演变"呈现出更加复杂和隐蔽的态势。美联社、路透社、法新社三大通讯社几乎占据全世界国际新闻发稿量的八成以上，西方媒体提供了九成以上全世界国际新闻供稿量，在一定程度上限制了其他国家主动参与国际性信息话语的发布、链接和接收，阻碍了国际信息的有效回流。特别是具有巨大的舆论影响力的 Facebook、Twitter、YouTube 等媒体平台往往带有美国"公共外交"的性质，把它们与"革命"联

---

① 习近平：《中共中央关于全面深化改革若干重大问题的决定》，《人民日报》2013年11月16日。

② ［美］约瑟夫·奈：《论权力》，王吉美译，中信出版集团2015年版，第149页。

系在一起，也充分证明了美国和西方媒体在其中扮演的重要角色，比如伊朗爆发的所谓"推特革命"、突尼斯的变局又被唤作"维基革命"，埃及发生的"脸书革命"或"虚拟社交网络革命"，这些政变的新形式都是网络时代意识形态斗争的产物。而以美国为首的西方国家更是利用网络通信对我国意识形态进行立体式全方位渗透，将各种意识形态问题包装成经济、文化、社会，甚至是环保、气候等个案，把网络渗透作为策划"颜色革命"的主要渠道，利用网络进行集中炒作和鼓动，发起新一轮网络斗争。一般来说，从历史看，推翻政权的前奏是舆论造势，也就是涉及意识形态工作。比如对于中国的雾霾问题，西方主流媒体的对华报道主要将关注和报道的热点归咎于国家政策和政治体制以及政府因素，带有很强的倾向性，传播不实的谣言，挑起各种舆情热点。西方国家在标榜"网络自由""新闻自由"的同时借机挑动政治话题，发动意识形态攻势，这是新时代意识形态安全的突出挑战。党的十九大前后，海外新一轮"中国威胁论"卷土重来，运用高密度"捧杀式"报道，夸大中国崛起的成就，构建了消极的国际舆论环境，衍生出包括"新帝国主义列强""新殖民主义""债券帝国主义""修正主义国家""极权主义"等代名词，掀起打压中国的高潮。美国国家民主基金会的沃克尔、路德维希首次用"硬实力"描述中国的力量类型。2018年美国《国防战略报告》首次将中国视为国家安全的首要关注对象，这意味着"中国威胁论"超越以往作为塑造国际舆论的说辞，演变为制定国际战略规划时的重要参考依据。这些都是新时代意识形态安全建设的杂音。习近平指出："在互联网这个战场上，我们能否顶得住、打得赢，直接关系我国意识形态安全和政权安全"。①新时代意识形态安全工作任重而道远，要坚定发扬意识形态斗争精神，增强斗争本领，为取得胜利进行坚决斗争。

---

① 中共中央文献研究室：《习近平关于社会主义文化建设论述摘编》，中央文献出版社2017年版，第29页。

第四章

新时代网络意识形态安全问题

习近平指出:"没有网络安全就没有国家安全,没有信息化就没有现代化。"①要实现网络意识形态安全,必须首先保证网络安全。现在社会网络的重要性不言而喻,人们的生产生活都受到网络的深刻影响,网络生存已然成为现代人的生存方式之一。新时代网络已经成为意识形态领域斗争的主战场,国内外反动势力利用网络对我国进行渗透、攻击的行为日益增多,我国网络意识形态安全面临着严峻考验。习近平指出"网络和信息安全牵涉到国家安全和社会稳定,是我们面临的新的综合性挑战"的重大判断。习近平强调:"互联网已经成为我们党长期执政所要面对的'最大变量',网络安全和信息化事关国家安全和国家发展"②,并进一步提出维护网络意识形态安全对于国家安全与国家发展的重大意义。新时代系统研究网络意识形态安全问题,是维护意识形态安全的重要课题。

---

① 《习近平谈治国理政》第一卷,人民出版社2018年版,第198页。
② 《习近平谈治国理政》第一卷,人民出版社2018年版,第197页。

第一节　新时代网络意识形态概念

研究新时代网络意识形态安全问题，必须弄清楚相关的概念。"概念的形成是推理过程中必不可少的步骤，它是我们进行思考、批评、辩论、揭示和分析的'工具'。"[①]可以说，对概念的界定是研究问题、确定论域的逻辑起始点。新时代网络意识形态从属于意识形态范畴，是意识形态在新时代背景下在网络时空的延伸和映射。借此，从意识形态概念入手，推演界定网络意识形态的内涵，是进一步深化新时代网络意识形态研究的一个基础性环节。

一、新时代网络意识形态的解读

网络对人在生存形式、思维方式和价值观念等方面造成的冲击，在一定意义上已经成为意识形态斗争的主战场，深刻把握网络意识形态的内涵是研究新时代网络意识形态安全问题的关键。20世纪90年代以来，随着互联网技术的兴起和传播，人类进入网络化和信息化时代。"互联网代表了真正意义上的信息革命。"[②]互联网通过一定物理设备将不同计算机网络连接，实现信息交流沟通、资源数据共享和协同工作效应，使得人类思想文化交流突破时空边界。如约翰·奈斯比特所言："今天我们生活在一个互相重叠的网络世界中，

[①] [英]安德鲁·海伍德：《政治学核心概念》，吴勇译，天津人民出版社2008年版，第4页。
[②] [美]爱德华·赫尔曼，罗伯特·麦克切斯尼：《全球媒体：全球资本主义的新传教士》，甄春亮等译，天津人民出版社2001年版，第132页。

它不只是一个网络组织星座,而是由网络组织星座组成的一个整个的银河系。"①由于其低门槛、广覆盖、强共享的优势,各种信息跨越国家、种族、语言、地位、年龄、性别等界限和差异,在网络上得到快速而广泛的传播,因而网络逐渐成为不同社会个体表达自身利益、展现个性特征、凸显存在意义的重要空间和载体。虚拟网络以图像、声音、文字等种种形式呈现在人们触手可及的生活中,而其中承载的价值倾向和思想观念也得以迅速传播,网民在这个过程中享受选择信息和内容的乐趣和便利的同时,也不知不觉被其中的意识形态主张所影响感染。可以说,网络成为社会意识形态产生的基础和平台,也就成为多种社会思潮的集散地。

丹·希勒说过:"互联网绝不是一个脱离真实世界之外而构建的全新王国。相反,互联网空间与现实世界是不可分割的部分。"②网络的蓬勃发展以及移动数字媒体的繁荣,使信息传播超越时空限制,深刻改变着全世界人们的物质和精神世界,呈现出全球性、海量性、实时性以及交互性的特点,为思想意识和文化观念的汇集提供了便捷快速、超越时空的交往平台,成为意识形态汇合的"加速器"。显然,网络具有明显的意识形态属性。网络作为人类文化和理性设计的产物,以技术为一般属性,其本身并非意识形态。但不可否认的是,网络是人类思考实践的产物,在其设计之初就被嵌入了某种价值观念,如安德鲁·查德威克说:"互联网内嵌着像自由、共同体、

---

① [美] 约翰·奈斯比特:《大趋势改变我们生活的十个新方向》,中国社会科学出版社1984年版,第210页。
② [美] 丹·希勒:《数字资本主义》,杨立平译,江西人民出版社2001年版,第289页。

平等、利他主义和民主等价值"①，因而具有了意识形态的价值属性。同时随着网络的应用和发展，其中海量信息和思想代表不同阶级利益，被各种政治力量和阶级利益捆绑利用，被赋予了意识形态的强烈色彩。网站和网民选择信息、设置议题、传播内容、发表言论、组织传播等行为，体现了信息处理者自身所持有的立场、意图，不仅体现了发布者与传播者的价值取向，也同样体现了其有关的价值主张或意识形态的预设。网络上一切与观念意识相关的活动，都会直接投射到民众生活中，影响和重塑社会的价值观。于是世界范围内各种思潮、价值观在网络空间中汇聚碰撞、交锋不断，使得意识形态斗争转移到虚拟网络世界。因此，网络成为意识形态的新的存在方式。互联网的诞生不仅仅意味着一种先进技术的诞生，而且更重要的是凭借其巨大的技术力量创设了人类社会全新的生存方式。曼纽尔·卡斯特称网络为电子传教士，指出："电子传教士与互动式网络比起那种遥远的、具有领袖美丽的面对面传输方式，在我们的社会中是更有效率、更具穿透性的教化形式。"②从网络本身的社会存在来看，网络作为负载着不同思想文化和价值观念的话语空间，逐渐成为一种独立的新的意识形态范式。从意识形态的发展形式来看，互联网与意识形态的深度融合显然催生了新的网络意识形态样态，呈现出意识形态网络化和网络化意识形态交织的景象。可见，新时代网络意识形态是指在新时代境遇，在网络世界所生成的能够反映和代表特定价值取向和利益诉求的观念体系和意识形态。

　　网络意识形态是代表不同经济利益、政治制度和价值观念的社

---

① ［英］安德鲁·查德威克：《互联网政治学：公民、国家与传播技术》，任孟山译，华夏出版社2010年版，第23页。
② ［美］曼纽尔·卡斯特：《网络社会的崛起》，社会科学文献出版社2006年版，第465页。

会意识形态在网络世界生成的样态，是观念上层建筑在虚拟空间的反映和表现。网络意识形态由现代社会生产力发展所决定，是现代信息社会的产物。社会存在决定社会意识，意识形态是一定社会的上层建筑，包括一定的政治、法律、哲学、道德、艺术、宗教等在内，是自觉地、直接地反映社会经济形态和政治制度的思想体系。马克思指出，"一切社会变迁和政治变革的终极原因，不应当到人们的头脑中，到人们对永恒的真理和正义的日益增进的认识中去寻找，而应当到生产方式和交换方式的变更中去寻找"。[①]可以说，农业社会有农业社会的意识形态，工业社会有工业社会的意识形态，同样网络社会伴随着网络技术的出现，折射这些改变的意识形态也必将随之变化。科技革命使得生产生活方式发生革命性的改变，是经济基础变化的突破口和根本途径。网络信息技术条件下意识形态有两种存在方式，一种是实存性意识形态，以现实世界为基础；另一种是虚拟性意识形态，也就是以数据流形式存在的网络意识形态，具有网络原生性。互联网实现了信息的广泛传播，人们的思想观念、价值体系在网上社会与网下社会的交织交融中发生了变化，造就了网络意识形态。

网络意识形态是传统意识形态斗争转移至网络空间的结果。随着网络在人们生活的全面铺开，各种思想在网络空间汇集交锋，成为意识形态斗争的主战场和主阵地。传统意识形态认识到网络的重要性，为抢占精神生产权和支配权不断进驻网络，并上演着愈发紧张激烈的态势。网络意识形态是互联网技术兴起后的一种新型网络社会存在，其表现形式随着网络技术的发展而呈现出日益多样化。带有不同价值立场、思想态度和社会情绪的思想不断出现在网络空

---

① 《马克思恩格斯选集》第三卷，人民出版社1995年版，第797页。

间，进行着价值输出和文化渗透，影响着社会舆论的走势，网络战场硝烟弥漫。人在网络中看似自由，实则是虚幻的自由。人们所能够看到和接触到的信息并非主体真正主动看到的结果，而是让人们看到想看到的结果。被资本裹挟的虚假意识形态在网络中肆意传播扩散，无知者无法分辨，深陷其中，为之辩护，实现个体的虚假意识的转化，加剧了不同意识形态之间的矛盾，使得意识形态在网络中更加复杂。

网络意识形态的核心是价值观念。正如马克思所言，"一旦有适当的利润，资本就胆大起来"①，资本逐利影响网络世界中网络内容的选择存在失当和网络价值失之偏颇。意识形态具有的阶级性赋予了网络意识形态特有的思想导向和价值引导的功能，而网络呈现出的虚拟性、自由性、快捷性、交互性、开放性，使得网络意识形态成为新时代意识形态话语传播的新方式。作为虚拟社会交往实践的产物，网络意识形态不是局限于网络所具有的技术属性和意识形态属性，也并非网络与意识形态的简单叠加，而是特指网络本身内在生成的意识形态，本质上还是意识形态，以具有导向性的价值观念为内核，是内生性社会意识。英国学者约翰·B.汤普森指出："在接收传媒信息和设法了解它们的过程中，在联系它们并与他人共享的过程中，人们重塑了他们经验的疆界，修正了他们对世界和对自己的理解。"②在网络虚拟空间里人的言论行径所反映出的思想观念是他们对于网络世界的真实表达，反映了他们对于网络世界中的各种现象的思考和看法，代表了网民们自身的利益。这些思想观念

---

① 《马克思恩格斯全集》第二十三卷，人民出版社1972年版，第829页。
② [英国] 约翰·B. 汤普森：《意识形态与现代文化》，高铦等译，译林出版社2005年版，第27页。

和思想体系，通过网络这一媒介在世界范围内传播和扩散，对人们的思想意识产生了重大影响，是对虚拟网络世界客观存在的反映。

新时代世界正处于大发展大变革大调整时期，世界多极化、经济全球化、社会信息化、文化多样化深刻改变着全球经济格局、利益格局和安全格局，国与国之间相互联系和依存日益加深。同时，世界面临的不稳定性不确定性突出，传统安全和非传统安全问题交织。在全球经济方面，人类社会生产力水平在全球化、市场化和网络化的推动下得到极大提高，但在不同区域和国家、不同生产要素和领域之间发展不平衡问题始终存在。在政治方面，世界正在进入国际格局和力量对比加速演变，呈现世界多极化状态。非西方力量的上升促使国际力量更加多元化，国际舞台角色多样化，也使得国际权力趋于分散化。在科技方面，新一轮科技革命和产业变革加速推进，空前活跃的科技创新以新的时空观念拉动全球化向广度和深度延展。虽然和平与发展仍然是世界发展的时代主题，但世界范围内不同国家间的对垒和交锋依然严峻。各国之间除了在经济基础和科技发展水平的竞争，对于文化价值观和意识形态的渗透更加隐蔽、复杂和激烈。特别是西方资本主义国家凭借先发的技术优势，向全世界输出和兜售其意识形态和价值观念，不断通过网络空间进行文化渗透和文化殖民，进一步扩大与发展中国家的信息贫富差距，"互联网已经成为舆论斗争的主战场"[1]。习近平指出："能否做好意识形态工作，事关党的前途命运，事关国家长治久安，事关民族凝聚力和向心力。"[2] 面对网络信息传播"西强东弱"的态势，网络意识

---

[1] 中共中央文献研究室：《习近平关于社会主义文化建设论述摘编》，中央文献出版社2017年版，第28页。
[2] 中共中央宣传部：《习近平总书记系列重要讲话读本》（2016年版），人民出版社2016年版，第193页。

形态安全问题上升为意识形态工作的重中之重。习近平指出："网络安全和信息化是事关国家安全和国家发展、事关广大人民群众工作生活的重大战略问题，要从国际国内大势出发，总体布局，统筹各方，创新发展，努力把我国建设成为网络强国。"① 经济全球化的迅速发展和社会主义市场经济体制建立的客观环境引发了整个社会物质层面的巨大变化，同时也导致了人们思想观念和价值取向的剧烈碰撞。原有的价值观在各种社会思潮和西方文化渗透下难以维系，而适应社会发展的新的稳定价值观还没有完全形成。与此同时，面对社会环境的飞速变化和社会阶层的流动加快，个体受到各种不确定性因素的影响，产生极大的不适应，其思想意识在结构上出现认知冲突，人们困惑不安，无所适从，盲目应对，易接受各种思想的侵扰，出现对自身的信念信仰和身份的质疑，进一步使得主体对社会良性发展的信心和希望、对政府的信任感在一定程度上发生了变化，甚至开始怀疑自己固有的理想信念和政治信仰。社会信息化使人们处于一个完全开放的环境中，多途径快捷地获取海量冗杂的信息，也为各种思潮提供了发酵的温床。习近平指出："互联网是一个社会信息大平台，亿万网民在上面获得信息、交流信息，这会对他们的求知途径、思维方式、价值观念产生重要影响，特别是会对他们对国家、对社会、对工作、对人生的看法产生重要影响。"② 西方敌对势力利用网络对社会主义意识形态大肆攻击，意识形态冲突变得隐蔽。各种社交媒体涉及的大大小小关于社会事件的争论本身，牵扯到群体性利益，都会引发意识形态的争论交锋。习近平指出："根据形势发展需要，我看要把网上舆论工作作为宣传思想工作的重

---

① 《习近平谈治国理政》第一卷，外文出版社2018年版，第197页。
② 《习近平谈治国理政》第二卷，外文出版社2017年版，第335页。

中之重来抓。宣传思想工作是做人的工作的，人在哪儿重点就应该在哪儿。"①这是对于新时代网络意识形态安全提出的新要求。

二、新时代网络意识形态的特征

社会意识形态随着社会生产力的发展发生着深刻变革。在互联网时代，网络意识形态源自现实社会，产生于虚拟网络，具有意识形态普遍具有的属性。同时又因网络自身的离散性、虚拟性和交互性等特征，又使得其区别于现实社会的意识形态，具有其独特的特性。如约翰·B. 汤普森所说："现代文化的传媒化——即现代社会的象征形式已越来越经过大众传播的机制和机构所媒介——是现代社会生活的一个中心特征。因此，现代社会中令人满意的意识形态分析必须（至少部分地）依据对大众传播性质与发展的了解。"②对于网络意识形态的分析离不开网络问题，网络意识形态同时拥有意识形态的特性和网络的特性。这种特征并不是一个简单的意识形态与网络的相加，而是一个复杂的生成过程。研究网络意识形态的特征，对于全面了解网络意识形态及其研究网络意识形态安全具有重要意义。

（一）虚拟性与现实性的统一

网络意识形态依托网络而存在，而网络本身以数字信息为基础具有虚拟性。意识形态在信息技术营造的虚拟空间中传播交流着，反映着现实世界的社会关系，因而可以说网络意识形态是虚拟性与现实性的交汇，是基础性特质。

---

① 中共中央文献研究室：《习近平关于全面深化改革论述摘编》，中央文献出版社2014年版，第83页。
② [英国] 约翰·B. 汤普森：《意识形态与现代文化》，高铦等译，译林出版社2005年版，第84页。

所谓网络意识形态的虚拟性，指的是网络意识形态所在的空间世界和存在形态是虚拟的和无形的，没有任何边界或中心，也取消了各种限制。从技术性角度来看，网络意识形态是基于数字化技术下的观念体系，存在于由"比特"构成的虚拟世界中。"如果我们在词典中查到这个词，我们甚至可以发现它有两种看起来互相抵牾的定义。一方面虚拟性专指实际呈现的东西，另一方面又指一种可以显现现实或行动的能力。虚拟世界是对一个世界的仿真，在物理学意义上它不是真实的但是在其效应上，它给观众以真实而深刻的印象。这正是电脑作为全球性机器的两大特征。"①在文化哲学角度，是一种对于符号化的描绘和实在性的超越。信息在虚拟空间中自由出入，实现即时传递和更新。与传统世界不同，随着网络技术的飞速发展，人们习惯并依赖于在虚拟空间中寻找或传播各种信息以满足自身的需求。虚拟性网络意识形态是通过虚拟空间和形式，在节点与位置之间实现双向的流动，传达价值。虚拟空间是一个符号空间，贯穿着高度现代化的思维逻辑与意识形态。虚拟的网络意识形态并不意味着其性质就是虚假或者虚无的，更不是通过模拟事实去欺骗人们的感官认知。虚拟和虚构本来毫无关系，虚拟的真实性并不"再现一种虚构性的现实性"，而是为观察者"呈现一种来自虚构的现实性"②。但不可否认网络世界模糊了现实生活中的各种身份、脸谱、场所等，使得意识形态归结为符号状态，具有更加广泛的自由度。英国媒介哲学家尼克·库尔德里指出：深度媒介化时代，不同媒介之间的物理融合趋势使得媒介在现实空间中的物质意义逐渐

---

① ［荷兰］约斯·德·穆尔：《赛博空间的奥德赛》，麦永雄译，广西师范大学出版社2007年版，第97页。
② ［德］西皮尔·克莱默尔：《传媒、计算机、实在性——真实性表象和新传媒》，孙和平译，中国社会科学出版社2008年版，第254页。

消解，而虚拟功能变得显著。互联网技术深度改变着意识形态的世界，数字和符号代替了传统呈现形式，使得人的行为习惯和思想观念悄然改变。马克思说："如果从观念上来考察，那么一定的意识形式的解体足以使整个时代覆灭。"①当今人与信息媒介不断进行深度融合，虚拟性被视为网络意识形态的一种基本属性。"媒介所传递的内容就是虚拟世界"②，从网络意识形态形式来说，一切思想观点都转变为虚拟的网络符号，人与人之间的社会交往实践真正转变为技术性的、符号化的交往互动。网络的匿名化遮蔽了现实社会关系中人的差异性，使得主体的职业角色、社会地位乃至男女性别等身份标志被解构，赋予意识形态新的意义形式。

所谓网络意识形态的现实性，指的是网络意识形态来源于现实世界，是现实的人对于世界、对象、活动、意义等形式的建构和表达。意识形态最基本的特征是现实性，反映了现实利益关系。网络意识形态本身作为意识形态，自然具有其普遍特质，同时这种特质又具有特定内涵。网络意识形态的现实性在于一方面将网络作为一种介质体和工具进行生成、传播和应用，另一方面又将网络视为意识形态存在的现实空间条件，使得意识形态与网络表现为一种共生共存共在关系。事实上，网络意识形态的主体仍然是现实社会中的人。网络的出现本身是人类实践活动的产物，网络意识形态同样离不开一定条件的关系，始终与现实基础相联系，体现着特定主体的意志。人通过实践创造和发展了网络技术，同时，人凭借网络技术又重塑和提升了自我意识，扩展了生活世界的边界。网络改变了人

---

① 《马克思恩格斯文集》第八卷，人民出版社2009年版，第170页。
② William R. Sherman, Alan B. Craig: Understanding Virtual Reality: Interface, Application, and Design, Morgan Kaufmann, 2018. p. 41.

们以往接受和处理意识形态的方式，也改变了意识形态本身的存在方式和空间性关系，实现了意识形态的网络空间化转向。可以说，网络空间既是一个数字化信息流动的空间，又是一个社会交往空间，是人的意识得到再次展现的新空间。网络意识形态所在的世界并不是一个实际存在的世界，但其可感知、可参与、可互动、可操作的状态又反过来表现出一种虚拟之下的真实。黑格尔认为"现实是本质和实存或内与外所直接形成的统一。现实事物的表现就是现实事物本身"[①]。不过他这里所说的现实指的是物质和现象之间的内在本质和外在表象统一的绝对的现实，并不对应人对外部世界的感官印象。丹·希勒指出："互联网绝不是一个脱离真实世界之外而构建的全新王国。相反，互联网空间与现实世界不可分割。"[②]网络意识形态在很大程度上要对现实世界产生影响和作用，具有强烈现实指向性。

新时代网络意识形态用空间来获取时间上的优势，用时间来谋取空间上的突破，实现虚拟与现实、时间与空间双向作用、补充影响。社会主体造就了网络虚拟空间，网络虚拟空间又塑造了虚拟的意识形态，实现在虚拟和现实维度的统一。

（二）多样性与复杂性的统一

当前，由于网络传播的空间无限、传播内容碎片，网络意识形态日趋多元，具有多元性和复杂性相统一的特征，这也来源于网络意识形态的虚拟性和现实性特质。

所谓网络意识形态的多元性，指的是网络意识形态的多种主体

[①] ［德］黑格尔：《小逻辑》，商务印书馆1980年版，第295页。
[②] ［美］丹·希勒：《数字资本主义》，杨立平译，江西人民出版社2001年版，第289页。

和构成。从现实上看，网络意识形态的多元性是网络参与主体多样化的反映。在互联网出现以前，统治阶级在意识形态传播中占据着绝对主导地位，自上而下地将有利于维护统治阶级利益的意识形态传递和灌输给民众。基于独特的技术变革，互联网为迅速地推动社会从工业时代的线性、机械结构向多元主体交互的网络状格局转变。在网络世界里，每个网民都是网络意识形态的主体，可以自由地发表主张和观点。网络意识形态的构成多元化，表现为包括主流网络意识形态和非主流网络意识形态的多元。主流网络意识形态是指网络中反映新时代社会主义思想和价值观的观念体系。非主流网络意识形态林林总总，又以形形色色的社会思潮和宗教理念等构成，以特定网民群体为目标受众在网络世界中大放异彩，表现出意识形态的多样差异，反映出单一社会向多元社会的转变，其本质指向了一种对立冲突，因而也就增加了网络意识形态领域的复杂性，促使主流意识形态要求的统一性与多元对立的现实矛盾愈发明显和突出。毛泽东反复告诫全党："如果对于这种形势认识不足，或者根本不认识，那就要犯绝大的错误，就会忽视必要的思想斗争。"[1]特别是当今人的主体性和选择性不断增强，多元化网络意识形态很容易导致主导价值意识取向面临淡化的风险。面对新时代网络意识形态主体的多元化，习近平指出，"随着互联网快速发展，包括新媒体从业人员和网络'意见领袖'在内的网络人士大量涌现。在这两个群体中，有些经营网络、是'搭台'的，有些网上发声、是'唱戏'的，往往能左右互联网的议题，能量不可小觑"[2]。这段论述充分反映了网络意识形态主体的多元化。因此，要重视维护和巩固马克思主义

---

[1]《建国以来毛泽东文稿》第六册，中央文献出版社1992年版，第344页。
[2]《习近平谈治国理政》第二卷，外文出版社2017年版，第325页。

意识形态在网络意识形态的主导地位，重视网络意识形态的影响力，增强主流网络意识形态的凝聚力和影响力。

所谓网络意识形态的复杂性，指的是网络意识形态的繁杂性状，表现为所处环境复杂，斗争形势严峻。网络意识形态的复杂性源于多样性，承认多样性网络意识形态是其复杂性的基本方面。由于虚拟空间的及时性、无边界性和不断调整的利益格局，人们习惯于在虚拟空间追求自己认同的思想理论，各种思想甚至一些落后的意识形态也能在虚拟空间有自己的一席之地。当前我国网络意识形态总体上趋于稳定，呈现出马克思主义意识形态为主导的多元性、复杂化网络意识形态的局面，存在对抗性和非对抗性的不同矛盾，由此划分出了红色、灰色、黑色"三个地带"①。从网络领域总体情况看，大体有三种颜色的网络意识形态内容。首先是宣传党和国家主流意识形态的红色内容，其次是宣传非主流意识形态但不直接威胁主流意识形态的灰色内容，最后是宣扬西方敌对势力借以攻击党和国家基本制度的黑色内容。对于这三种颜色的大致区分，反映出网络意识形态领域的复杂局势。党的十九大报告指出："意识形态领域斗争依然复杂，国家安全面临新情况。"②在现代社会，个体情感和个体信念成为网络意识形态传播和聚焦的极大动力，也增加了网络意识形态治理的艰巨性。凯斯·桑斯坦在其《网络共和国：网络社会中的民主问题》一书中将"团体成员一开始就有某些倾向，在商议后，人们朝偏向的方向继续移动，最后形成极端的观点"称为"群体极化"，③并且认为，这种倾向在网上发生的比例是现实生活

---

① 《习近平谈治国理政》第二卷，外文出版社2017年版，第328页。
② 《习近平谈治国理政》第三卷，外文出版社2020年版，第8页。
③ [美]凯斯·桑斯坦：《网络共和国：网络社会中的民主问题》，黄维明译，上海人民出版社2003年版，第47页。

中面对面时的两倍。对网民个人而言，复杂网络信息来源的权威性开始降低，为判断信息真实性增加了一定难度。一些缺乏辨别能力和理性思考能力的网民在不自觉中传播了谣言或错误思想，充当了造谣者和敌对分子的工具。从媒介的角度看，网络意识形态"（a）提供根基，一个群体和阶级相对于另外的群体和阶级，构造了他们生活的形象、意义、实践和价值；（b）提供形象、表征和观念，围绕着这些由所有分裂的碎片化的部分组成的社会总体，就能够紧密地联合为一个整体"①。网络意识形态的海量存在重组着人们的精神生活，斗争延伸到网络虚拟空间致使削弱我国意识形态生长与发展的稳定性，使得网络意识形态的斗争局面空前复杂化。因此，对于网络意识形态的复杂特质我们一定要有清醒认识，绝不能麻痹大意、掉以轻心。

（三）舆论导向性和价值倾向性的统一

网络作为一种便捷、迅速的信息传播媒介及获取信息的渠道，相较报纸、广播、电视、杂志等传统媒体而言，更具有时效性和传播性，大众也更加方便地进行发声、评论和表达自己的想法。在这其中，网络意识形态悄然生成，与舆论走向、社会价值取向密切关联，具有舆论导向性和价值倾向性的特征。

所谓网络意识形态的舆论导向性，指的是网络舆论往往带着一定引导，影响某些事态的发展。网络意识形态具有极强的舆论导向性，不同的文化层次、思想观念、价值取向和道德标准等会通过不同的网络舆论映射出来，其本质就是不同的意识形态导向。互联网是一个自由链接的开放世界，信息在多渠道传播的过程中呈现匿名

---

① Trystan Summers: Media, Mass Communication and Society, willford press, 2016. p. 34.

和隐形状态。舆论的表达是社会情绪的折射，大众通过互联网表达自身观点与诉求，在获取、掌握及参与社会舆论中形成自己的见解。这意味着集体、国家可能无法完全控制互联网发展态势，具有不确定因素。而网络意识形态本身对一些问题看法带有一定的倾向性，其网络负载的社会思想和观念内容，从不同维度反映了经济、政治、文化等状况，对现实社会发挥着利益传导、价值批判、价值整合和宣传教化等作用，影响社会心理和公众心态。网络意识形态中的正确舆论可以引导人们追本溯源，看到事情的真相；而错误舆论则会把群众带入认知歧途，增加社会负面压力。在网络意识形态传播语境中，舆论格局的分化和重组使得网民的主观认知走向多元化，某种程度上加剧了责任感的缺失，风险开始增加。汉斯·摩根索指出："像所有思想观念一样，意识形态是一种武器，它可以提高国民的士气，并随之增加国家的权力，而且正是在这样做的行动中，它会瓦解对手的士气。"① 面对日益复杂的网络意识形态环境，只有进一步加强网络舆情的应对及处置，及时回应民众的诉求，考虑到阶层、身份背景、立场的差异，疏导思想情绪，掌握主动权，化解负面舆论危机，才能够减少其消极影响。特别是移动网络加强了大众在信息传播中的参与互动，人们借助手机加强彼此之间的信息交流。网络信息发布与传播的便利性的同时，资本渗透于网络意识形态的状态越来越深，在网络舆论导向中资本容易影响和控制舆论话语权和社会心理动向。比如资本借助营销工具刻意制造话题，挑动网络舆论扩散和发生，驱动态势向更加极端方向演化。缺少健全监督制度

---

① ［美］汉斯·摩根索著，［美］肯尼思·汤普森，戴维·克林顿修订：《国家间政治——权力斗争与和平》（第七版），徐昕，郝望，李保平译，王缉思校，北京大学出版社2006年版，第126页。

的情况，会造成社会舆论的复杂，使社会舆论导向可能会产生一定的偏差，从而影响人们对舆论正确性的判断，盲目参与使得舆论出现偏离正确轨迹的情况。习近平指出："我们正在进行具有许多新的历史特点的伟大斗争，面临的挑战和困难前所未有，必须坚持巩固壮大主流思想舆论，弘扬主旋律，传播正能量，激发全社会团结奋进的强大力量。"①因此，对于网络意识形态中的资本力量介入的监测和分析显得尤为紧迫，对网络信息传播主客体双方加以约束，强化资本的社会责任和道德约束以及传播中的双向责任，谋求网络意识形态的最大同心圆。

所谓网络意识形态的价值倾向性，指的是网络意识形态代表了一定的价值取向和态度。网络意识形态本质上属于意识形式，其中必然包含着特定的认识论立场。马克思指出："'价值'这个普遍的概念是从人们对待满足他们需要的外界物的关系中产生的。因而，这也是'价值'的种概念，而价值的其他一切形态，如化学元素的原子价，只不过是这个概念的属概念。"②价值问题不只是认识论问题，而且是利益问题。"人们为之奋斗的一切，都同他们的利益有关。"③当下的网络世界构成了现实人的新的活动空间，不仅改变了人类社会的组织结构、社会关系和生活形态，而它本身也成了"人体的延伸"④，其中网络意识形态的价值问题不容忽视。网络意识形态的价值倾向性，在很大程度上是社会化意识形态的反映，会直接或间接地作用于人们关于经济、政治、文化、生态等方面的价值

---

① 《习近平谈治国理政》第一卷，外文出版社2018年版，第155页。
② 《马克思恩格斯全集》第十九卷，人民出版社1963年版，第406页。
③ 《马克思恩格斯全集》第一卷，人民出版社1956年版，第82页。
④ [加]马歇尔·麦克卢汉：《理解媒介——论人的延伸》，商务印书馆2000年版，第73页。

观。正确的价值认识和判断来自正确的价值评价标准。经济活动是社会发展的动力，在市场经济条件下的网络世界，不同的网络意识形态对于竞争意识、契约观念等有着不同的偏向，指引人们对经济现象进行价值认知和价值评价。网络意识形态中的经济价值观内容由现实经济结构决定，体现了对于经济现象的主要态度和理解。比如，网络各种视频软件中传播关于如何勤劳致富的内容，体现的是对于劳动的尊重和崇尚，而传播那些如何不择手段获利或者不劳而获的炫富内容，则体现的是拜金主义和功利主义价值观。网络中对于政治基本问题的关注和评论，也反映并影响人们相应的政治认知和政治心理，体现了网络世界政治主体的政治需求。政治价值观是人们对于政治制度和相关要求的看法和观点，在网络意识形态中突出体现为政治价值判断和政治参与意识，为开展政治评价和政治实践提出具体导向。比如出现的一些关于涉及公共事件的媒介动员和网络抗争已经脱离理性的轨道，呈现明显的价值观分化状态，而政治诉求如权威主义和自由民主等因素的增长会带来更大的政治认同危机。网络主流意识形态需要密切关注政治需求的动向，传播正确的政治理论和政治认识，保证政治价值目标、标准取向的方向性，指导人们作出理性的政治实践。在文化价值观方面，对于外来文化和民族文化、传统文化和现代文化、主流文化与非主流文化的认识，都能在网络传播世界中找到踪影，其无法超越特定文化的影响和制约。如今多元的网络世界仍然呈现出西强我弱格局，人们不知不觉被西方文化影响改变，个人主义状态体现得尤为明显。另外在生态价值观方面，网络中关于生态问题意识形态，反映了不同国家地区的人们对于生态资源的利益关系，是解决现实生态环境问题的需要。比如对于环境问题的治理中，责任和义务的辨析，工业文明价值观和生态价值观的辨析，是网络意识形态工作需要关注的话题。习近平指出："舆论监督和正面宣传是统一的。新闻媒体要直面工作中存在的问题，直面社会丑恶现象，激浊扬清、针砭时弊，同时发表批评性报道要事实准确、分析客观。"[1]为维护网络世界的秩序和安宁，需要引导人们遵循共同理性规范及基本逻辑程序，重构网络意识形态的秩序和价值。

三、新时代网络意识形态的功能

新时代网络意识形态从属于意识形态范畴，有着独特的功能意涵。随着社会生产力的发展，网络不仅为意识形态功能发挥新场所和新载体，更促使网络意识形态的生成和渗透，发挥着经济服务、价值导向和行为规范的重要作用。回溯马克思对于意识形态功能的界定，其着眼于经济基础和上层建筑的关系，从本体论意义上来揭示其功能，这给新时代网络意识形态的功能研究提供了很大启示。

（一）新时代网络意识形态功能定位

所谓功能，指向效能和作用，包含对象满足需要的属性。《汉书·宣帝纪》记载："五日一听事，自丞相以下各奉职奏事，以傅奏其言，考试功能。"事物能够发挥或蕴藏的有力作用和效能就是功能。在社会学中指涉物质系统或有机体具有的功效与能力，在哲学上指意由内部结构决定的、作用于外部环境的能力，是事物自身作用和潜在功效的客观反映。系统论的创始人贝塔朗菲称结构为"部分的秩序"，即系统内部各要素在时空中的有机联系与作用方式；而功能是"过程的秩序"，即系统与外部环境相互联系和作用的环节与

---

[1] 习近平：《坚持正确方向创新方法手段 提高新闻舆论传播力引导力》，《人民日报》2016年2月20日。

秩序。可见，有什么样的特征结构就有什么样的功能，两者是事物得以存在的两个方面。研究新时代网络意识形态的功能，首先必须回到意识形态的结构与功能，以此推导至新时代网络意识形态的结构与功能，把握网络意识形态结构与功能所在的时代环境，从不同视角对新时代网络意识形态的功能进行划分，这是研究新时代网络意识形态功能的步骤。

任何社会的意识形态不是单一的构成，而是多种意识形态共存。从内部看，意识形态包括政治、宗教、伦理、哲学等内容受社会经济发展的影响和制约；从外部看，意识形态的结构需要与经济社会发展相适应。这不仅是保障意识形态功能发挥的基础，同时也是确定意识形态功能的依据所在。"因而每一时代的社会经济结构形成现实基础，每一个历史时期的由法的设施和政治设施的以及宗教的、哲学的和其他的观念形式所构成的全部上层建筑，归根到底由这个基础来说明。"[①]首先，意识形态的首要功能是维护现有阶级统治。马克思指出："当新阶级要夺取统治阶级的政权时，为了争取最大多数人的支持，必须把阶级利益描述成全体成员的利益，也就是赋予本阶级的意识形态一个'普遍性的形式'，赋予它唯一的、绝对的意义。"[②]其次，意识形态还具有批判功能。每一次社会变革离不开不同意识形态之间的斗争，而这往往需要借助批判以争取更多的支持。毛泽东指出："凡是要推翻一个政权，总要先造成舆论，总要先做意识形态方面的工作。革命的阶级是这样，反革命的阶级也是这样。"[③]最后，意识形态具有形塑现实的整合功能。具有调控性的意

---

① 《马克思恩格斯选集》第三卷，人民出版社1995年版，第739页。
② 《马克思恩格斯文集》第一卷，人民出版社2009年版，第552页。
③ 《建国以来毛泽东文稿》第十册，中央文献出版社1996年版，第194页。

识形态，有着整合社会的天然优势，某种共识的达成离不开有力的意识形态系统。当人们有着共同的思想体系、理论体系和价值追求，就能够遵循一定的规则，采取一致的行动，从而能够使社会稳定。

新时代网络意识形态的功能就是指网络本身生成的意识形态和思想体系所具有的客观作用和能力，是网络意识形态本质属性的外在表现。新时代网络意识形态作为一种客观存在的事物，不以个人意志为转移，隐藏着无限可能性。一般来说，有什么样的结构就有什么样的功能，同时相应的功能也反过来作用于内在结构。新时代网络意识形态的功能由网络意识形态自身的特征及内在结构所决定。网络意识形态的特征在上一部分已经探讨过，具有虚拟性与现实性相统一、多样性与复杂性相统一、舆论导向性和价值倾向性相统一的特征。而网络意识形态的结构同样遵循意识形态本身的逻辑构成，基于特定群体的利益诉求，有着不同的理论体系和话语表达。网络主流意识形态与网络非主流意识形态共存并不断较量，构成了网络意识形态的大体格局。同时，网络群体意识形态与网络个体意识形态也不断拥有话语权和影响力。就西方资本主义意识形态依托网络技术霸权在网络空间进行意识形态的强劲渗透，并试图利用利益等借机煽动和扶植中国的部分个体和群体，企图借助其影响力扰乱民心，颠覆政权。我国主流意识形态的政治主张与价值观念在网络的发声尤为重要，需要坚决捍卫网络主流意识形态的主导地位，防止内部出现混乱。群体和个体意识形态与我国主流意识形态既存在统一的一面，也存在对立的一面。因此这也是研究网络意识形态需要格外关注的地方。网络空间是一个兼具复杂性和动态性的虚拟现实空间，网络中的民众不是封闭存在的个体，他们作为社会成员依旧会"选择符合自己价值观和判断的标签"①。在网络空间中的思想、意识、观念受现实社会经济生活的影响,是现实社会经济生活的反映。网络意识形态的功能是网络意识形态本质特征的外显。此外,网络意识形态根据不同的分类标准,分为不同的功能类型。从网络意识形态影响的社会领域来看,可以分为经济功能、政治功能和文化功能等;从网络意识形态功能的实际效果来看,可以分为正向功能和负向功能;从网络意识形态的作用形式来看,可以分为隐性功能和显性功能;从网络意识形态的影响对象来看,可以分为社会性功能和个体性功能。总之,新时代网络意识形态具有多方面、多层次的客观功能。

(二)新时代网络意识形态功能分类

人的行为在本质上是可塑的,受到外界多种文化符号和信息源影响。意识形态作为反映着社会思潮和社会心理的文化体系和国家机器,深刻影响着社会日常生活,对社会发展至关重要。特别是网络意识形态,更继承了意识形态具有的独特功能属性,并借助网络有着更为广泛和有力的社会功能。

第一,新时代网络意识形态的经济规范和利益协调功能,是新时代网络意识形态的首要功能。所谓经济规范和利益协调功能,就是指网络意识形态在社会生活实践中依托主体行为对于经济行为选择的规范制约和调节作用。站在阶级利益的角度来说,意识形态"以意识的形式表明阶级的利益",并且"以观念体系的形式存在的"②。意识形态根植于一定的经济形态,服务于特定经济关系与

---

① [美]戴维·迈尔斯:《社会心理学》(第11版),侯玉波,乐国安,张智勇译,人民邮电出版社2006年版,第153页。
② [日]石井伸男:《社会意识论》,王永昌译,中国社会科学出版社2010年版,第87页。

利益。事实上，意识形态作为实践产物，从某种程度上看，是一个经济问题，与经济发展和经济利益密切相关。马克思提出的经济基础与上层建筑之间的关系，把意识形态看作上层建筑的重要组成部分，就反映出意识形态对生产力的作用与反作用问题。恩格斯指出："政治、法律、哲学、宗教、文学、艺术等等的发展是以经济发展为基础的。但是，它们又都互相作用并对经济基础发生作用。并非只有经济状况才是原因，才是积极的，其余一切都不过是消极的结果。这是在归根到底总是得到现实的经济必然性的基础上的互相作用。"① 美国学者道格拉斯·C.斯诺在《经济史中的结构与变迁》中，认为意识形态是一种行为方式，通过提供世界观，影响人民的成本收益计算行为，为决策缩减和节省时间成本，克服人的机会主义的"搭便车"问题。他指出："意识形态是种节约机制，通过它，人们认识了他们所处环境，并被一种'世界观'导引，从而使决策过程简单明了。"② 而新制度经济学的理论框架中确定了意识形态的理论地位，认为意识形态的产生离不开具体经验实践，包含了组织的含义（促成集体行为），试图通过构建"集体行为抑制、解放和扩张个体行为"③，因而具有经济功能。不可否认，意识形态对于社会经济发展和社会生产有着直接的影响。新时代网络意识形态作为人的意识活动的重要体现，影响着经济行为活动的选择，有着一定的规范和协调功能。当今时代，人们总是受着特定网络意识形态的约束和影响，网络意识形态成为人们获得经济环境认识的思维范式，在此网络思维范式的指导下，生成不同的利益认识和利益抉择，以

---

① 《马克思恩格斯选集》第四卷，人民出版社1995年版，第732页。
② ［美］道格拉斯·C.诺斯：《经济史中的结构与变迁》，陈郁、罗华平等译，上海三联书店、上海人民出版社1994年版，第53页。
③ ［美］康芒斯：《制度经济学》（上册），商务印书馆1997年版，第91页。

至做出不同的经济活动行为,由此从总体上影响社会生产和经济运行,甚至经济体制的选择。随着经济全球化交易的深入,网络意识形态的便利快捷降低了生产交换的信息成本,促进社会资源的高效配置。经济生活不是盲目逐利,受着一定意识形态的影响和支配。比如各种经济数据、文字符号等都能得到精确的记忆、储存和控制,它让每一个行为主体在其中为实现某种利益需要,随意地组合信息资源。网络意识形态的复杂多变,也有可能增加经济领域的不稳定性因素。在今天的开放和复杂社会中,不同的意识形态,无论如何界定,都不仅仅共存、竞争和冲突,而且也相互重叠、影响和相互感染。人们不论是在现实经济世界还是在网络虚拟世界都不失追求资本财富最大化,都在想尽办法获取更多的利益。不同经济主体的经济关系和利益关系,对于经济效益与社会效益、竞争与协作、自由与规则等有着不同程度和不同角度的理解。网络意识形态是在网络中某些社会群体共有的认识,虽有助于社会成员达成一致并统一行动,但与此同时偏激错误的经济思想和思潮也一并滋生的负面作用,使得不均衡状态风险增加,协作状态出现裂痕,影响现存利益分配格局。不同网络意识形态之间的差异一旦成为竞争博弈关系,便沦为经济发展的阻碍,降低经济资源配置效率。在新时代网络主流意识形态需要发挥为经济运行营造良好的网络环境和运行机制的功能,纠偏各种投机主义现象,规范经济主体在网络世界之间的关系、减少摩擦,促进经济发展。

第二,新时代网络意识形态的政治维护和政治整合功能。首先,所谓政治维护功能,就是指新时代网络意识形态对于政策主张、政权合法性以及政治秩序起到一定的维护效能。随着网络社会的快速变革和发展,网络意识形态在网络社会治理模式下往往与一个政党的政治和思想路线具有很强的逻辑关联。作为社会的政治目标和价值导向，新时代网络意识形态的政治维护功能具有一定的理论色彩，从形式和逻辑层面对于政治主张和理念进行解释和论述，在网络领域维护政治合法性，唤起阶级意识和认同意识，使特定社会成员具有凝聚的意志与统一的目标，从而起到对执政地位的巩固和维护作用。如马克思所说："在资产阶级看来，它所统治的世界自然是美好的世界。资产阶级把这种安慰人心的观念制成半套或整套的体系。它要求无产阶级实现它的体系，走进新的耶路撒冷，其实它不过是要求无产阶级停留在现今的社会里，但是要抛弃他们关于这个社会的可恶的观念。"[①]不同性质的意识形态具有不同的认识范式，占主导的意识形态必然需要为其所在的阶级存在论证，维护其根本性质，树立其统治权威。列宁指出："只有以先进理论为指南的党，才能实现先进战士的作用。"[②]历史和现实表明，一个阶级或政党为维护和巩固统治，必须建构一套符合自身利益诉求的意识形态。网络技术逃离不了意识形态的笼罩，被赋予一定的导向色彩，这是政治意识形态需要格外留意和重视之处。正如斯塔迪梅尔所言："脱离了它的人类背景，技术就不可能得到完整意义上的理解。人类社会并不是一个装着文化上中性的人造物的包裹，那些设计、接收和维持技术的人的价值与世界观、聪明与愚蠢、倾向与既得利益必将体现在技术的身上。"[③]网络空间是各种意识形态的汇集地，网络社会思想观念越是多样化，网络意识形态领域越是思潮纷涌，就越是发挥新时

---

① 《马克思恩格斯全集》第三卷，人民出版社2002年版，第302页。
② 《列宁选集》第一卷，人民出版社1995年版，第312页。
③ John M. Staudenmaier: Technology's Storytellers: Reweaving the Human Fabric, Mit Press, 1985. p. 165.

代网络主义意识形态的指导功能，维护和巩固马克思主义的指导地位。社会一旦混乱，往往总是在意识形态领域发生决堤。意识形态可以说是国家稳定的思想保障，从某种意义上讲，网络意识形态危机比其他危机更易引发政治动荡。其次，所谓政治整合功能，就是指新时代网络意识形态运用话语表达和批判力量，对政治意识、社会关系达到凝聚统摄和调整规约作用。整合是通过一定手段方式形构各散点式的部分为一个完整整体的过程。整合离不开一定方式的批判和交锋。作为认识世界的方式，意识形态是具有规范性的。马克思认为的意识形态不是机械的形式综合，而是一个有一定结构的有机整体，也就是说占统治地位的意识形态运用一定的优势手段，将分散在社会中的单个的社会意识形式统一起来，用批判的手段将对立的、歪曲的、不连贯的、具有颠覆意味的意识形态予以驳斥，从而使得整个意识形态体系成为具有统摄力量的社会观念形态。恩格斯指出："人是唯一能够由于劳动而摆脱纯粹的动物状态的动物——他的正常状态是和他的意识相适应的而且是要由他自己创造出来的。"[1]网络意识形态同样是人的意识活动和社会生活多样化的重要体现。在美国政治学家利昂·P. 巴拉达特的《意识形态：起源和影响》中，认为"意识形态首先而且主要是一个政治术语""具有行动的导向性，它提供了达成目标所必须实行的明确步骤"，并且"是意识形态群众取向的"[2]。随着信息时代的推进，各种网络意识形态不受地理空间限制，相互渗透，相互融合，出现了分化与整合的新格局和新趋势。网络意识形态领域斗争激烈，一些敌对势力在

---

[1] 《马克思恩格斯全集》第二十卷，人民出版社1971年版，第535页。
[2] [美] 利昂·P. 巴拉达特：《意识形态：起源和影响》，张慧芝，张露璐译，世界图书出版公司2010年版，第9页。

网络空间兴风作浪，通过各种形式挑起意识形态领域事件，使得政治利益关系出现紧张。毛泽东说过："主义譬如一面旗子，旗子立起来了，大家才有所希望，才知所趋附。"①因此，需要牢牢把握住网络意识形态领域主动权，发挥意识形态的辩护和批判功能，粉碎敌对势力的分化图谋，抵御和防范西方错误的或者带有政治目的的观念侵入。

第三，新时代网络意识形态有着宣传教育和文化服务功能。所谓宣传教育功能，就是指网络意识形态具有宣传思想、教育教化的软性作用。意识形态作为文化的核心，指导着文化的发展，并通过各种文化现象表现出来，可以理解为一种精神生产。马克思认为，正因阶层的存在，精神生产才在一定范围内得以实现。意识形态的生产和文化的生产在一定意义上是同一个生产过程。恩格斯在评价马克思时说："正是他第一次使现代无产阶级意识到自身的地位和需要，意识到自身解放的条件。"②意识形态的宣传教育使得无产阶级获得阶级意识，得到合理性和合法性的认可，这是其文化功能的直接表现。列宁曾用"牧师的职能"描绘了维护阶级统治的状态，"刽子手的任务是镇压被剥削者的反抗和暴乱。牧师的使命是安慰被剥削者，给他们描绘一幅在保存阶级统治的条件下减少苦难和牺牲的前景，从而使他们顺从这种统治，使他们放弃革命行动，打消他们的革命热情，破坏他们的革命决心。"③从这个意义上说，这种文化功能，也是一种政治维护和政治巩固。他强调："任何科学的意识形态（例如不同于宗教的意识形态）都和客观真理、绝对自然相符合，

---

① 《毛泽东早期文稿（1912.6—1920.11）》，湖南出版社1990版，第554页。
② 《马克思恩格斯选集》第三卷，人民出版社1995年版，第777页。
③ 《列宁选集》第二卷，人民出版社2012年版，第478页。

这是无条件的。"①不论是日常生活还是社会心理结构都离不开社会意识形态体系，历史和现实证明了马克思主义意识形态是科学的，因此其强大的文化教育功能不言而喻。马克·J.史密斯也看到了文化和意识形态之间的紧密关系，指出："意识形态画出了问题重重的社会现实的图样，并不断转换模式来创造集体意识。意识形态是文化基础之上的形象，而文化基础提供了构成思想感情基本框架的符号、暗喻和想象模型。"②这表明，我们通过思想感情归纳经验，赋予意义，从所有的思想感情中可以塑造出意识形态。新时代网络意识形态通过网络媒介，影响人的是非观念和价值判断，倡导一定取向的价值观念，教育和引导思想的形成。正如塔尔科特·帕森斯和尼尔·斯梅尔瑟指出的那样："工作在通常意义上不是'经济因素'促动的，而是内在价值的一种表达。"③网络打破了学习教育中的障碍，为人们的金融、娱乐、科学、宗教、商务带来更多空间，不能忽视网络意识形态在其中的传播作用。新时代网络意识形态作为现实的延伸，其开放性与包容性开拓了一个深不可测的观念世界，兼具信息发布、舆论传播、社会动员的作用，制约和影响着文化视阈和文化创造方式，使得当今时代多种网络意识形态不断处于交锋、交融、聚合状态。网络意识形态以网络为媒介，以意识形态为内核，依托发达等信息传递系统，有着特定的逻辑结构和思维系统，其蕴含的特殊内容和表现手段深刻影响着人们精神信仰、思想信念、价值取向、人生追求、社会态度、文化认同等多方面。网络意识形态

---

① 《列宁选集》第二卷，人民出版社2012年版，第96页。
② [英] 马克·J.史密斯：《文化——再造社会科学》，张美川译，吉林人民出版社2005年版，第144页。
③ [美] 塔尔科特·帕森斯，尼尔·斯梅尔瑟：《经济与社会》，刘进，林午，李新，吴予译，林地校，华夏出版社1989年版，第27页。

将庞大的虚拟文化丛渗透到教育、经济、政治、科技等领域，制约着文化创造和信念建构，具有一定舆论导向和价值塑造作用。

第二节　新时代网络意识形态安全问题与特征

习近平指出:"没有网络安全就没有国家安全,没有信息化就没有现代化。"①要实现网络意识形态安全,就必须确保网络安全。习近平多次强调网络和信息安全牵涉到国家安全和社会稳定,是我们面临的新的综合性挑战的重大问题。习近平强调指出:"互联网已经成为我们党长期执政所要面对的'最大变量',网络安全和信息化事关国家安全和国家发展。"②因此,互联网平台已经成为意识形态领域斗争的主战场,国内外反华势力利用网络对我国进行思想观念渗透、网络信息攻击等日益增多,我国网络意识形态安全面临着严峻考验。

一、新时代网络意识形态安全问题的阐释

网络意识形态安全是指一个国家的主流意识形态在网络空间中得到认可、接受和支持,同时在受到外来入侵时能保持自身的稳定性,主流意识形态能在网络空间中引领其他意识形态和各种社会思潮。我国作为社会主义国家,马克思主义在社会主义意识形态建设中居于核心地位,是社会主义意识形态的旗帜和灵魂。因此,新时代网络意识形态安全就是要维护马克思主义在网络意识形态中的主

---

① 《习近平谈治国理政》第一卷,外文出版社2018年版,第198页。
② 《习近平谈治国理政》第一卷,外文出版社2018年版,第197页。

导地位，使网络空间健康有序，为社会主义现代化建设提供一个健康和稳定的网络环境。相对于传统社会意识形态而言，网络意识形态是以网络这一现代化信息交流工具为依附载体的新型安全领域，不仅包含传统安全在网络意识形态中的延伸，还内在地包含了网络自身存在的安全问题。虽然网络意识形态产生于虚拟空间，但是当今社会网络与现实相互交融重叠，网络意识形态与现实意识形态之间并没有无法跨越的鸿沟，现实意识形态可以反映在网络意识形态之中，网络意识形态的形成和发展又会对现实意识形态有直接影响，它们共同组成现代社会意识形态的重要领域。因此，网络意识形态安全工作必须与现实中的意识形态安全工作同步进行，两手都要抓。尽管如此，由于网络意识形态的特殊性问题，使得网络意识形态安全面临着更加严峻的形势。

第一，中西方网络意识形态博弈力量悬殊。意识形态博弈不仅现在存在，在今后很长时间内也会继续存在。只要两种社会制度共存，只要国家内存在着不同的阶级就会产生意识形态博弈。毋庸讳言，今天，西方敌对势力和暴力恐怖分子正在利用经济全球化以及社会信息化浪潮，站在互联网和信息技术的相对高地，加紧对我国意识形态领域的渗透和破坏，对我国热点敏感问题进行大肆炒作，并利用"互联网+"模式形成网络舆论风暴，影响我国网络意识形态安全。

一是西方垄断了根本性的网络核心资源，中西方网络意识形态博弈力量悬殊。作为支持互联网运行的最核心技术根域名服务器，全球仅13台，美国就独占10台（1主9辅），另外3台虽然分别设在英国、瑞典和日本，然而在暗处仍然受美国的控制。通过掌握全球的根域名服务器，美国实际上掌握了全球互联网的制高点和控制权。

由于美国几乎控制了全球的根域名服务器,因此也就占有了比人口比重高得多的网络地址,网络的空间和资源分布在全球范围内十分不均衡。一般来说,只要满足一定的技术水平,根域名服务器可以通过制定链接规则来实现不同区域之间的多元化,即每个国家和地区原理上都可以分布。然而,美国为了控制互联网,牢牢掌握网络霸权,向来不支持根域名服务器的广泛分布和多元化发展。与此同时,当前全球信息技术产品硬件和软件核心部分的生产,几乎都由美国所掌控。造成的结果就是当今全球的网络资源分布严重不均衡,美国拥有约16亿个IP地址,占已分配地址的44%,除以美国的3亿多人口,平均每个美国人拥有超过5个IP地址。相反的是,亚洲的人口总数占全球约60%,但所拥有的IP地址比例却远低于这个数字。中国只占全球IP地址总数的9%,印度仅占1%,每个中国人只有0.2个IP地址,每个印度人只有0.03个IP地址。美国等西方资本主义国家凭借其在软硬件、网络、操作系统等方面的技术优势,不仅可以自行加工处理全球信息,还可以自由控制信息流动的速度和方向,控制全球信息舆论。因此,习近平强调指出:"近几年来,虽然我国网络信息技术和网络安全保障取得了不小成绩,但同世界先进水平相比还有很大差距。"①因而,在技术上我们要加大网络关键技术的自主创新力度,在内容上坚决反对西方的网络霸权主义,坚决反对西方敌对势力利用网络对我国进行和平演变。

二是以美国为首的西方国家控制着全球性的网络规则制定权。互联网的核心技术TCP/IP协议,自1978年被美国国防部确定以来,一直是国际互联网唯一的首要的标准,不允许其他国家质疑,也不

---

① 习近平:《加快推进网络信息技术自主创新 朝着建设网络强国目标不懈努力》,《人民日报》2016年10月10日。

允许他国的技术规范替代。而且在全球互联网信息的流通中，英语占有绝对优势，占到全部互联网信息的90%以上，相比之下其他语言只占到10%以下，中文所占份额更加微弱，只有1%。语言是信息的重要载体，通过英文在互联网中的绝对优势，美国就可以利用英文向全世界源源不断地输送其文化，而其中的核心正是美国的价值观。这会不断地冲击和挤压我国社会主义意识形态在互联网领域的主导地位，不断加剧网络意识形态安全问题。近年来，中国预防青少年犯罪研究会的研究发现，80%以上的未成年人犯罪都与网络负面影响有着紧密联系。同时，随着微博、微信、微视、客户端、抖音、快手的不断成熟和完善，自媒体时代宣告到来，其去中心化、隐蔽化等特点一定程度上消解了传统媒体的话语功能，对自媒体的信息把关和舆情引导也就变得更加困难，使包含负面意识形态在内的复杂海量信息达到了较高的传播效率，形成强大的舆论风暴，增大了主流意识形态消解弱化的危险。目前，国际社交媒体上西方主流媒体占尽天时地利，负面意识形态轰炸式推广、疯狂般营销，中国威胁论、中国崩溃论等西方话语在搜索引擎、百度、知乎问答等平台上普遍存在，人权问题、言论自由、生态环境等更是外媒批评中国的常见话题。

第二，西方利用网络霸权掀起网络信息战。为了牢牢掌握已有的网络霸权和互联网老大哥的位置，为其制度输出、文化输出乃至意识形态输出提供稳定的技术保障，以美国为代表的西方发达资本主义国家主动发起网络信息战，进一步谋求西方在网络信息化进程中的军事制高点。例如，美国近年来不断推进网络军备建设、扩建网络部队，不断转化网络作战理念，大搞网络装备与武器研发。一是大力拓展网络军备建设、扩建网络部队。在全球范围内，美国首先提出"网络战"概念,也是第一个进行"网军"建设。自 2002 年 12 月起,美国海、陆、空三军分别组建军队化的网络队伍,并时时进行扩充和重组,形成了美国网络司令部和国家安全局双轮并驱的网络军备模式。2013 年,美国借由所谓中国黑客攻击其信息网络事件,并将舆论不断发酵,借机扩编其网络司令部,并且声称将会编建更多的网络战部队。2014 年中下旬,美国军队司令部已经组建和扩编了一支人数可观的网络战部队。随着网络信息技术的进一步发展,美国也进一步解决了网络战的一些制度和技术制约,更新了其网络作战的有效模式。二是美国的网络作战模式不断转变,基本可以概括为从防御性向进攻性的转变。2011 年,美国国防部出台的《网络空间行动战略》明确指出:一些严重网络攻击行动将被视为战争行为,美国将以传统的军事打击,包括使用导弹和其他高技术武器对敌对国家进行攻击。美国试图利用其网络霸权在网络空间内实行"先发制人"的行动战略,以网络霸权巩固其世界霸权,甚至制约其他国家的发展。2015 年的新版《网络空间战略》首次公开表示,美国军方将把"网络战"用作针对敌人的作战方式,明确表示美军在与敌人发生冲突时,可以考虑实施"网络战"。美国指出,俄罗斯、中国、伊朗和朝鲜是美国在网络安全领域面临的最大对手。三是大搞网络装备与武器研发,并且主动发起网络信息战,以所谓练兵的方式向全球传播其网络威慑力。早在 20 世纪的时候,美国就发起过网络信息战。近年来由于美国的网络信息技术不断发展,特别是网络病毒的频繁使用更加强了美国网络部队的作战能力。因此,我们可以看到,美国不仅在概念上提出"网络战",更是在实践中已经建起网络部队,积极进行网络军备建设,力图为维护其霸权地位提供军事威慑和有力保障。

第三，新时代维护网络意识形态安全的技术力量问题。时代的重大变换，往往都是由革命性的技术引发的。网络连接技术，特别是移动互联网技术的出现，一如蒸汽机和电的发明一样，又是一次划时代的技术革新。人类从此进入大数据时代和移动互联网时代，而所有的这些变化和变革，在给人们提供极大便利的同时，必然会对社会产生新的挑战，必然会对网络意识形态安全产生新的影响。网络技术本身没有阶级性，但它只要在阶级社会里出现，它就总是会被各个阶级所利用，总是会对意识形态安全产生新的影响。据统计，我国的一些重要数据的操作和存储绝大部分都是使用国外提供的技术和产品。中国使用的互联网几乎每一个环节都被美国八大IT公司所掌控与渗透。思科在中国电信163和中国联通169等骨干网络中分别占据了70%和80%以上的市场份额，甲骨文在中国数据库市场中占据了超过90%的市场份额……我国巨大的市场份额非但没有转化为买方市场的竞争优势，反倒成为全球巨头攫取超额利润的"牧场"，成为中小企业低水平惨烈竞争的"红海"，使自主创新面临着严峻的竞争压力。网络技术力量不强已成为影响我国网络意识形态安全的短板。习近平指出："网络治理的目的是整合相关机构职能，形成从技术到内容、从日常安全到打击犯罪的互联网管理合力，确保网络正确运用和安全。"①互联网技术的极大发展要求我们同步进行国家治理体系的深刻变革。在互联网时代，政府必须掌握互联网领域的核心技术，并且不断进行互联网技术的创新研发，才能治理好网络空间。

互联网领域去中心化的特点决定了必须对网络进行一定的治理、监督和协调，否则，网络空间中必然出现秩序紊乱的情况。中国互

---

① 《习近平谈治国理政》第一卷，外文出版社2018年版，第84页。

联网最初是由商业资本推动发展的,因而网络意识形态工作从一开始就没有得到根本的重视,文化意识形态管理部门也相对缺位,网络管理永远滞后于现实结果的现象,无疑带来了许多难以克服的问题和困难。具体而言,一是网络治理观念落后与网络立法的滞后。网络空间曾经一度存在网络言行的无限自由化倾向,"网络自由"不受限制等问题,直接导致了在网络空间意识形态工作的缺位问题。世界上任何一个国家的政府,无论它代表哪个社会集团的利益,都会不同程度地对传播媒介进行干预和控制,以保证它们不偏离主流文化的轨道。尤其是西方发达国家其对网络的监管极为严格,并形成了一套比较完善的网络意识形态审查制度。西方发达国家一边宣扬"网络自由",一边搞双重标准,发起网络信息战而反对国际上的网络监管,在其他国家发展其网络道路时又干预其自由,这种行为的本质就是西方利用其网络霸权地位进行的霸权行为。二是由于我国网络立法的滞后,致使我们的网络曾一度情绪偏激,充满戾气,甚至出现网络暴力问题。凡此种种,均因我国在网络立法方面的滞后性,网络意识形态的治理缺乏法律的有效支撑,并且管理方式相对落后,无法匹配互联网领域的运行规则。三是网络监管缺乏系统性。各级互联网管理部门和信息技术部门缺乏默契配合,缺乏力量整合,对错误思潮的回击,对网络谣言的揭露,缺乏组织性、主动性,面对敌对意识形态一次次有组织、有预谋的攻势,我们往往仓促应战,被动防守。当网络中出现一些热点舆论问题的时候,我国网络管理相关部分无力应对和疏导,只能采取强行删帖的方式,没有直面问题的实质。这样的处理方式是非常致命的,其结果往往是把局部问题拖成全局问题,把简单问题拖成复杂问题,把个体问题拖成公众问题,把一般问题拖成热点问题,把敏感事件拖成政治事件，从而导致网络意识形态论争向社会政治事件转化。毫无疑问，网络信息时代极大地增加了不同社会制度国家之间进行意识形态渗透的可能，任何信息都有可能成为敌对势力进行意识形态攻击和渗透的武器。对此，2016年4月，在全国网络安全和信息化工作会议上，习近平指出："网民来自老百姓，老百姓上了网，民意也就上了网，要走网络群众路线，群众在哪儿，我们的领导干部就要到哪儿去。谁掌控了网络，谁就抢占了意识形态斗争战场的制高点。"①因而，必须牢牢占领网络意识形态主阵地，加强网络宣传工作，加强党对网络意识形态工作的集中统一领导。

第四，网络意识形态话语表达问题。网络意识形态最直接的表现形式是网络话语。随着传播技术水平的提高、网络用户的增加、社交媒体的勃兴，使主流意识形态话语不断地被挑战，甚至在一定程度的矮化、弱化、丑化，使网络表达习惯从开始不便说，继而方便说，到后来随便说，使得各种错误思潮广泛传播，特别是那些戴着各种妖魔面具，打着各种虚假旗号，违背核心价值观，违背主流意识形态的各种错误思潮，具有极大欺骗性、反动性和考验性。其中，影响最大的当属新自由主义、历史虚无主义、民主社会主义、普世价值论等四种错误思潮，尽管它们口号不同，形式各异，但其本质都是一样的，即要改变中国改革开放的方向，使中国走向资本主义道路，不能揭开它们的丑陋面纱，不能认清它们的反动本质，不能跨越这些危险陷阱，我们就可能重蹈东欧覆辙，正中敌人下怀。可以说，网络上几乎每一起社会事件的公共讨论，都会引发意识形态论争。只要一进入论坛、贴吧、微博、微信、QQ空间、QQ聊天

---

① 习近平：《在网络安全和信息化工作座谈会上的讲话》，《人民日报》2016年4月26日。

等自媒体，各种意识形态纷纷扰扰，争得不可开交。上至社会改革、发展规划、反腐倡廉，下至学生打架、警察办案等，所有大大小小的社会事件都会引发不同意识形态的交流交锋，那些关乎重大改革、社会民生、征地拆迁、欠薪讨薪、医患矛盾、恐怖事件等网络话题，自然更能引发网络意识形态激烈博弈。为增强吸引力和破坏性，西方意识形态话语往往大量使用去语境化、片段式、教条式的短小语段、通俗文章以及新闻评论，并采取从经济、政治、文化、军事等多方位，从国家、社会、组织、个人等多层次地对主流意识形态进行歪曲解读，最终达到冲击民众心理、消解社会共识、撕裂干群关系，整体破坏社会主义意识形态的目的。近些年来，网络政治谣言甚嚣尘上，危害巨大。西方意识形态话语常常用"这一定是体制问题""中国必成最大输家"等标准的网络话语将政治体系进行"舆论绑架"，达到西方意识形态灌输目的。

二、新时代网络意识形态安全的特征

随着网络信息技术的快速发展，网络深深地融入了人们的生活，成为人们生存发展的重要组成部分。习近平指出："网络意识形态安全风险问题值得高度重视。网络已是当前意识形态斗争的最前沿。"[1]网络意识形态安全作为意识形态领域安全的新样态，正呈现出前所未有的复杂性。网络已经逐步成为意识形态博弈的主战场，网络意识形态安全成为新时代意识形态研究的重要课题。新时代网络舆论生态发生深刻变化，各种意识形态问题在网络上相互交织、彼此影响。网络意识形态安全不同于传统的意识形态安全，呈现出

---

[1] 中共中央党史和文献研究院：《习近平关于网络强国论述摘编》，中央文献出版社2021年版，第54页。

新时代网络意识形态安全独特的新特点。

第一，网络意识形态安全问题的复杂性。传统意识形态安全往往是由单一问题所触发，而网络意识形态问题可以是一个问题所引发，或者是在一个问题的基础上而爆发的系列问题，甚至是一个看上去根本不亮眼的问题而触发，从而使得网络意识形态安全问题更复杂。"随着新媒体快速发展，国际国内、线上线下、虚拟现实、体制外体制内等界限愈益模糊，构成了越来越复杂的大舆论场，更具有自发性、突发性、公开性、多元性、冲突性、匿名性、无界性、难控性等特点。"①因此，从网络意识形态安全问题的源头来看，新时代网络意识形态安全问题可分为外部因素与内部因素两大类。网络意识形态安全的外部因素主要是指来自西方资本主义国家所进行的网络文化渗透和价值输出问题。网络意识形态安全的内部问题则主要是指在我国自己的网络空间中存在的各种错误思潮对网络主流意识形态的冲击与消解。西方资本主义国家利用科学技术的优势，牢牢掌控着网络信息技术的优势，向我国进行大量的网络信息输入，再加上国外林林总总的不法分子、反华极端势力以网络进行意识形态的渗透，妄图达到对我国进行"西化""分化"的图谋，并在网络上进行毫无底线的肆意散播西方各种错误的社会思潮，其中诸如"普世价值""人权高于主权""宪政"等价值观，严重威胁我国网络意识形态安全。从我国自己的内部情况来看，我国已进入改革深水区，改革进入关键时期，一些传统的社会问题、结构性问题逐渐暴露出来，社会上存在的一些不满情绪便通过网络平台的开放性而获得释放、蔓延，并在一定程度上形成网络负能量。这些网络负能量

---

① 中共中央党史和文献研究院：《习近平关于网络强国论述摘编》，中央文献出版社2021年版，第68页。

在一些西方势力的推波助澜中而不断发酵，逐渐催生出一些网络民粹主义、网络宗教极端主义等非理性的、逆反性的社会思潮。这些错误的社会思潮，如新自由主义、历史虚无主义、无政府主义、民族主义思潮等又交叉叠加，在网络上进行合流，进一步加深了网络意识形态安全的风险。

网络意识形态安全工作极端重要，能否做好网络意识形态安全工作，事关党的前途命运，事关国家长治久安，事关民族凝聚力和向心力。当前，进行伟大斗争、建设伟大工程、推进伟大事业、实现伟大梦想的同时，一刻也不放松网络意识形态安全工作。对新时代网络意识形态安全进行系统阐释和理论研究，是为了能够更好地理解和把握当今中国网络意识形态安全的现状，切实有效地指导网络意识形态安全工作实践。掌握网络意识形态主导权，就是守护国家主权。习近平指出："现在，宣传思想工作的环境、对象、范围、方式发生了很大变化，但宣传思想工作的根本任务没有变，也不能变。宣传思想工作就是要巩固马克思主义在意识形态领域的指导地位，巩固全党全国人民团结奋斗的共同思想基础。"[1]当前网络意识形态领域的多元思想文化交流、交融、交锋已是一种客观存在，但值得留意的是国际与国内、线上与线下、虚拟与现实的界限愈发模糊，宪政民主、新自由主义、历史虚无主义思潮伺机涌动，网络成为错误思想传播的策源地，增加了网络意识形态治理的难度。网络空间中引领社会思潮、凝聚思想共识的任务艰巨繁重，如何巩固马克思主义在网络意识形态的指导地位，维护社会主义意识形态安全，真正发挥好社会主义意识形态凝聚力和引领力，打赢不同领域的意

---

[1] 中共中央文献研究室：《习近平关于全面建成小康社会论述摘编》，中央文献出版社2016年版，第104页。

识形态斗争,是研究新时代网络意识形态安全需要回应和解决的问题。坚定立场方向管好用好互联网,在网络空间凝聚利益认同、增强理论认同、形成价值认同,是新形势下建构网络主流意识形态话语体系、建设网络主流意识形态阵地的关键。新时代网络意识形态安全需要立足国家战略的高度,结合网络强国战略、大数据战略、数字中国建设等战略部署,研究并分析网络时代特色以及中国国情和网络意识形态领域出现的变化,找到符合我国实际、服务党和国家中心工作的网络意识形态安全之路,开启新时代我国网络意识形态安全工作的新征程。

第二,网络意识形态安全风险的综合性。综合性就是指影响因素的多样性。网络使人们交往更加便捷,成本更加廉价,全世界不同地域的人们都可以进行即时交往,使得人们突破了传统的交往模式,从而交往更加频繁。人们在交往过程中的信息体量就呈现出一种爆炸式增长,网络意识形态的安全问题日益复杂,呈现出一种综合性的影响态势。因此,在网络领域中出现的新问题往往层出不穷,从而使得网络意识形态安全的风险点也往往会因为网络而产生、因网络而不断扩散、因网络而变得更加难以把控。一方面,网络意识形态安全问题与其他领域的风险问题相互交织,形成彼此之间的因果关系而互相影响。显然,网络意识形态安全问题不是孤立的,而必然会与其他领域的问题交织起来,网络领域的这种互动性使得与其他领域的风险问题呈现出相互交流、交融、交锋的一种状态,网络领域的不同要素不同领域之间的联动效应更加明显。"在信息时代,网络安全对国家安全牵一发而动全身,同许多其他方面的安全都有着密切关系。"①新时代随着我国社会结构的深刻变化，人们之间利益格局的深刻调整，使得人们的思想在网络上呈现出一种多元性、独立性、差异性的状态，人们对问题的看法不尽相同，在网络意识形态间的碰撞交锋也是在所难免，网络意识形态风险应运而生。另一方面，新时代网络意识形态安全问题往往呈现出一种"舆论先行"，或者"网上网下联动"的变化趋势，而在一定外部条件的加持下，或在西方势力的助推下，它就能够衍生出或者转化为诸如网络意识形态风险，特别是政治风险、文化风险等。这些不同领域的风险在一定条件下也会形成相互的关联，相互的转化，相互的促进，进而不断地演变为网络系统性的风险综合体，从而增加网络意识形态安全问题。

习近平提出"正确的网络安全观"②，应该成为开展网络意识形态安全工作的指导思想。网络意识形态安全是全局性的安全问题，不是简单的网络问题，是关涉党和国家生死存亡，关涉中国特色社会主义建设能否成功的重要问题。习近平在2014年的全国网络安全和信息化工作会议上指出："没有网络安全就没有国家安全。……要提高网络综合治理能力，形成党委领导、政府管理、企业履责、社会监督、网民自律等多主体参与，经济、法律、技术等多种手段相结合的综合治网格局。"③习近平网络综合治理的重要论述完全打破了过去"头痛医头，脚痛医脚"的局部治理观念。

---

① 《十八大以来重要文献选编》（下），中央文献出版社2018年版，第309页。
② 习近平：《在网络安全和信息化工作座谈会上的讲话》，《人民日报》2016年4月26日。
③ 习近平：《在网络安全和信息化工作座谈会上的讲话》，《人民日报》2016年4月26日。

毛泽东指出："凡事要推翻一个政权，总要先造成舆论，先做意识形态方面的工作。革命的阶级是这样，反革命的阶级也是这样。"①社会舆论在今天最为明显的演变特征就是网络化传播，社会舆论往往通过网络的发酵最终形成现实的积聚效应。自20世纪90年代以来，随着信息技术的不断发展和网民数量的日益增多，我国已迅速崛起为世界的网络大国。毋庸讳言，网络的兴起和发展为意识形态工作开辟了新的模式和路径，但与此同时，也形成了许多新的问题，特别是网络空间中的意识形态安全问题。一是网络空间意识形态斗争方兴未艾，西方网络强国借助其雄厚的信息技术优势对我国进行西化渗透，这是造成我国网络意识形态安全受到冲击的外来挑战。二是国内社会的各种矛盾通过网络世界人为的变相夸大和渲染，甚至扭曲和捏造产生的内在的意识形态安全问题。三是由于我国网络基础设施建设薄弱、管理相对滞后、网络技术人才储备与培育的不足以及网络核心技术研发与应用落后、网络话语权较弱等，这些不足导致了网络意识形态安全问题形势十分严峻。

马克思在《〈黑格尔法哲学批判〉导言》中曾经指出："批判的武器当然不能代替武器的批判，物质力量只能用物质力量来摧毁，但是理论一经掌握群众，也会变成物质力量。理论只要说服人，就能掌握群众；而理论只要彻底，就能说服人。所谓彻底，就是抓住事物的根本。"②因而，加强对网络意识形态安全进行系统研究，把握影响网络意识形态安全的综合要素，具有重要的理论价值和现实意义。习近平指出："互联网是当前宣传思想工作的主阵地。这个阵地我们不去占领，人家就会去占领；这部分人我们不去团结，人家

---

① 《建国以来毛泽东文稿》第十册，中央文献出版社1996年版，第194页。
② 《马克思恩格斯选集》第一卷，人民出版社2012年版，第9页。

就会去拉拢。要把这些人中的代表性人士纳入到统战工作视野,建立经常性联系渠道,加强线上互动、线下沟通,引导其政治观点,增进其政治认同。"[1]如果网络意识形态阵地被西方敌对势力所占据,其后果是非常严重的。20世纪80年代到90年代,社会主义阵营的解体,以及之后的一系列颜色革命,起源就是意识形态混乱和主流意识形态的被肢解。但与之不同的是,21世纪的舆论失控与意识形态混乱往往多兴起于网络空间,并最终形成网络于现实运动的双向互动模式,其扩散速度之快、波及面之广、受众之多都是从未有过的。因而,维护网络意识形态安全,主要是维护社会主义意识形态的主导地位,维护马克思主义在网络意识形态中的领导地位。所以,我们要加强和改进党对网络意识形态工作集中统一领导,坚持和发挥社会主义核心价值观在网络中的引领和整合作用。

第三,网络意识形态安全问题的隐蔽性和破坏性。隐蔽性往往是指网络意识形态安全问题的潜藏性,它当然有自己直接的呈现形式,然而更多地存在一种遮蔽性,把自己伪装起来,一旦时机成熟,就会原形毕露,这时的问题就比较严重了,其破坏性也越大。由于网络空间的开放性和匿名性等特征,致使在网络空间中充斥着各种各样的信息和言论。特别是面对网络上突发的一些公共危机事件,如果网络监管部门不能及时发布相关的权威信息,那么这时就会有各种各样的网络谣言,一些虚假信息被不断地放大传播,从而把舆情危机推向一个新的高潮,造成网络意识形态安全的风险不断扩大。因此,有必要将应对舆情危机的有益经验制度化,进而提高政府防控网络意识形态风险的能力。要将舆情危机应急制度化,健全突发重大网络舆情应急处置预案,"加强舆情跟踪研判""加强网络媒体

---

[1] 《习近平谈治国理政》第二卷,外文出版社2017年版,第325页。

管控"，①注重对舆情动态的分析和梳理，提炼舆论关切点。对网络舆论场内的批评、质疑、追问，要本着公开透明、实事求是的态度与公众展开平等对话，不断总结经验，堵漏洞、补短板、强弱项。当下，"互联网领域发展不平衡、规则不健全、秩序不合理等问题日益凸显"②，要加强网络意识形态制度建设，为做好网络意识形态安全风险防控工作提供坚实的制度保障。

　　网络时代的全媒体技术正以一种新的叙事方式生产、传播、消费信息，受众在网络空间内可享受全视角、多维度、立体化的即时性信息盛宴。与此同时，网络上眼花缭乱的信息轰炸制造了人对信息的虚假需求，这种虚假需求与信息商品化共同诱发的虚假信息相互作用，"使信息站在人的对立面控制了人，产生信息异化，信息异化最终导致信息拜物教"③。"网络是一把双刃剑，一张图、一段视频经由全媒体几个小时就能形成爆发式传播，对舆论场造成很大影响。"④在网络场域中，资本逻辑作用下的信息异化成为一部分信息生产者谋利的工具。一些不法分子为了吸引受众眼球，刻意制造流量，导致信息乱象丛生，"所谓内幕、揭秘、潜规则层出不穷，谣言、暴力、色情信息屡禁不绝，曝隐私、秀下限、搏出位大行其道"⑤。诸如此类的信息经过网络的传播将加深受众的体验认知，使受众沉迷于虚假信息带来的快感中难以自拔。受众在网络信息媒

---

① 习近平：《在中央政治局常委会会议研究应对新型冠状病毒肺炎疫情工作时的讲话》，《求是》2020年第4期。
② 《习近平谈治国理政》第二卷，外文出版社2017年版，第532页。
③ 江瑛林、李俊伟：《网络环境下的信息异化与意识形态风险防范》，《中共天津市委党校学报》2019年第6期。
④ 《习近平谈治国理政》第三卷，外文出版社2020年版，第319页。
⑤ 石平：《警惕网络负能量》，《求是》2013年第12期。

体营造的虚假空间中进行冲动性的信息消费，逐渐失去了独立思考和判断的能力，沉湎于信息拜物教所营造的幻象中，致使信息异化进一步加深。

三、新时代网络空间命运共同体思想

网络空间命运共同体思想的提出深刻地体现了中国作为一个负责任大国对全球网络空间治理矛盾和问题的深入思考和密切关注，是对构建人类命运共同体思想在全球网络空间治理领域的逻辑延伸，同时也是推动和完善全球网络治理体系建构的中国方案。

2014年，首届世界互联网大会在浙江乌镇召开，此次会议有近100多个国家和地区的1000多名外国政要、互联网精英和学者参与。习近平致贺词指出："互联网真正让世界变成了地球村，让国际社会越来越成为你中有我、我中有你的命运共同体。"[1]2015年9月23日，习近平在美国西雅图微软公司总部会见出席中美互联网论坛双方主要代表时，又提出建设安全、稳定、繁荣的网络空间，对世界发展意义重大，也需要各国团结协作，没有人能置身事外。2015年12月16日，在第二届世界互联网大会上习近平亲临会场发表重要讲话，提出："随着世界多极化、经济全球化、文化多样化、社会信息化深入发展，互联网对人类文明进步将发挥更大促进作用。同时，互联网领域发展不平衡、规则不健全、秩序不合理等问题日益凸显。"[2]正是基于对全球网络空间治理的担忧和思考，习近平明确地提出了构建网络空间命运共同体的主张，提出网络空间是人类共同的家园，网络空间的前途命运又是由世界各国共同把握。因此，习

---

[1] 习近平：《主席贺词》，《信息化建设》2014年第12期。
[2] 《习近平谈治国理政》第二卷，外文出版社2017年版，第532页。

近平号召"网络空间是人类共同的活动空间,网络空间前途命运应由世界各国共同掌握。各国应该加强沟通、扩大共识、深化合作,共同构建网络空间命运共同体"[①]。构建网络空间命运共同体的主张是中国领导人提出的解决网络空间治理的中国方案,在之后召开的每一届世界互联网大会上,习近平多次重申了构建网络空间命运共同体的实践必要性和现实紧迫性,构建网络空间命运共同体也由此逐渐成为国际社会的广泛共识。

  问题是时代呼声,习近平曾说:"理论创新只能从问题开始。从某种意义上说,理论创新的过程就是发现问题、筛选问题、研究问题、解决问题的过程。"[②]正如网络空间命运共同体思想的提出并不是偶然的,体现出了对网络空间安全和治理问题的深刻洞见,对网络空间内在隐忧和潜在威胁的深切关注,对人类共同利益和共同命运的终极关怀,以及中国作为大国应承担的责任使命的高度自觉。网络空间命运共同体的提出是一个重要的理论创新,是推动全球网络空间治理的重要理论基石,也是推动和优化全球网络空间治理的中国方案。

  网络空间命运共同体是人类命运共同体思想的逻辑延伸。2015年9月,习近平在第七十届联合国大会讲话中提出了构建人类命运共同体的主张:"当今世界,各国相互依存、休戚与共。我们要继承和弘扬联合国宪章的宗旨和原则,构建以合作共赢为核心的新型国际关系,打造人类命运共同体。"[③]构建人类命运共同体思想蕴含着中国传统文化中的"和"的文化基因,体现着中国独立自主的和平

---

① 《习近平谈治国理政》第二卷,外文出版社2017年版,第534页。
② 《习近平谈治国理政》第二卷,外文出版社2017年版,第342页。
③ 《习近平谈治国理政》第二卷,外文出版社2017年版,第522页。

外交政策以及以合作共赢为核心的外交理念的深刻内涵意蕴，展现了中国作为负责任大国的形象和担当。人类社会已经进入了21世纪，20世纪的两次世界大战给了人类深刻的教训，即战争和暴力只会带来灾难和死亡，而互利共赢、和平发展才是人类社会应该有的宿命和状态。但是，21世纪的国际社会并不太平，战争冲突、恐怖袭击、贫穷饥荒、疾病死亡、生态破坏、环境污染等一系列的区域性和全球性的问题仍然没有消除。政治多极化、经济全球化、文化多元化、信息网络化等趋势日益明显，这给人类实现多元并存、共同发展美好前景带来曙光，却给人类也带来诸多的影响，如政治上的新霸权主义、经济上的贫富鸿沟、文化的新殖民主义以及全球网络空间的治理问题等。"世界怎么了？我们怎么办？"[①]2017年1月18日，习近平在联合国日内瓦总部发表演讲，全面、深刻、系统地阐述了人类命运共同体理念，呼吁国际社会从伙伴关系、安全格局、经济发展、文明交流、生态建设等方面共同努力，并提出了五项具体主张。2017年12月1日，在中国共产党与世界政党高层对话会上，习近平指出："人类命运共同体，顾名思义，就是每个民族、每个国家的前途命运都紧紧联系在一起，应该风雨同舟，荣辱与共，努力把我们生于斯、长于斯的这个星球建成一个和睦的大家庭，把世界各国人民对美好生活的向往变成现实。"[②]构建人类命运共同体思想及主张的提出是建立在对国际社会现存问题以及全球治理和发展所面临的问题和矛盾的深刻理解和认知的基础之上，是对人类前途命运的深刻思考和深切关怀。

随着网络的发展和在世界范围内的普及应用，网络已经将世界

---

① 《习近平谈治国理政》第二卷，外文出版社2017年版，第537页。
② 习近平：《携手建设更加美好的世界》，《人民日报》2017年12月2日。

联结成为一个整体，即一个全球性网络空间。《世界是平的》一书中讲道："世界在变平这一事实意味着，我们将地球上的各个知识中心统一到了一个单一的全球网络中。"①这实际上是对全球化最精练的描述。全球化使得世界的不同国家、民族、区域的差距越来越缩小，直至趋于平等。虽然说这个观点可能有失偏颇，但是不可否认其确实描述了一种日益明显的发展趋势。并且，在信息网络化的时代，计算机网络构筑了一个虚拟的"全球化"的空间域，在这个虚拟的空间域当中，人类可以从事与经济、政治、社会生活、文化教育等相关联的一系列活动，同时这也意味着国家之间、民族之间、区域之间信息交流的范围和程度加深，也促进了全球范围内的资源自由流通和合理利用。物理上的时空距离、政治意义上的国家边界以及民族、宗教及文化的隔阂似乎已经被打破，世界变得更"小"了。可以说，信息网络技术加速了世界变"平"的趋势和速度。习近平说："互联网让世界变成了'鸡犬之声相闻'的地球村，相隔万里的人们不再'老死不相往来'。可以说，世界因互联网而更多彩，生活因互联网而更丰富。"②斐迪南·滕尼斯将共同体定义为"一切亲密的、秘密的、单纯的共同生活"以及"休戚与共，同甘共苦"③的状态。全球性网络空间的形成及其内在的日益密切的联结和日益频繁的交互作用，网络空间主体之间的内在关联性、依存度日益增强，存在着一荣俱荣、一损俱损的责任共担、利益与共的共生关系。正

---

① ［美］托马斯·弗里德曼：《世界是平的》，何帆，肖莹莹，郝正非译，湖南科学技术出版社2006年版，第9页。
② 习近平：《在第二届世界互联网大会开幕式上的讲话》，《人民日报》2015年12月17日。
③ ［德］斐迪南·滕尼斯：《共同体与社会》，商务印书馆2019年版，第52页。

如习近平所说的"互联网真正让世界变成了地球村,让国际社会越来越成为你中有我、我中有你的命运共同体"[1]。这也意味着建立网络空间命运共同体是顺应信息网络的应用规律、符合人们共同利益的必然选择。曼纽尔·卡斯特在其《网络社会的崛起》一书中指出,"网络建构了我们社会的新社会形态,而网络化逻辑的扩散实质地改变了生产、经验、权力与文化过程中的操作和结果"[2]。这里的"社会"实际上指的是人类共同生存的全球性社会。正如曼纽尔·卡斯特所说的在信息网络化的催生之下,社会存在的形态、运行的秩序发生了重大的改变,这并不意味着技术决定论观点,但是不可否认的是计算机网络确实给世界带来了巨大的改变,同时不可否认的是我们也必须要严肃思考网络所带来的挑战和矛盾。曼纽尔·卡斯特也警惕到"事实上,我们观察到信息革命释放出庞大生产力的同时,全球经济里人类悲惨的黑洞也益形巩固"[3]。因此,构建网络空间命运共同体思想的提出正是基于网络发展的趋势和问题,也是基于对一种全球网络新秩序的美好追求而提出来的,很明显,这是将构建人类命运共同体思想延伸到了全球网络空间领域,以网络平台为人类活动的空间域和中介体,构建网络空间命运共同体。

---

[1] 习近平:《主席贺词》,《信息化建设》2014年第12期。
[2] [美]曼纽尔·卡斯特:《网络社会的崛起》,社会科学文献出版社2006年版,第569页。
[3] [美]曼纽尔·卡斯特:《网络社会的崛起》,社会科学文献出版社2006年版,第2页。

第三节　新时代网络意识形态安全管控

管控好网络意识形态安全，就要科学制定安全风险防控策略，积极推动网络意识形态安全风险治理体系和治理能力现代化。习近平在党的十九大报告中指出："加强互联网内容建设，建立网络综合治理体系，营造清朗的网络空间。"①党的十八大以来，习近平高度重视网络意识形态安全工作，在不同场合对于网络意识形态安全发表了系列重要讲话。习近平指出："网络空间同现实社会一样，既要提倡自由，也要保持秩序。""要加强互联网领域立法，完善网络信息服务、网络安全保护、网络社会管理等方面的法律法规。要依法加强网络社会管理，加强网络新技术新应用的管理，确保互联网可管可控。"因此，必须加强互联网内容建设，以马克思主义引领网络意识形态建设，牢牢把握网络意识形态话语权，占领网络意识形态重要阵地。

一、坚持习近平网络意识形态安全重要论述为指导

党的十八大以来，习近平关于互联网和意识形态的新思想、新理论、新论断，为在网络空间中维护和巩固意识形态安全提供了科学的理论遵循和实践指导。

新时代网络意识形态安全地位论。习近平指出："网络安全和信息化是事关国家安全和国家发展、事关广大人民群众工作生活的重

---

① 《习近平谈治国理政》第三卷，外文出版社2020年版，第33页。

大战略问题，要从国际国内大势出发，总体布局，统筹各方，创新发展，努力把我国建设成为网络强国。"①网络空间是国家安全的重要疆域，网域就是疆域，网权就是主权。网络意识形态安全是促进国家安全、发展的重中之重，要为国家政治安全保驾护航。习近平指出："群众在哪，我们的领导干部就要到哪去，因为网民来自老百姓，有老百姓的地方，就是民意聚集的地方。"②网络时代要做好网络意识形态安全工作，习近平倡导各级党政机关和领导干部经常上网看看，提示他们要善于运用网络倾听民意、了解民忧、关注民生。2018年11月，习近平在致第五届世界互联网大会的贺信中指出："当今世界，正在经历一场更大范围、更深层次的科技革命和产业变革。互联网、大数据、人工智能等现代信息技术不断取得突破，数字经济蓬勃发展，各国利益更加紧密相连。为世界经济发展增添新动能，迫切需要我们加快数字经济发展，推动全球互联网治理体系向着更加公正合理的方向迈进。"③这是对网络发展重要性的生动阐述，也是对维护网络意识形态安全的重要论述。

新时代网络意识形态安全法治论。十八届四中全会提出，"加强互联网领域立法，完善网络信息服务、网络安全保护、网络社会管理等方面的法律法规，依法规范网络行为"，为大力推进依法治网提供行动指南和强大动力。依法治网是贯彻全会精神，全面推进依法治国的新要求。坚持依法治网，全面推进网络空间法治化。习近平强调："网上负面言论少一些，对我国社会发展稳定、人民安居乐业

---

① 《习近平谈治国理政》第一卷，外文出版社2018年版，第197页。
② 《习近平谈治国理政》第二卷，外文出版社2017年版，第336页。
③ 习近平：《习近平向第五届世界互联网大会致贺信》，《人民日报》2018年11月8日。

只有好处没有坏处。"①因此，对不良互联网信息及其渠道要采取雷霆手段，更加注重内容治理，做好打持久战的准备。在自媒体勃兴的时代，数据芜杂，唯有通过不断的治理和日常的维护，第一时间修补信息内容的"破窗"，为互联网内容生产者树立规范，订立规矩，划出禁区，做到有错必纠，违规必罚，违法必惩。理直气壮唱响网上主旋律，巩固壮大主流思想舆论，是掌握网络意识形态主动权的重中之重。习近平指出：网络空间是"亿万民众共同的精神家园"，不是"法外之地"，要依法治理网络空间，加强网络内容建设和正面宣传，大力培育积极健康、崇德向善的网络文化。习近平强调："要加快网络立法进程，完善依法监管措施，化解网络风险"②"要坚持依法治网、依法办网、依法上网，让互联网在法治轨道上健康运行"。③要不断完善网络信息安全法律法规制度建设，将立法、执法、司法、守法全过程纳入网络意识形态安全治理的法治化轨道，充分发挥法律的规范功能。"要持续巩固壮大主流舆论，加大舆论引导力度，加快建立网络综合治理体系，推进依法治网。"④加快网络立法和执法进程，坚持在法律的约束下治网、办网、上网，完善依法监督管理的相关措施，使互联网在法治轨道上健康有序地运行。营造一个清明干净的网络环境需要多方系统治理，需要相关部门以及网络媒体有所为有所不为，需要全社会共同努力。

---

① 中共中央宣传部：《习近平新时代中国特色社会主义思想三十讲》，学习出版社2018年版，第221页。
② 习近平：《在网络安全和信息化工作座谈会上的讲话》（2016年4月19日），人民出版社2016年版，第22页。
③ 中共中央党史和文献研究院：《习近平关于网络强国论述摘编》，中央文献出版社2021年版，第155页。
④ 《习近平谈治国理政》第三卷，外文出版社2020年版，第220页。

新时代网络意识形态安全阵地论。网络意识形态安全属于复合型多维安全问题，关涉意识形态安全多方领域，因而网络意识形态安全建设必须加强阵地建设。网络作为意识形态斗争主战场，如果马克思主义不去占领，那么非马克思主义的思想意识就一定会去占领。主流媒体要"及时提供更多真实客观、观点鲜明的信息内容，牢牢掌握舆论场主动权和主导权"①。习近平指出：要加强前沿阵地建设，把党校、行政学院、社会科学院、高校等教育单位建设成为马克思主义研究学习、宣传培训的重要阵地，建设好、管理好各类基层宣传文化阵地。习近平强调指出："宣传思想工作以团结稳定鼓劲、正面宣传为主要工作方针。要坚持巩固和壮大主流思想舆论阵地，弘扬主旋律、凝聚正能量，增强宣传的吸引力和感染力。网络宣传思想工作是党和人民事业的重要组成部分，必须把实现最广大人民的根本利益作为目的和归宿，团结、激励、凝聚全国各族人民为社会主义事业不懈奋斗。"②在新时代要实现最广大人民的根本利益，就必须坚持中国共产党的领导，坚持中国特色社会主义道路，不断深化社会主义现代化建设，实现中华民族伟大复兴的中国梦。这是时代赋予我们的光荣使命，也是时代给予我们的发展机遇。网络意识形态安全工作必须有这种自觉的历史使命感和国家责任感，在网络空间中坚持正面宣传，占领意识形态主阵地，弘扬时代主旋律，为新时代社会主义现代化建设、人民过上幸福美丽生活提供强大而稳定的舆论支持。

新时代网络意识形态安全机制论。习近平指出："要加强党中央对网信工作的集中统一领导，确保网信事业始终沿着正确方向前

---

① 《习近平谈治国理政》第三卷，外文出版社2020年版，第319页。
② 《习近平谈治国理政》第一卷，外文出版社2018年版，第155页。

进。"①党的集中统一领导是我国网络意识形态安全的机制保障，是确保国家安全的根本。与此同时，习近平总书记多次强调：加强网络舆情监管力度，建立网络主流意识形态话语机制。网络安全作为全球性挑战，加强网络信息安全的国际合作机制。网络意识形态安全是关涉多领域多维度的总体安全，网络意识形态安全机制建设是全方位、多层次的系统工程。习近平总书记指出："党性和人民性从来都是一致的、统一的。坚持党性，核心就是坚持正确政治方向，站稳政治立场；坚持人民性，就是要把实现好、维护好、发展好最广大人民根本利益作为一切工作的出发点和落脚点。"②党性和人民性具有内在的一致性。因此网络意识形态工作的党性和人民性也是统一的，党必须对宣传思想工作具有领导权，同时宣传思想工作也是为人民服务的。

新时代网络意识形态安全技术论。习近平总书记强调指出："核心技术是国之重器，'缺芯少魂'就会不堪一击，核心技术受制于人是我们最大的隐患。"③面对网络意识形态斗争过程中西强我弱的总体态势，我们必须致力发展网络核心技术，才能打破美国的技术封锁和技术统治。只有不断推动网络核心技术的自主创新，才能不断强化网络意识形态安全防控能力。"核心技术是国之重器"④，要做好网络意识形态安全工作，就离不开对网络信息技术的发展和运用。

---

① 习近平：《在网络安全和信息化工作座谈会上的讲话》，《人民日报》2016年4月26日。
② 《习近平谈治国理政》第一卷，外文出版社2018年版，第154页。
③ 习近平：《加快推进网络信息技术自主创新 朝着建设网络强国目标不懈努力》，《人民日报》2016年10月10日。
④ 中共中央党史和文献研究院：《习近平关于网络强国论述摘编》，中央文献出版社2021年版，第110页。

充分利用网络信息技术，对维护网络意识形态安全具有重要的战略意义。习近平指出："互联网核心技术是我们最大的'命门'，核心技术受制于人是我们最大的隐患。"[1]因此，突破网络技术瓶颈，弄通"卡脖子"技术的基础理论和技术原理是关键。我们必须加快研制信息系统所需要的关键性硬件和软件产品，特别是要重点突破互联网搭建技术、大数据技术、微电子技术、信息传输技术、破网技术和无线网络攻击技术的研制，高度关注其对意识形态安全领域的发展运用，加快推进网络强国建设。

新时代网络意识形态安全人才论。习近平强调指出：要充分利用人才资源建设一支政治强、业务精、作风好的强大人才队伍，突出培养世界一流水平的科学家、网络信息科技领军人才、高水平工程师、先进创新团队。网络空间的竞争从根本上说是人才竞争，意识形态的竞争从根本上说是民心之争。人才队伍建设对网络意识形态安全来说至关重要，只有具备互联网领域的技术精英与管理人才，才能增强互联网空间中国家的调控管理能力和意识形态主导话语权。这就要求网络人才必须具有敏锐的政治判断力，就"要涵养政治定力，练就政治慧眼"[2]。因此，这就要求我们要善于用政治眼光来把控网络意识形态安全风险问题，科学地判断分析网络意识形态面临的客观形势，在纷繁复杂的国内外环境中把握网络意识形态方向，及时辨别出错误思潮和言论。习近平强调："政治上的主动是最有利

---

[1] 习近平：《在网络安全和信息化工作座谈会上的讲话》（2016年4月19日），人民出版社2016年版，第10页。
[2] 《习近平谈治国理政》第三卷，外文出版社2020年版，第521页。

的主动，政治上的被动是最危险的被动。"①因此，要坚持将底线思维运用到网络意识形态安全风险防控之中，把问题想得再复杂一些，把风险的等级预估得再高一些，做好应对最坏局面的打算，才能做到在网络意识形态安全问题上处变不惊。

二、坚持党对网络意识形态的集中统一领导

坚持中国共产党对网络意识形态安全工作的全面领导，不断提升网络政治判断力具有重要意义。"中国共产党领导是中国特色社会主义最本质的特征，是中国特色社会主义制度的最大优势，党是最高政治力量。"②由于网络意识形态安全问题是一项全局性的系统工程，要做好网络意识形态安全工作，就必须有系统的思想观念，就必须坚持马克思主义在意识形态领域的指导地位，坚持中国共产党对意识形态的全面领导，确保党在网络意识形态安全风险防控过程中的领导者、组织者、实施者的坚强地位。中国共产党有着重视思想建设的优良传统，是克敌制胜、不断前行的重要法宝。意识形态工作是党在各个时期工作的重要组成部分，因时代不同和实践条件的变化，有着不同指向和要求。历届领导集体根据时代特征的变迁，在总结实践经验的基础上，形成符合时代要求的意识形态思想，丰富了意识形态建设的思想宝库和理论宝库。十九大报告指出："必须推进马克思主义中国化时代化大众化，建设具有强大凝聚力和引领力的社会主义意识形态，使全体人民在理想信念、价值理念、道德

---

① 《中共中央政治局召开民主生活会强调加强政治建设提高政治能力坚守人民情怀不断提高政治判断力政治领悟力政治执行力》，《人民日报》2020年12月26日。
② 《十九大以来重要文献选编》（中），中央文献出版社2021年版，第272页。

观念上紧紧团结在一起。"①新时代我国经济社会发展不断面临新情况和新特征，由此我国意识形态领域也面临着新问题和新挑战。习近平在意识形态领域一直强调党性和人民性的统一性，坚持党和人民在目标和利益上的高度一致。网络意识形态安全工作是意识形态工作的延伸，从这个意义上讲，建设中国特色网络意识形态，必须坚持以党性和人民性为主体的多元性发展方向。党中央高度重视意识形态工作，审时度势、深刻把握时代发展的规律，提出了一系列关于网络意识形态的新思想、新主张和新观点，阐明了新时代意识形态工作方向性、根本性、全局性的重大问题。习近平指出："过不了互联网这一关，就过不了长期执政这一关"②，因此，必须高度重视网络意识形态风险防控，增强主流意识形态的传播力、引导力、影响力、公信力，切实维护中国共产党的执政地位。习近平关于网络意识形态的重要论述，是在国际政治格局深刻调整变革、中国特色社会主义进入新时代的大背景下，关于意识形态工作的最新智慧，及时补充了党关于意识形态建设的思想宝库，为新时代社会主义各项事业的稳步推进提供科学指引。

新时代网络意识形态安全工作的关键在于坚持党对网络意识形态的集中统一领导。习近平指出："在网络意识形态工作中坚持党性，核心就是坚持正确的政治方向，站稳政治立场。坚决同党中央保持高度一致，坚决维护中央权威。"③坚持党对网络意识形态安全工作的领导，就是为了给最广大人民营造一个清朗的网络空间，净化网络环境，根本上是为了维护最广大人民的利益。因此，习近平

---

① 《习近平谈治国理政》第三卷，外文出版社2020年版，第33页。
② 《习近平谈治国理政》第三卷，外文出版社2020年版，第317页。
③ 《习近平谈治国理政》第一卷，外文出版社2018年版，第154页。

多次强调新时代网络意识形态安全工作的重要性。习近平指出："我们要深刻认识经济基础对上层建筑的决定作用，深刻认识上层建筑对经济基础的反作用，既不能因为中心工作而忽视意识形态工作，也不能使意识形态工作游离于中心工作。"[①]因此，必须掌握网络意识形态工作的领导权与话语权。我们必须在网络意识形态领域敢于举旗亮剑，把握网络意识形态工作的主动权。网络这块阵地，我们不用主流意识形态去占领，就会有其他意识形态去占领。因此，要加强党对网络意识形态管理的集中统一领导，确保网络意识形态始终沿着正确方向前进。要主动适应社会信息化的发展方式、强化互联网思维，不断提高把握互联网规律的能力、引导网络舆论的能力、驾驭信息化发展的能力以及保障网络安全的能力，不断提高网络意识形态治理的能力。加强党对网络意识形态管理，要求领导干部走好网络群众路线。领导干部应树立互联网思维，尽快适应并熟悉"线下"到"线上"舆论环境的新变化，不断提升与网民沟通交流的能力、对网络舆论的引导能力、针对突发事件的应变能力，在促进干群的良性互动中，更好地排解民忧。

三、完善全球网络治理体系的中国方案

网络意识形态安全问题是一个新型的复合型问题，牵涉到多主体，因此要管理好网络意识形态，必须在各部门各组织各行为主体之间形成合力，在网络空间中形成大宣传的工作格局。各级政府机关和各级干部都要到网上去，更好地知网、用网、管网。要将网络意识形态安全工作放在日常工作的重要位置，提升对网络意识形态

---

① 中共中央文献研究室：《习近平关于社会主义文化建设论述摘编》，中央文献出版社2017年版，第21页。

安全问题的分析能力和解决能力，增强统筹各部门共同治网管网能力。同时，必须落实网络意识形态安全责任制，强化领导干部的责任担当，在网络意识形态安全工作中做到"守土有责、守土负责、守土尽责"。在谈到党的新闻舆论工作时，习近平指出党的新闻舆论工作的职责和使命是："高举旗帜、引领导向，围绕中心、服务大局，团结人民、鼓舞士气，成风化人、凝心聚力，澄清谬误、明辨是非，联接中外、沟通世界。"①这十二个要求是党在新时代新闻舆论工作的方向路线，所要履行的根本职责，进行工作的基本方针，所要达到的目的和效果等，这些关于新闻舆论工作的重要论述对于维护好网络意识形态安全具有十分重要的指导意义。

2014年，习近平在首届互联网大会的贺词中深刻地分析了互联网给全球发展带来的重要影响，指出互联网发展对国家主权、安全、发展利益提出了新的挑战。习近平提出："中国愿意同世界各国携手努力，本着相互尊重、相互信任的原则，深化网络合作，尊重网络主权，维护网络安全，共同建设和平、安全、开放、合作的网络空间，建立多边、民主、透明的国际互联网治理体系。"②2015年，第二届世界互联网大会上，习近平亲自参会并发表了讲话，在深刻地分析全球网络空间治理所面临的问题的基础上重申了建立多边、民主、透明的国际互联网治理体系的建议主张，并提出了推进全球互联网治理体系变革的四项原则、五点主张，并且全面地表达和论述了构建网络空间命运共同体的基本思想内涵、理论架构和实践路径。网络已经渗透到了经济、政治、文化教育、社会生活等各领域中，关系到世界国家、社会和人们生活的安全稳定、安定有序和便利可

---

① 《习近平谈治国理政》第二卷，外文出版社2017年版，第332页。
② 习近平：《主席贺词》，《信息化建设》2014年第12期。

靠等重要问题。网络已经将世界联结成了一个统一整体,网络空间也成为人类共同生活的空间,网络空间的命运关乎人类的命运。因此,构建网络空间命运共同体就是要求世界各国以网络空间为空间域和中介体,本着平等尊重、互利共赢、共商共建的基本态度,以维护网络主权为核心原则,以坚持和平安全、开放合作、良好秩序为基本原则,以夯实基础、交流互鉴、创新发展、对话协作为基本路径,共同建构人类的精神共同体、利益共同体和命运共同体。

习近平指出:"宣传思想工作是做人的工作的,人在哪儿重点就应该在哪儿。"①网络意识形态安全工作与现实中的意识形态工作相比,存在着许多新的特点,必须创新网络意识形态工作方法,提升工作的灵活性和针对性。更不能只起到一个"救火"的作用,哪里着火就扑灭哪里。而是要做到工作具有前瞻性,主动出击,适时引导,不要让个别事件发酵成群体事件,不要将小问题拖成大问题。习近平指出,网络意识形态工作的最终目标是凝聚全社会共识、网上网下形成同心圆。习近平强调指出:"古今中外,任何政党要夺取和掌握政权,任何政党要实现长治久安,都必须抓好舆论工作。"②互联网不是法外之地,必须依法治理网络空间,增强主流意识形态在网络意识形态领域的主导地位,建设具有强大凝聚力和引领力的社会主义意识形态,宣扬正能量,弘扬主旋律,营造清朗网络空间。习近平指出,"当前,思想舆论领域大致有红色、黑色、灰色'三个地带'。红色地带是我们的主阵地,一定要守住;黑色地带主要是负面的东西,要敢抓敢管、敢于亮剑,大大压缩其地盘;灰色地带要

---

① 中共中央宣传部:《习近平新时代中国特色社会主义思想三十讲》,学习出版社2018年版,第221页。
② 中共中央文献研究室:《习近平关于社会主义文化建设论述摘编》,中央文献出版社2017年版,第38页。

大张旗鼓争取，使其转化为红色地带。"①红色地带主要是由党的媒体、各级政府网站、网上正面舆论场等阵地组成的，是我们弘扬主旋律，宣扬正能量的主要阵地，我们必须将其牢牢把握住。灰色地带主要是一些社会思潮裹挟着民间舆论，反映出一些社会矛盾和各种各样的诉求，虽然不会直接对我国主流意识形态构成冲击，但如果放任自流，很容易导致意识形态领域的混乱无序。因此，我们必须极力争取这一地带向红色地带转化，用主流意识形态来引领。黑色地带主要是一些西方敌对势力利用其网络霸权对我国进行意识形态输出，抹黑我国社会主义制度，肆意传播对我国建设不利的网络谣言，发表反动言论。对于黑色地带，我们要敢于举旗亮剑，与这些言论斗争到底，利用法律武器对其进行强制性管理，大大压缩其地盘。

首先，要本着平等尊重、互利共赢、对话协作的基本态度。习近平在中国共产党和世界政党对话会上讲到面对人类所共同的问题，人类有两种选择，一种是争权夺利、兵戎相向；另一种是齐心协力、共面挑战。前一种选择无疑会给人类带来危机和灾难，而后一种选择才能够为人类构建人类命运共同体创造条件和前提，为人类带来光明的未来。互联网将人类带入了万物互联的时代，面对网络安全和危机，没有哪个国家，也没有哪个国家的人民能够置身于事外、独善其身。因此，建设人类共同的网络空间命运共同体需要各国之间本着平等尊重、互利共赢、共商共建的态度共同建构。既要尊重国际地位的平等，也要尊重各国权利和利益的平等；既要维护本国的利益，也要兼顾他国利益以及国家共同利益，做到互利共赢，而不是零和博弈。网络空间命运共同体既要依赖于世界各国共同参与

---

① 《习近平谈治国理政》第二卷，外文出版社2017年版，第328页。

和共同建设，同时也要让世界各国能够机会平等地享受到全球网络秩序合理化发展所带来的利益和好处。

其次，要以尊重网络主权为核心原则，以坚持和平安全、开放合作、良好秩序为基本原则。维护网络主权是核心原则。早在威斯特伐利亚体系时确立起了民族国家的独立性，同时也确立了民族国家主权平等、主权至高无上的基本原则。在现代社会，尊重主权也是《联合国宪章》当中所确立的根本原则，也是处理国家关系的基本准则。互联网虽然已经将人类社会联结成了一个统一整体，政治意义上国界区分在网络虚拟空间内形式上已经被消解了，但是这并不意味着现实中的国家界限和主权区分就真正消除了。各国仍有其特殊的国情和特殊利益，同时各国也有权选择其网络发展道路、网络管理模式、网络公共政策以及平等参与国际网络空间治理的权利。同时，还要坚持和平安全、开放合作、良好秩序的基本原则。和平安全，意味着各国要和平共处，和平地利用和开发网络空间，共同守护网络空间的安全。合则两利，斗则俱伤，国际网络安全需要人类共同维护；开放合作，意味着各国之间要加强沟通和交流，优势互补、互通有无、共谋发展，而不是闭门造车、各自为政、各谋其利；良好秩序，意味着要处理好自由和秩序的关系。网络不是法外之地，也不是没有规则的真空。合理的规则、完善的法制以及良好的秩序对世界各国都有利，也能够更好地维护网络交往的自由和权利。

最后，要以夯实基础、交流互鉴、创新发展、对话协作为基本路径。一是要共建夯实全球网络基础设施建设。"网络的本质在于互联，信息的价值在于互通。"①要实现网络的广泛互联、信息的顺利

---

① 《习近平谈治国理政》第二卷，外文出版社2017年版，第534页。

互通，就必须要完善网络基础设施的建设，这是基本的物质和技术保障和前提。二是要促进文化传播，文明交流互鉴。优秀的文化和文明是人类的共同财富，独特的文化和文明是一个民族的精神特质和精神身份，多彩的文化和文明也是世界魅力和精彩之所在。全球网络空间是人类共同的精神家园，需要人类共同尊重文化多样性，相互传播文化文明的优秀基因和先进内容，互鉴互通、交流吸收，建构人类共同的精神家园。三是要积极推动网络技术和网络经济的创新发展，促进共同繁荣。创新驱动发展是关键，全球网络空间命运共同体的建构需要以共谋发展注入活力。这需要各国之间构建起协调互助机制，协商打破技术和制度壁垒的合理机制，促进技术的交流、资源的共享。四是要对话协作。构建网络空间命运共同体关键在于对话协商合作。习近平在各个场合的国际会议上不止一次地提出国际上的事应该由大家商量着办，不能由一国或少数几个国家说了算。因此，维护好全球网络空间秩序需要构建起沟通交流机制，大家协商合作、共同应对，共同反对技术霸权、技术遏制、技术滥用和技术领域内的恶性竞争及军备竞赛，共同营造公平正义的全球网络空间。

　　网络空间命运共同体是人类的利益共同体，关乎人类共同利益的维护和共享，也是人类的精神共同体，关乎人类共同精神家园的建设和人类灵魂的安顿，更是人类的命运共同体，关乎人类的命运和前途。

第五章

国外意识形态安全理论与经验借鉴

新时代维护意识形态安全需要有一个全球的视野与高度。"西方国际安全理论主要流派包括自由主义学派、现实主义学派和建构主义学派,三大学派虽然同属于西方国际安全研究,是西方理论思维的结果,但其学派立论和特点各不相同。"[①]无论西方国家在维护意识形态安全方面的经验教训或者是具体的做法,抑或是对外意识形态输出问题,都值得研究。同时,这里有必要探讨苏联解体的意识形态问题等。国家意识形态安全是国家政治安全的前沿阵地,而意识形态安全是新时代总体国家安全观的重要基石。只有知彼知己,方能百战不殆。

---

① 刘胜湘等:《世界主要国家政治体制与安全体制研究》,时事出版社2022年版,第3页。

第一节 西方国家意识形态安全的理论流派

意识形态安全是马克思主义意识形态理论体系的重要组成部分。自从马克思主义意识形态理论产生以来，对意识形态理论与实践的研究即引发了学界强烈的兴趣，在国内外学界呈现出多维度立体化的研究视阈。相较于国内学者因社会发展的现实需要而更多地侧重意识形态研究的实践之维，在国外学界特别是20世纪20年代以后，以西方马克思主义的意识形态论，即以法兰克福学派为主要阵地，主张在社会批判理论的框架下，通过对资本主义的文化工业批判来呈现意识形态的物与象。因此，该学派的意识形态研究不可避免地浸润着学院派的色彩，从而在总体上显现为偏重理论的独特气质。尤以安东尼奥·葛兰西、路易·皮埃尔·阿尔都塞和尤尔根·哈贝马斯这三位西方马克思主义杰出理论家关于意识形态安全的思想最为出彩。

一、安东尼奥·葛兰西意识形态领导权的理论流派

作为早期传统西方马克思主义创始人之一以及意大利共产党领袖，安东尼奥·葛兰西的一生是为意大利的共产主义事业而艰苦奋斗的真实写照。葛兰西的大部分理论著作都出自其被困狱中期间，在其代表作《狱中札记》一书中，他单独辟出一章对其意识形态思想进行了深刻论述。安东尼奥·葛兰西在对西方资本主义社会展开

深入剖析的基础上，提出了"市民社会意识形态"的概念，并对无产阶级开展阶级斗争并取得胜利的发展途径提供了更为详细而具体的建议，即无产阶级要掌握意识形态领导权。对于安东尼奥·葛兰西来说，意识形态就是拥有某种物质性力量的上层建筑。即意识形态是一种特殊的观念体系，是上层建筑的观念表现形式。也就是说"意识形态是具体的'思想体系'或'是通过艺术、法律、经济活动以及个人和集体生活中的方方面面所体现出来的观念世界'。但意识形态还不仅仅是观念世界或思想体系，它还能激发特定的态度并为行为提供方向"。"因此，意识形态被视为某种世界观以及其相应的行为准则之间的联合。"① 作为某种世界观与行为准则联合体的意识形态被赋予了行动导向的价值指引意蕴，即一种具有实践指向功能的观念的上层建筑，同时该意识形态摒弃了虚幻的纯粹的主体幻想，而是实实在在的形式与质料的统一体。该统一体糅合了作为经济基础决定物的物质力量，因此，意识形态的形式与质料并非抽象地作为彼此的对立物存在，而是内在地统一在总体之中。因此，作为上层建筑重要组成部分的意识形态，是一种具有物质力量的非物质实体性存在。借此，掌握意识形态领导权，将是社会发展十分重要的事业。

鉴于东西方社会不同发展阶段所造成的社会结构和国家特征的不同和差异，安东尼奥·葛兰西认为两者根本性差别主要体现在市民社会的地位问题上。他认为市民社会是"与经济领域和政治领域并列的文化、伦理和意识形态领域，是新兴资产阶级逐步成为一个独立的阶级、工业文明和商品经济相对发达的产物"。相较而知，在

---

① 张秀琴：《马克思意识形态概念理解史》，人民出版社2018年版，第173页。

东方社会，由于工业文明和商品经济发展的滞后，仍处于农耕文明时代，市民社会处于原始的状态，并没有形成独立的市民社会。因此，国家就是一切，其本质特征表现为强权和暴力。只有以暴力打破旧的国家机器和强力统治，革命也就成功了。而西欧等西方社会，由于工业文明和商品经济的发达，新兴资产阶级成为一个独立的阶级，形成了独立的市民社会，资产阶级不仅拥有政治上的领导权，而且还取得了文化和意识形态上的领导权，其本质特征表现为二重性：强权和以契约、民主为基础的认可、同意。市民社会表现为政治强权的职能愈弱，而文化、伦理与教育的职能愈强。因此，安东尼奥·葛兰西强调："一个社会集团统治者他往往会'清除'或者甚至以武力来制服敌对集团，他领导着同类的和结盟的集团。一个社会集团能够也必须在赢得政权之前开始行使'领导权'（这是赢得政权的首要条件之一）；当他行使政权的时候就最终成了统治者，但他即使是牢牢掌握住了政权，也必须继续以往的'领导'。"[①]安东尼奥·葛兰西所定义的市民社会"领导权"主要包括两个维度的意蕴：一是"政治领导权"，即获取国家政治上的统治权；二是"道德与知识的领导权"，即掌握市民社会的文化和意识形态统治权。安东尼奥·葛兰西在此基础上提出西方社会的革命途径应当是先掌握意识形态等文化领导权，继而夺取政治领导权，最后在维持政治领导权的同时继续掌握文化领导权。从中我们可以窥知其"文化领导权"即一个阶级在获取政治权力之前，必须牢牢把握意识形态领导权，政权的长久稳定也必须依赖于意识形态领导权的稳固。掌握意识形态领域的领导权实质是维护意识形态安全，如何维护意识形态安全。

[①] [意]安东尼奥·葛兰西：《狱中札记》，曹雷雨，姜丽，张跣译，中国社会科学出版社2000年版，第38页。

一方面，在安东尼奥·葛兰西那里，他倡导的意识形态具体形式表现为有组织的意识形态，这种意识形态可以充当一种劝说者的角色，在推进社会化进程中通过大众劝说可达到节约人际交往成本以及独特的整合社会功能等目标，即将意识形态本身转化为具体的行动指南。同时区别于注重分析意识形态的历史发展脉络，安东尼奥·葛兰西则更倾向于探究意识形态在社会空间的生成路径。为此，安东尼奥·葛兰西提出主流意识形态的生成并非全部出自统治阶级和知识分子或社会精英之手，本阶级的一部分接受者或拥护者自身也会生成。因此，既定社会的主流意识形态的生成并非全然是统治阶级的意志表达和利益写照，而是全体社会成员合力作用的结果，是交互作用的产物。另一方面，"每个国家都是伦理国家，因为他们最重要的职能就是把广大国民的道德文化提升到一定的水平，与生产力的发展要求相适应，从而也与统治阶级的利益相适应。学校具有正面的教育功能，法院具有镇压和反面的教育功能，因此学校和法院是最重要的国家活动；但在事实上，大批其他所谓的个人主动权和活动也具有同样的目的，它们构成统治阶级政治文化霸权的手段"[①]。因此，在市民社会中，要高效运作并合理发挥学院、法院以及工会、媒介等各类共同体机构、设施宣传和传播主流意识形态的功能，从而达到维护主流意识形态安全的目的。

根据对西方社会变化情况的深刻把握，安东尼奥·葛兰西逐步形成了自己的关于意识形态安全的阵地战和文化领导权的思想。安东尼奥·葛兰西认为，资产阶级作为统治阶级如果要实现自己的阶级统治，就必须依靠自己阶级所拥有的强制性的国家机器，来通过

---

① [意]安东尼奥·葛兰西：《狱中札记》，曹雷雨，姜丽，张跣译，中国社会科学出版社2000年版，第214页。

自己的权力行使对被统治阶级的文化和意识形态领导权，这样才能实现作为统治阶级的意识形态安全。"统治阶级通过学校、宗教、文学艺术、风俗习惯等手段，将其价值观灌输给被统治阶级，并使它成为公众遵守的道德规范，从而获得后者对'合法'统治的认同。"资产阶级通过不同样态的形式来实现其精神的上层建筑，从而成为资产阶级实现统治的所谓的"堡垒和战壕"。这就使得在西方资本主义国家的社会主义革命，所面临的任务十分艰巨和困难，由此进行革命所需的时间会更长。"结论是：在西方只能打'稳扎稳打'的'阵地战'，而不能打'速战速决'的'运动战'。"无产阶级"更要注重开展文化和意识形态的斗争；在成为统治者之前，首先做领导者"。[①] "意识形态既想使某些活动或安排合法化，又想使个人整合起来，使之能够为了一定的目标而团结一致。"[②] 西方资本主义国家所形成的制度历经数百年来特别是第二次世界大战以来的历史，已经充分证明了安东尼奥·葛兰西观点的可取之处。正如马克思指出，"构成统治阶级的各个个人"，"他们还作为思维着的人，作为思想的生产者进行统治，他们调节着自己时代的思想的生产和分配"。[③] 西方资本主义国家在不同领域，采取各种各样的手段，调动国家机器，动用各方面的力量，来形塑符合资产阶级统治的意识形态，并采用一定的精神抚慰来麻醉、弱化本国民众的反抗意识，从而实现资产阶级意识形态的统治，实现资产阶级意识形态安全。

---

① ［意］葛兰西：《狱中书简》，田时纲译，人民出版社2007年版，第6页。
② ［澳大利亚］安德鲁·文森特：《现代政治意识形态》，袁久红等译，江苏人民出版社2005年版，第24页。
③ 《马克思恩格斯文集》第一卷，人民出版社2009年版，第551页。

二、路易·皮埃尔·阿尔都塞的意识形态国家机器思想

安东尼奥·葛兰西以文化领导权为核心范畴所建立起来的意识形态领导权在西方马克思主义中产生了较大的影响。其文化领导权思想不仅影响了西方马克思主义的人本主义学派，而且也影响了科学主义或实证主义马克思主义思潮。在西方马克思主义中，以路易·皮埃尔·阿尔都塞等人为代表的结构主义是该思潮的杰出代表之一。作为20世纪六七十年代结构主义的代表人物，路易·皮埃尔·阿尔都塞创立了结构主义的马克思主义，创造性地提出了用结构主义的方法阐释马克思主义，并发表了大量珍贵的著作和文集。其中，路易·皮埃尔·阿尔都塞最为著名的著作是《保卫马克思》。该书集中深刻地阐释了关于"意识形态国家机器"的国家观思想，对当前维护意识形态安全具有重要的借鉴意义。相较于马克思主义关于意识形态的"上层建筑说"以及"阶级意识说"等思想，路易·皮埃尔·阿尔都塞在认识论层面从一种独特意义上规定意识形态概念并区分了意识形态与科学，同时在功能论层面讨论了意识形态与社会表征，创造性地提出了结构主义的马克思主义意识形态理论。在意识形态安全的国家观问题上，路易·皮埃尔·阿尔都塞从科学性的角度，批驳了人本主义对阶级意识和主体能动性的着重强调。同时，路易·皮埃尔·阿尔都塞也深受安东尼奥·葛兰西领导权理论的影响，其意识形态国家机器概念就鲜明地体现了这一点。

从认识论层面而言，路易·皮埃尔·阿尔都塞从结构主义角度将意识形态基本定义描述为"意识形态是具有独特逻辑和独特结构的表象（形象、神话、观念或概念）体系，它在特定的社会中历史

地存在,并作为历史而起作用"①。这里的表象体系即意识形态的社会表征系统,其具体形态包括宗教、哲学、伦理、艺术等形式。因此,意识形态既不是凭空臆造,也不是历史的附庸,而是一种客观的无意识结构。无意识的客观性结构体现在意识形态是社会的历史生活的一种基本结构,"即使意识形态以一种深思熟虑的形式出现(如马克思以前的哲学),它也是十分无意识的。意识形态是个表象体系,但这些表象在大多数情况下和'意识'毫无关系;它们在多数情况下是形象,有时是概念。它们首先作为结构而强加于绝大多数人,因而不通过人们的'意识'。它们作为被感知、被接受和被忍受的文化客体,通过一个为人们所不知道的过程而作用于人……因此,意识形态根本不是意识的一种形式,而是人类'世界'的一个客体,是人类世界本身"②。路易·皮埃尔·阿尔都塞认为,恩格斯把历史过程中发挥作用的各个领域分为经济、政治和意识形态三大类,其中意识形态是一切社会总体的有机组成部分,通过种种表象体系得以表征和再现。"在任何社会中,尽管表现形式可以变化万端,但始终有一种基本的经济活动、一种政治组织和一些意识形态形式(宗教、伦理、哲学等等)。意识形态因此是一切社会总体的有机组成部分。"③它体现了意识形态与人类意识的高度相关性,因此区别于其他社会领域。另外,路易·皮埃尔·阿尔都塞指出,"作为表象体系的意识形态之所以不同于科学,是因为在意识形态中,实

---

① [法]路易·皮埃尔·阿尔都塞:《保卫马克思》,商务印书馆2010年版,第227页。
② [法]路易·皮埃尔·阿尔都塞:《保卫马克思》,商务印书馆2010年版,第228页。
③ [法]路易·皮埃尔·阿尔都塞:《保卫马克思》,商务印书馆2010年版,第226页。

践的和社会的职能压倒理论的职能(或认识的职能)"①,表明实践与社会功能是意识形态的基本职能,这一功能甚至可以压倒其理论和认识功能,从而与科学相区别。意识形态的实践与社会功能基于一定的理论前提:在人类与其自身生存条件的关系以及与这一对关系的体验中,意识形态能够通过发挥其想象的作用加强或改变人类对其生存条件的依附关系。而"实践的"和"社会的"职能则是指意识形态对人的实践活动和生存条件的根本意义。"没有意识形态的种种表象体系,人类社会就不能生存下去。人类社会把意识形态作为自己呼吸的空气和历史生活的必要成分而分泌出来。""人类通过并依赖意识形态,在意识形态中体验自己的行动,而这些行动一般被传统归结为自由和'意识'。""总之,人类同世界——包括历史——的这种'体验'关系(无论参加政治活动与否)要通过意识形态而实现,甚至可以说,这种关系就是意识形态本身。"②更为具体地说,"显然,为了培养人、改造人和使人们能够符合他们的生存条件的要求,任何社会都必须具有意识形态。正如马克思所指出的,历史是对人类生存条件的不断改造,即使在社会主义社会中也是如此;因而人类必须不断地改造自己,以适应这些条件。这种'适应'不能放任自流,而应该始终有人来负责指导和监督,这个要求的表现形式就是意识形态"。③因此,与人类的生存密切相关的价值和利益要求在意识形态中起支配作用。路易·皮埃尔·阿尔都塞强调这

---

① [法]路易·皮埃尔·阿尔都塞:《保卫马克思》,商务印书馆2010年版,第228页。
② [法]路易·皮埃尔·阿尔都塞:《保卫马克思》,商务印书馆2010年版,第229页。
③ [法]路易·皮埃尔·阿尔都塞:《保卫马克思》,商务印书馆2010年版,第225页。

正是意识形态与科学的区别之处,科学是求真的学问,具有价值中立性。同时,意识形态的这一主要职能也体现在其具有能动性的属性上。"正是在想象对真实和真实对想象的这种多元决定中,意识形态具有能动的本质,它在想象的关系中加强或改变人类对其生存条件的依附关系",然而,"把意识形态作为一种行为手段或一种工具使用的人们,在其使用过程中,陷进了意识形态中被它包围,而人们还自以为是意识形态的无条件的主人"。①因此,路易·皮埃尔·阿尔都塞指出,人们正是在意识形态中衡量差距和体验矛盾,最终"能动地"解决矛盾。鉴于路易·皮埃尔·阿尔都塞所强调的意识形态的客观无意识性,因而意识形态的这种能动作用并不代表人的主观性。

路易·皮埃尔·阿尔都塞从结构主义认识论的意义上将意识形态界定为一个表征体系。同时在对其内涵进一步的阐释中,作为一个社会有机体的结构性要素,路易·皮埃尔·阿尔都塞笔下的意识形态充满了功能论的色调。也正是在对辩证法的重新阐释中,路易·皮埃尔·阿尔都塞扩展了马克思主义的国家观,在政治实践中深入探讨了意识形态国家机器问题。所谓意识形态国家机器,即区别于借助于暴力发挥作用的镇压型国家机器(如政府、军队、警察、法庭以及监狱等)的非典型暴力型国家机器,包括宗教、教育、政治、法律、工会、家庭、传媒以及文化等以"专门化机构的形式呈现"的机构或建制,路易·皮埃尔·阿尔都塞称为"意识形态国家机器"②。在此需要明确区分镇压型国家机器和意识形态国家机器:

---

① [法]路易·皮埃尔·阿尔都塞:《保卫马克思》,商务印书馆2010年版,第231页。
② 陈越:《哲学与政治:阿尔都塞读本》,吉林人民出版社2003年版,第335页。

镇压型国家机器只有一种类别，完全属于公共领域的范畴；而意识形态国家机器则有许多不同种类的形式，意识形态属于私人领域，作为"私人领域的组成部分"，其仍具备发挥公共功能的职能属性。同时，相较于镇压型国家机器的显性存在，意识形态国家机器则是由多种且分散的机构或建制构成的隐形机制，其发挥作用的中介点即是"意识形态"，"正是这种（运用意识形态）发挥功能的方式"将其"多样性统一起来"，即"统一在占统治地位的意识形态底下"——"这种占统治地位的意识形态就是'统治阶级'的意识形态"。因此，"任何一个阶级如果不在掌握政权的同时对意识形态国家机器并在这套机器中行使领导权的话，那么它的政权就不会持久"。①作为阶级斗争的场所和形式，掌握意识形态并行使领导权是长期掌握国家政权的前提和条件。"意识形态国家机器是多样的、彼此各异的、'相对独立的'，并且能够提供一个客观的矛盾展开的领域，这些矛盾以有限的或极端的形式表现了资本家阶级斗争和无产阶级的阶级斗争之间冲突的后果，以及这些冲突的次要形式"。②

在路易·皮埃尔·阿尔都塞看来，意识形态的功能是带有实践的物质性色彩的"生产关系的再生产"，而这一"再生产"即是维持意识形态国家机器运行的关键所在。"如果用地形学语言（基础与上层建筑），我可以说：在极大程度上，生产关系的再生产是通过法律——政治的和意识形态的上层建筑来保证的。""在很大程度上，生产关系的再生产是通过国家政权在国家机器——（镇压性）国家机器和意识形态国家机器两方面——运用中来保证的。"因此，作为

---

① 陈越：《哲学与政治：阿尔都塞读本》，吉林人民出版社2003年版，第338页。
② 陈越：《哲学与政治：阿尔都塞读本》，吉林人民出版社2003年版，第341页。

生产关系的再生产保证，意识形态国家机器在生产关系再生产中的作用显而易见："意识形态国家机器的多样性的功能恰恰在于它们唯一的——因为是共同的——生产关系再生产的作用。"①从逻辑关系上，意识形态国家机器先于建制群的个体成员，因此并不是人们坚持的信仰建构起意识形态国家机器，而是意识形态国家机器被建构后，人们才坚持某种信仰，即路易·皮埃尔·阿尔都塞的意识形态主体建构论。基于这种生产关系再生产功能，"意识形态是个人与其在生存条件的想象关系的'表述'"②，同时，个人之所以成为主体，也是意识形态"询唤"③的结果。在路易·皮埃尔·阿尔都塞看来，作为一种物质的存在，意识形态正是存在于某种机器当中。存在于这种机器的实践或各种实践当中的意识形态凸显其物质性，同时通过对人与其想象的社会关系进行"表征"。因此，这种想象关系本身就具有物质的存在。作为意识形态建构的结果，主体是意识形态功能的具体体现，换言之，个人只有通过意识形态的中介才能成为社会人、成为作为主体的人。

三、尤尔根·哈贝马斯的科学与技术意识形态思想

20世纪的人类面临着十分矛盾的现实困境：一方面，伴随着工业革命时代的到来，在科学技术飞速发展和物质财富巨大增长的同时人的主体性得到了空前的发展，包括人的本质力量、创造能力以

---

① 陈越：《哲学与政治：阿尔都塞读本》，吉林人民出版社2003年版，第342页。
② 陈越：《哲学与政治：阿尔都塞读本》，吉林人民出版社2003年版，第353页。
③ 陈越：《哲学与政治：阿尔都塞读本》，吉林人民出版社2003年版，第359页。

及自由维度在内的诸多特性比以往任何时代都得到了更大程度的释放以及更大范围的展现，科学技术从根本上改变了人类的生存面貌；另一方面，作为人类征服自然、创造财富的对象化活动，工业社会生产力与生产关系的融合并没有像传统理性主义和技术乐观主义者们所憧憬的那样，在此岸尘世中建立起彼岸世界中上帝的天国。相反，物质匮乏的缓解并没有从根本上消除人的生存困境，科学技术也在悄悄走向自律与异化，由人类创造的现代工业文明所衍生的各种文化力量开始成为普遍的异化力量和物化力量，新的生存困境开始统治着人类，科学技术开始成为独立的制约人的统治力量。面对技术世界中人的生存困境，20世纪西方哲学界兴起了声势浩大的技术理性批判思潮，存在主义和科学哲学中的批判理性主义、新实证主义、新马克思主义等学派都致力对技术理性主义的文化思潮进行审视和批判。后起的法兰克福学派在此批判思潮的基础上系统阐述并建构了清晰的技术理性批判理论，包括霍克海默、阿多尔诺、马尔库塞等这些人的学派最具代表性和影响力。其中，正是通过尤尔根·哈贝马斯，法兰克福学派的技术意识形态论经历了一次转型，由传统理性观转向交往理性观，为维护意识形态安全提供了新的独特视角。

  作为法兰克福学派第三代中坚人物，尤尔根·哈贝马斯是德国当代最重要的哲学家和社会理论家之一。在尤尔根·哈贝马斯之前的法兰克福学派认为，"意识形态不再是作为一种可分开的层次而添加到社会存在上的，而是社会存在的内在固有的"[①]，而作为意识形态之一的科学技术，则是资本主义社会内部固有的，是伴随着资

---

① ［德］阿多尔诺：《否定的辩证法》，张峰译，重庆出版社1993年版，第355页。

本主义发展而生产出来的生活方式和意识结构。马尔库塞坚决秉持这一观点，同时引入社会心理学分析的视角集中解析并论证科学技术作为意识形态的观点。相较于马尔库塞等早期代表人物的技术意识形态论，尤尔根·哈贝马斯更侧重于从意识形态的角度对技术理性进行批判，即将早期的技术意识形态论作为可分析的对象，从而提出了著名的交往行为理论。

在尤尔根·哈贝马斯看来，所谓"作为意识形态的科学与技术"，实质上是揭示在发达工业社会条件下，科学技术打上了意识形态的烙印。尤其伴随着网络技术的发展，同大众传媒结合起来的意识形态成为当前消解人的主体性并超越意识的主要的异化力量。尤尔根·哈贝马斯断言，科学技术成为意识形态主要是指作为社会"第一位的生产力"的科学技术已然成为现代社会统治的基础，导致政治的科学化的趋势，并为传统的政治统治提供了一种新的理性合法性证明。尤尔根·哈贝马斯明确指出了科学技术的两重性。在现代化的发达工业社会，科学技术在影响社会发展的作用上不可忽视：一方面，作为社会发展的"第一位的生产力"，科学技术成为推动社会发展的关键力量之一；另一方面，作为一种新的统治形式或统治力量，科学技术在当前成为一种新的"意识形式"。尤尔根·哈贝马斯强调，在当代，科学活动不再是一种闭门造车式的封闭独立的学术研究，当科学研究与技术成果相结合，两者之间碰撞摩擦出火花极大地推进生产力的高速发展，由此科学与技术成为推动社会发展的"第一位的生产力"。同时，科学与技术的紧密联系极大地促进了社会财富的飞速增长，人们的物质生活水平相应地得到了较大的提升。在此基础上，尤尔根·哈贝马斯指出："自19世纪末叶以来，标志着晚期资本主义特点的另一种发展趋势，即技术的科学化趋势日益明显。……随着大规模的工业研究，科学、技术及其运用结成了一个体系。在这个过程中，工业研究是同国家委托的研究任务联系在一起的。科学情报资料从军事领域流回到民间商品生产部门。于是，技术和科学便成了第一位的生产力。"①

在发达工业社会，科学技术所扮演的角色不可能仅仅只是作为"第一位的生产力"，而是已然作为一种异化的力量成为一种为统治提供合法化证明的"意识形态"。合理化概念来自韦伯，在尤尔根·哈贝马斯这里得到了更为清晰的澄清。尤尔根·哈贝马斯认为，合理化概念可分为"自下而上"与"自上而下"这两种不同路径生成形式。第一种，"来自下面的合理性"，即这种合理性是以科学技术为根基，呈现为发达生产力的进程，属于目的理性活动的子系统。第二种，"来自上面的合理性"，这种合理性以语言为中介质素，以话语的符号互动为基础构建一种制度框架层面上的合理化，属于交往理性活动的子范畴。根据尤尔根·哈贝马斯的分析，"资本主义是由一种生产方式决定的，这种生产方式不仅提出了统治的合法性问题，而且也解决了统治的合法性问题"。据此推论，尤尔根·哈贝马斯直言，科学技术在当代已经"具备了一种辩护的功能"，亦即具有意识形态的独特功能。而这种意识形态的独特性正体现在"它能使社会的自我理解同交往活动的坐标以及同以符号为中介的相互作用的概念相分离，并且能够被科学模式所代替"②。尤尔根·哈贝马斯强调，"只有随着资本主义生存方式的出现，制度框架的合理性才能直接同社会劳动系统联系在一起。只有在这个时候，所有制才能

---

① [德]哈贝马斯：《作为"意识形态"的技术与科学》，李黎，郭官义译，学林出版社1999年版，第62页。
② [德]哈贝马斯：《作为"意识形态"的技术与科学》，李黎，郭官义译，学林出版社1999年版，第69页。

从一种政治关系变成一种生产关系,因为所有制本身的合法性是依靠市场的合理性,即交换社会的意识形态,而不是依靠合法的统治制度",此时,"社会的制度框架仅仅在间接的意义上是政治的,在直接的意义上是经济的(资产阶级的法治国家是"上层建筑")"。[1]同时,尤尔根·哈贝马斯通过剖析意识形态的生成路径,即"从狭义上讲意识形态首先是这样产生的:它代替了传统的统治的合法性,因为它要求代表现代科学,并且从意识形态批判中获得了自身存在的合法权利。意识形态从本源上讲同意识形态批判是一回事。从这种意义上讲,前资产阶级的'意识形态'是不存在的"[2]。因此,目的理性并非观察世界的正确手段,而应该注意到构成生活世界的基本行为类型除了目的理性活动外还存在着交往理性活动。正是交往关系为来自下面的合理化的资产阶级提供了新的合法性,由此产生了资产阶级的意识形态。"技术和科学本身以普遍实证论思想的形式——表现为技术统治的意识——代替被废除了的资产阶级意识形态的意识形态意义。技术和科学具有替代被废除了的资产阶级意识形态的意义这一点是随着资产阶级意识形态批判而取得的:这就是合理化概念中的模棱两可的出发点。马尔库塞突出了启蒙辩证法的意义,把它变成了技术与科学本身从而成为意识形态这样一个命题"[3]。尤尔根·哈贝马斯强调,传统的统治是"政治的统治",现如今的统治则是"技术的统治",是以科学和技术为

---

[1] [德]哈贝马斯:《作为"意识形态"的技术与科学》,李黎,郭官义译,学林出版社1999年版,第54页。
[2] [德]哈贝马斯:《作为"意识形态"的技术与科学》,李黎,郭官义译,学林出版社1999年版,第56页。
[3] [德]哈贝马斯:《作为"意识形态"的技术与科学》,李黎,郭官义译,学林出版社1999年版,第73页。

合法性基础的统治。因此,不能将意识形态等同于科学技术,"因为现在,第一位的生产力——国家掌管着的科技进步本身——已经成为合法性的基础。这种新的合法性形式,显然已丧失了意识形态的旧形态"。在此现状下,尤尔根·哈贝马斯提出了以交往理性来取代传统理性,抛弃那种建立在意识形态批判基础上的技术意识形态论,代之以一种建立在交往行为理论基础上的技术意识形态论。在这样一种交往理性的基础上,在新的规范下,"劳动"的重要性被"交往"所取代,与之相对应,"生产力"的重要性被"生产关系"所取代,存在于这些子系统的意识形态成为人们交往行为的结构性因素。正如尤尔根·哈贝马斯指出的,"交往行为理论不是什么元理论,而是一种试图明确其批判尺度的社会理论的开端"。[1]而且这种批判理论"还以马克思主义的历史哲学为基础,就是说,深信生产力发展了一种客观突破的力量",并提供一种确切的说明,"新的冲突是在文化再生产,社会统一和社会化领域中形成的",[2]而非传统意义上的生产力领域。因此,传统的意识形态批判力度已然弱化,现在需要改变的首先是生活方式。

---

[1] [德] 哈贝马斯:《交往行动理论·第一卷——行动的合理性和社会合理化》,洪佩郁,蔺青译,重庆出版社1994年版,第130页。
[2] [德] 哈贝马斯:《交往行动理论·第二卷——论功能主义理性批判》,洪佩郁,蔺青译,重庆出版社1994年版,第500页。

第二节　西方资本主义国家维护意识形态安全的谋略

作为世界上两大意识形态制度，资本主义和社会主义关于意识形态的矛盾和斗争由来已久且十分尖锐。当资本主义制度和社会主义制度长期较量又屡遭失败后，西方资产阶级开始调整对外策略，采用"和平演变"战略对社会主义国家进行意识形态渗透。同时，对内采取积极维护意识形态安全的策略，强化资产阶级的意识形态。通过这一系列的整体谋略，西方资本主义国家在维护资产阶级意识形态安全方面积累了很多经验，这里将进行详细的梳理。

一、美国维护意识形态安全的举措

美国作为西方国家的典型代表高度重视自己国家的意识形态安全，特别是在意识形态构建、传播、教育以及学术研究和法治保障等方面费尽心思地精心谋划，系统地构筑起一道完整的攻守兼备、缜密有效的意识形态安全的防火墙。美国是世界上最发达的资本主义国家之一，它也是整个资本主义世界从来没有从内部发生过革命（国内战争除外）的国家。美国是宗教意识和宗教氛围较为浓厚的国家，是反对社会主义意识形态最为坚决并强大的发达资本主义国家。美国自独立以来，构建了一套复杂而巧妙的意识形态安全体系，使得美国社会总体趋于稳定，从而能够称霸世界。研究美国在意识形态安全方面的具体做法，具有重要的现实意义。

第一，美国高度重视通过文化传统来维护意识形态安全。美国虽然是一个文化多元化国家，但是基督教文化在美国却是一直居于核心的地位，基督教在美国私人空间的影响是根深蒂固的。美国通过宗教信仰来维护美国意识形态安全的策略从来没有改变。它"在增强民族认同和自豪感、进行社会整合、传播和扩张意识形态中发挥着不可替代的作用"①。基督教在美国的政治生活、经济生活和民众的心理方面，扮演着非常重要的角色，并且发挥着重要作用，这就为美国资产阶级构建其意识形态安全防线提供了无比坚实的文化根基。在美国，宗教因素是属于传统文化的重要方面，处于文化领域的核心地位。恩格斯曾经游历过美国，对美国民众所形成的"仍然顽固地坚持着继承下来的、在欧洲被认为过时了的小资产阶级习惯的人"②有着深刻印象，这里所谓的"习惯"应当是指传统文化，其中主要包括宗教因素。马克斯·韦伯就在其《新教伦理与资本主义精神》著作中，从总体上系统地研究了传统文化与美国意识形态的关系，特别是宗教因素与资本主义的关系问题。英国首相丘吉尔曾经在美国发表所谓的"铁幕"演讲，就非常明确地提出了"冷战"意识形态思维，即是从假设的所谓的基督教文明受到以苏联为代表的共产主义"暴政"的威胁开始的。丘吉尔断言"共产党第五纵队"遍布世界各地，到处构成对基督教文明的日益严重的挑衅和危险。丘吉尔毫不掩饰地把意识形态安全纳入国家安全的战略地位，演讲深深地触动了美国人的神经，使美国人从自己固有的意识形态出发，更加重视对美国国家安全利益的维护。从宗教文化因素

---

① 杨竞雄：《当代美国意识形态治理及其对我国的启示》，《长沙理工大学学报（社会科学版）》2014年第5期。
② 《马克思恩格斯全集》第二十一卷，人民出版社1965年版，第535页。

来维护美国意识形态安全,"在美国公众中引起了强烈的反响,它等于完成了进行冷战的政治动员"。①由此可见,美国在现阶段维护意识形态安全所依凭的仍然是根深蒂固的基督教文化。可以说,美国资产阶级借助传统基督教文化建构并维护美国意识形态安全,已经达到了炉火纯青的地步。

第二,美国高度重视通过传播媒体来维护意识形态安全。美国的传播媒体,总是宣称自己的报道客观公平、自由公正等,但是所有的这些陈述都是有限度的。媒体必须服务于国家意识形态安全的宣传。从根本上来说,媒体是为政治服务的载体。美国是一个善于利用媒体对别国进行意识形态渗透的国家,也是一个善于利用媒体来维护自己意识形态安全的国家。过去,美国利用广播电视等媒体对社会主义国家不断地进行着意识形态的渗透,今天随着网络信息技术的发展,网络已成为意识形态领域斗争的主战场,美国特别重视通过网络来维护意识形态安全。"这场斗争伴随着电子计算机、通信工具和最新的摄影技术的出现而起,使用这些武器的人都是一些高度专业化的舆论制造者和宣传家,还加上他们麾下的'反击'和'进攻'部队,其服务对象却是公司的和政治的巨大利益。"②美国利用这些"舆论制造者和宣传家",在美国内部炮制一系列具有传奇意味的意识形态神话,其中包括所谓的良性发展的神话、关于稳定的神话、关于技术的神话、关于教育的神话,掩饰贫富分化等社会

---

① 周建明:《美国国家安全战略的基本逻辑:遏制战略解析》,社会科学文献出版社2009年版,第24页。
② [英]拉里·埃里奥特,丹·阿特金森:《不安全的时代》,商务印书馆2001年版,第3页。

弊病,强化资产阶级统治的合法性依据。①在美国,最大的神话创造,就是"知道如何以更有利于富人的方式塑造偏好和信念"的"1%上层群体"②。美国要创造这些神话就必须对媒体进行控制,这就是美国维护意识形态安全最主要的手段。"媒体成了那1%上层群体掌握了话语权的王国。他们有实力购买并控制那些重要的媒体,有的甚至愿意赔钱这样做:这是一种维持其经济地位的投资。"③美国遥遥领先的科技霸权,凭借资本掌控的美国媒体,美国的国家安全部门可以不受限制地对美国民众实施政治监控和监听,"斯诺登事件"曝光的"棱镜计划"就充分证实了这个事实,这就是维护美国意识形态安全的逻辑使然。

第三,美国高度重视通过法治化的手段来维护意识形态安全。"美国国家安全法规是其安全体制的前提,其国家安全体制必然是以宪法、法律和有关战略为依据,考察美国安全体制必然要考察相关安全法律体系。"④意识形态作为观念的上层建筑,它往往与社会思潮、伦理道德以及价值观等密切相关,由此使得意识形态的涉及面非常广泛,涉及的载体也非常之宽泛,这就使得意识形态安全呈现出一定的复杂性、艰巨性与长期性。在这方面,美国一个典型的做法就是通过法治来维护意识形态安全,排斥非主流。通过法治手段,

---

① [英]拉里·埃里奥特,丹·阿特金森:《不安全的时代》,商务印书馆2001年版,第327页。
② [美]约瑟夫·E.斯蒂格利茨:《不平等的代价》,张子源译,机械工业出版社2013年版,第134页。
③ [美]约瑟夫·E.斯蒂格利茨:《不平等的代价》,张子源译,机械工业出版社2013年版,第116页。
④ 刘胜湘等:《世界主要国家政治体制与安全体制研究》,时事出版社2022年版,第98页。

让发表有损美国意识形态安全者，不仅没有任何听众、也不会有鲜花，更没有掌声，甚至让他们出现生存的问题。可以说，通过法治手段来维护意识形态安全问题，是美国维护意识形态安全的重要手段。美国在第一次世界大战之后就制定了《间谍法》，其中规定，如果有人故意引导别人产生对美国的不忠、不服从、反抗政府、逃避兵役等行为，就可以判处最高20年的监禁。"个人由于与不受欢迎的组织相勾连而受到名目繁多的非刑事限制，在反共时期，这些限制吞噬了大量法律资源。"①1950年，美国就出台了《颠覆活动控制法》，用来专门对付共产党人及其拥护者。但是，这部法律所涉及的案件基本上是"无形的反共之手所操纵"，"并无任何程序对提出关于共产党性质、活动和宗旨的假定进行规范，而这些假定一直是对组织成员适用部分制裁措施的依据"，"其真实意图都是为了取缔共产党"。②在美国颁布的《国家劳动关系法》中就明确规定，"任何一名共产党员，或者前五年内加入共产党的个人担任工会官员构成犯罪"。在美国颁布的《国内安全法》中就规定，国会享有驱逐外侨出境的绝对权力。"依照目前出于国家安全的考虑，活跃的共产党员应当被驱逐出境的结论，法律轻易就会把这项结论扩展为：出于国家安全的考虑，无论退党时间多长，无论对共产党宗旨的认知多么肤浅，前共产党员也应当被驱逐出境。"③此外，美国还颁布了《共产主义控制法》，这是美国维护意识形态安全的专门法。但是，这些

---

① [美]小哈里·卡尔文著，杰米·卡尔文编：《美国的言论自由》，李忠，韩君译，生活·读书·新知三联书店2009年版，第327页。
② [美]小哈里·卡尔文著，杰米·卡尔文编：《美国的言论自由》，李忠，韩君译，生活·读书·新知三联书店2009年版，第343页。
③ [美]小哈里·卡尔文著，杰米·卡尔文编：《美国的言论自由》，李忠，韩君译，生活·读书·新知三联书店2009年版，第455页。

法律对付的是别国而不是自己，对付的是无产阶级而不是资产阶级，这就是美国法治的"内外有别"，充分体现了美国维护统治阶级意识形态安全的方式。

第四，美国高度重视通过教育来维护意识形态安全。美国著名学者罗伯特·A·达尔坦言："任何社会，为了能生存下去，必须紧密围绕保持其制度完整这个中心，成功地把思想方式灌输进每个成员的脑子里。"① 美国是这么认为的，也是这么做的。在美国，无论是家庭、学校、社会，甚至是媒体，总是把意识形态安全教育放在首位。通过教育手段来传播美国的主流价值观念，对美国民众进行意识形态思想观念的灌输是美国维护意识形态安全的最主要、最便捷的有效途径。虽然美国高校没有思想政治教育的专门课程，但是并不是说，美国就不对学生进行意识形态的灌输教育。事实上，美国大量开设的通识教育课程、历史课程、宗教课程、国民教育课程、道德教育课程、法律教育课程、共同价值观教育等课程，其实就是进行意识形态教育的课程，是美国维护意识形态安全的基本途径。其中，通识教育课程的核心教学内容，就是引导学生研读西方的经典著作，特别是服务于确立美国意识形态和核心价值观的经典著作。例如，哥伦比亚大学开设有"当代文明"和"人文经典"课程，重在汲取人类思想中的智慧。"一代又一代美国精英因此培育出强烈的文化认同感。"② 美国芝加哥大学成立的"社会思想委员会"重点甄选学生研读的经典著作，从而提升学生的人文素养。同时，学校通过开设第二课堂，即通过学生课后的社团活动，在学生参与活动中

---

① 罗伯特·A·达尔：《现代政治分析》，上海译文出版社1987年版，第176页。
② 易涤非：《通识教育、媒体责任与美国意识形态建设——从两份哈钦斯报告说起》，《红旗文稿》2014年第14期。

培养其国家意识形态和核心价值观。曾经教授哈佛大学本科生课程的哈佛学院的前院长哈瑞·刘易斯认为："哈佛的课余生活要胜过正规学习。"①哈瑞·刘易斯同样认为："最强有力的大学德育形式，就是将教育与学生日常行为联系起来。"②美国学生的第二课堂实践活动，不但没有忘记自己的教育宗旨，而且更好地服务着维护意识形态安全的教育使命。除此之外，美国特别重视军事院校的意识形态安全教育。"树立价值观"，"彰显美国的民主政治文化，在新兴民主国家中树立政治和军事权威"，③重在让学生明确自己对国家的责任和忠诚。美国号称民主自由的国度，但在意识形态安全问题上，则是没有学术自由的，美国教师的学术自由受到严格限制。而美国大力宣扬的爱国主义、个人主义、英雄主义等价值观，则是电影、电视剧的主色调。在美国"政治权力始终对电影制作进行意识形态上的控制"，"不只是推广某种生活方式，'好莱坞制造'更是首先强加给你一种思维方式。因为美国意识形态已经被彻底地植入好莱坞电影的形式和结构之中"④。桑巴特深刻地揭露了美国资产阶级凭借资本和技术来控制意识形态问题："美国经济里边有某种极其重要的东西，可以解释无产阶级心理状态的演变……卡内基家族的胡说当中存在着某些真理，他们想要通过自己或别人的从报童到百万富

---

① 哈瑞·刘易斯：《失去灵魂的卓越：哈佛是如何忘记教育宗旨的》（第二版），侯定凯等译，华东师范大学出版社2012年版，第73页。
② 哈瑞·刘易斯：《失去灵魂的卓越：哈佛是如何忘记教育宗旨的》（第二版），侯定凯等译，华东师范大学出版社2012年版，第139页。
③ ［美］伯特·查普曼：《国家安全与情报政策研究：美国安全体系的起源、思维和架构》，徐雪峰，叶红婷译，金城出版社2017年版，第1页。
④ ［法］雷吉斯·迪布瓦：《好莱坞：电影与意识形态》，商务印书馆2014年版，第22页。

翁的传奇故事给'粗俗的贱民们'实施催眠。"①可见，美国的意识形态教育是在不知不觉中完成的。

此外，美国也高度重视控制出版读物来维护意识形态安全，通过控制社会运动与社会组织来维护意识形态安全等。可以说，美国维护意识形态安全的做法林林总总，已经深入美国人生活的方方面面。

二、英国维护意识形态安全的举措

英国是一个老牌资本主义国家，它在维护意识形态安全方面具有悠久的文化传统和独特的历史经验。"英国政治体制与国家安全体制关系密切。英国政治体制决定其安全体制的结构与组成，国家安全体制是英国政治体制的核心，两者不可分割。"②从历史的角度来看，英国是最早通过控制文学作品出版翻译来维护意识形态安全的国家。英国对文学作品翻译中的意识形态有着特别的规定。福柯指出，"话语就是权力"。"这里的'话语'并非索绪尔的'言语'，它不是指个人的语言实践或表达方式，而是一种隐匿在人们意识之下的深层逻辑，暗中支配着各个不同群体的言语表达、思维方式和行为准则，它是对某一特定的认知领域和认知活动的语言表述，但又不等同于索绪尔的'语言'，因为它不是指一种抽象语法规则，而是一种受到制约的语言应用，且体现意识形态的语义，是一种政治语

---

① [德]维尔纳·桑巴特：《为什么美国没有社会主义》（典藏版），赖海榕译，社会科学文献出版社2014年版，第175页。
② 刘胜湘等：《世界主要国家政治体制与安全体制研究》，时事出版社2022年版，第146页。

义学范畴。"①著名学者安德鲁·利弗威尔就在其作品《翻译、改写以及对文学名声的制控》中认为,"意识形态是由赞助人所控制,且以一种霸权的形式出现,排斥其他的意识形态,支配着译者的翻译活动"。显然,意识形态就是指建立在一定的经济基础之上所形成的,是公民对于社会发展系统的政治经济政策的看法和见解。安德鲁·利弗威尔并将其看作"一种观念网络,它由某个社会群体在某一历史时期所接受的看法和见解构成,而且这些看法和见解影响着读者对文本的处理"②。不仅如此,英国对新闻媒体的管控也是历史悠久。"从瑞斯(John Reith)的家长主义到皮考克(Peacock)的自由市场理念,英国广播电视公共服务政策几经变革与调整,这期间信息传播技术的进步与政治经济社会环境的变迁自然是促使政策变化的重要因素,而意识形态的变化则是其重要根由之一。"③现在,"公共广播公司"这一概念,显然是英国传统文化的重要组成部分。意识形态则代表着英国的政治和观念系统。"它们代表了对社会政治生活的一种整体的视角、价值承载者和行动指南。"④同时,"不同的意识形态以不同的方式把概念串接起来,它们把某些概念置于对立的地位,其他概念则淘汰出局,不予重视"⑤。英国人特别

---

① 秦文华:《翻译——一种双重权力话语制约下的创造活动》,《外语学刊》2001年第3期。
② 孟昭毅,李载道:《中国翻译文学史》,北京大学出版社2005年版,第481页。
③ 李继东:《英国公共广播电视政策变迁的意识形态成因分析》,《新闻大学》2007年第3期。
④ [英]杰弗里·托马斯:《政治哲学导论》,顾肃,刘雪梅译,中国人民大学出版社2006年版,第283页。
⑤ [英]杰弗里·托马斯:《政治哲学导论》,顾肃,刘雪梅译,中国人民大学出版社2006年版,第284页。

重视在广告中植入意识形态话语。阿里尔·多夫曼（Ariel Dorfman）等人研究了迪士尼的各种动物具象，提出"唐老鸭大笑面具背后隐藏着睁大着双眼的资本主义意识形态，代表其欲统治世界的阶级力量，显示了强大的意识形态"①。诺曼·费尔克拉夫（Norman Fairclough）认为，"意识形态"是"具有隐含假设特征的主张，生产或再生产不平等的权利和支配与被支配的关系"。②迈克·麦克唐纳（Myra Macdonald）认为，"话语"是"社会和文化固有的交流活动体系，有利于构建思维的具体框架"。③皮埃尔·布迪厄（Pierre Bourdieu）等人在创造概念"区隔"来表示社会系统中的阶级时，"不只考虑经济资本，而且也考虑了文化资本"④。皮埃尔·布迪厄（Pierre Bourdieu）指出，"阶级是藏匿在当代英国政治机器中的幽灵"⑤，尽管阶级有着这么多明显的能指，但阶级话语在很大程度上仍然是"没有内容的"。英国对新闻媒介制定政策时就特别规定了意识形态安全的相关制度。"政府在媒介领域所制定和实施的公共政策往往体现了统治者和被统治者之间的关系，透视出一个政府如何看待自己的公民及其社会作用，也体现了政府执政的政治观念和价值理念。"⑥英国政党高度重视意识形态安全问题，无论是颁布的正

---

① Ariel Dorfman, Armand Mattelart: How to Read Donald Duck: Imperialist Ideology in the Disney Comic, pltuo press, 2020. pp. 153-155.
② Norman Fairclough: Media Discourse, Bloomsbury Academic, 1995. pp. 266-268.
③ Myra Macdonald: Exploring Media Discourse, Bloomsbury USA, 2003. pp. 236-239.
④ Pierre Bourdieu, Richard Nice: Distinction: A Social Critique of the Judgement of Taste, Harvard University Press, 1984. pp. 377-381.
⑤ 姚瑶：《阶级、阶层与文化消费：布迪厄文化消费理论研究》，《湖南社会科学》2012年第4期。
⑥ David Hutchison: Media Policy: An Introduction. Oxford, Wiley-Blackwell, 1999. p. 85.

式文件，还是非正式制度，都在一定程度上强调意识形态安全。"意识形态是非正式制度的核心，构成了正式制度的理论基础和最高准则，而制度决定公共政策的制定与实施。"①因此，在英国无论是自由党、保守党还是工党执政，他们都非常重视意识形态安全，把现代自由主义看作英国的主流意识形态。

英国在意识形态安全方面也重视在学校的课程改革，公民课的改革是维护英国意识形态安全的重要方面，伯纳德·科瑞克教授在推动这一改革中发挥了重要作用。②公民课的改革在英国形成了一系列以"思想政治教育"为主题的学术成果。伯纳德·科瑞克教授认为，国家政治就是"调解差异性利益并在其间分享资源的活动"③，而思想政治教育是"研究对社会整体产生影响的价值、利益冲突及其调解"④，通过思想政治教育"能够在不可消除的价值和利益冲突之间达成温和妥协的体系"。⑤在英国，思想政治教育被界定为"创造性调解利益或道德争议的行为"⑥。近代以来，受到多种因素的影响，"'思想政治教育'在英文语境中所引起的联想急

---

① 卢现祥：《西方新制度经济学》（修订版），中国发展出版社2003年版，第38页。
② 吴海荣：《教育分权下英国学校公民教育的课程差异与困境》，《外国教育研究》2014年第7期。
③ Bernard Crick: In Defense of Politics, UNKNO, 2001. p. 15.
④ Adrian Leftwich: What Is Politics? Polity, 2004. p. 32.
⑤ Bernard Crick: Democracy: A Very Short Introduction, Oxford University Press, 2003. p. 93.
⑥ Bernard Crick, A. P. Porter: Political Education and Political Literacy, Longman Group Limited, 1978. p. 6.

速负面化"①。甚至有学者把"思想政治教育"看作一个"邪恶"的词汇,"这是现代语言'堕落腐化'的结果,也是战后英国政治生活乱象丛生的原因"②。有的学者认为,"思想政治教育既是克服民主困境的唯一出路,也是通向政治平等的唯一可行途径"③。英国从"思想政治教育"转变到"公民课"教育,体现了英国公民课教学改革的意识形态背景。"无论是党的理论、路线、纲领,还是党的方针、政策、目标,都是在一定意识形态指导下确立的。"④意识形态就是执政党来传播自己执政理念的重要工具。加拿大课程改革专家本杰明·莱温就认为,英国的教育改革与意识形态的联系是最明显的。"英国课程改革受英国国家政治意识形态的强势影响是十分突出的。"⑤1988年以来,英国课程改革主要是通过政府干预、政党的代言人及其智囊团等来操控。

英国非常重视对网络的控制来维护国家意识形态安全。英国在2009年就提出国家网络安全的计划,可以说,英国是全球较早把网络安全纳入意识形态安全战略的国家。英国先后制定了两版关于网络安全战略的发展规划,即《2022国家网络战略》和《2022—2030

---

① Colin Wringe: Democracy, Schooling and Political Education, Routledge, 2011. p. 95.

② Michael Oakeshott: Political Education: An Inaugural Lecture Delivered at the London School of Economics and Political Science On March 6, 1951, Bowes & Bowes, 1951. p. 7.

③ Bernard Crick: Democracy: A Very Short Introduction, Oxford University Press, 2003. p. 93.

④ 王长江:《现代政党执政规律研究》,上海人民出版社2002年版,第295页。

⑤ 许立新:《意识形态·政治权力·国家课程改革:英国个案研究》,《外国中小学教育》2007年第1期。

政府网络安全战略》。两份网络安全的发展战略的发布，充分表明了英国政府对网络安全的高度重视，特别是对网络意识形态安全的重视。2022年以来，英国在网络空间战略体系上又有新的动向。英国重点实施网络技术革命以强化网络韧性建设为核心来提升网络意识形态的积极防御策略，积极建立以国家力量为主导的一体化网络安全战略防御体系。同时，英国在网络安全问题上不是合作，而是为了在网络意识形态的竞争中谋得先机，不断加大本国在网络关键技术的投入与孵化力度，以使英国在网络安全方面维护国家在网络空间的主权、安全和发展利益。

三、法国维护意识形态安全的举措

法国政党特别重视意识形态安全问题。"法国国家安全体制在新媒体的支持下，在不断提升的政治参与度的影响下，在国家安全内涵不断深化、政府视野不断拓展的背景下，较以往更多地增加了信息和人力贡献的内容，其决策更加科学。"① 法国"近代政党是在资本主义发展到一定程度，资产阶级经济力量和政治影响不断提高的条件下产生的"②。这就是说法国政党是产生在资产阶级内部。因此，"政治不过是保守主义者与新兴资产阶级围绕利益的争斗"③。法国政党意识形态在一定程度上是政党发展的目标和执政的理念。克劳斯·冯·伯莫认为，在长期的发展过程中，只有那些建立在某种意识形态基础之上的政党能够成功地在政坛立足。在法国，

---

① 刘胜湘等：《世界主要国家政治体制与安全体制研究》，时事出版社2022年版，第177页。
② [意] G. 萨托利：《政党和政党体制》，商务印书馆2006年版，第2页。
③ [英] 大卫·麦克里兰：《意识形态》（第二版），孔兆政，蒋龙翔译，吉林人民出版社2005年版，第28页。

无论哪个政党在大选中获胜，都特别重视意识形态安全问题。

法国政党能够理性对待意识形态安全问题。法国政党在启蒙运动之中，就强调"在一切事情上都有公开运用自己理性的自由"。康德就曾说过："要有勇气运用你自己的理智！"①法国从18世纪的启蒙运动开始，最为推崇的便是理性。"一切都必须在理性的法庭面前为自己的存在作辩护或者放弃存在的权利。思维着的知性成了衡量一切的唯一尺度。"②所以，在当时，理性便是启蒙的代名词。显然，理性不仅仅是书斋式的沉思，它更是面对现实的拷问。"一旦思想的力量在人的身上觉醒，它就会不可抗拒地向前挺进，去反对现存秩序，把它召唤到思想法庭上，向它的合法资格、它的真理性和有效性提出挑战。"③"一切政府的通病在于使一国之内最大多数人经常受到极大的轻视。可以说，社会的产生只是为了国王、富翁和达官贵人，而人民之所以加入社会则是为了使这些最走运的人不必亲自劳动。"④因此，如果在法国出现状况，那么法国人民就会起来推翻这种权政。因为，"一旦理性被说成是在支配人的，那么，一个必然的结果就是理性代理人走上启蒙的前台……这样，启蒙就进一步蜕变成为一些人对另一些人的教化"⑤。马克思曾说："'思想'

---

① [德]伊曼努尔·康德：《历史理性批判文集》，天津人民出版社2014年版，第24页。
② 恩格斯：《社会主义从空想到科学的发展》，人民出版社2018年版，第36页。
③ [德]E·卡西勒：《启蒙哲学》，顾伟铭等译，山东人民出版社1988年版，第16页。
④ [法]霍尔巴赫：《自然政治论》，商务印书馆1994年版，第150页。
⑤ 黄燎宇，[德]奥特弗里德·赫费：《以启蒙的名义》，北京大学出版社2010年版，第16页。

一旦离开'利益'，就一定会使自己出丑。"①这里可以非常清晰地看到，法国启蒙思想正式满足了资本主义发展需要的意识形态。"随着资本主义社会的发展，与此相应而发展起来的物化意识或拜物教的意识与这种哲学思想相互强化，它们作为资产阶级意识形态的组成部分，都自觉不自觉地掩盖了资本主义生产关系的历史性和暂时性，掩盖了在物的神秘外壳下发生的人与人之间的真实关系。"②这也就是说，法国启蒙运动是资本主义性质。

法国政党都非常重视通过节日庆典来维护意识形态安全。法国大革命是世界近现代历史上发生的一场深刻革命。法国政党在维护意识形态安全的过程中，革命庆典发挥着重要作用。在法国，"众多的大革命史家在著作中对革命节日均有所论述"③，特别是法国史学家莫娜·奥祖夫就专门进行过系统研究。莫娜·奥祖夫认为，"革命节日与政治情势之间的关系，或以节日组织者本身使用的语言描述节日"，④这其中就潜藏着意识形态或政治文化。在法国有着非常多的节日，包括联盟节、理性节、最高主宰节，还有就是青年节、胜利节、老年节、农业节……其中既有全国性的节日，也有地方性的庆祝节日。在巴黎举办的"共和国统一节"是最为典型的活动。活动应用巴黎众多的具有革命象征意义的空间作为主要背景，从而来构建整个庆典活动的舞台。整个仪式共分五站：巴士底遗址、鱼市街、革命广场、荣军院和马尔斯校场。在活动经过的每一站都会向民众讲述这些纪念景点的革命故事，阐释它对法国的意义。通过

---

① 《马克思恩格斯文集》第一卷，人民出版社2009年版，第286页。
② 俞吾金：《意识形态论》（修订版），人民出版社2009年版，第103页。
③ 高毅：《法兰西风格：大革命的政治文化》，浙江人民出版社1991年版，第212页。
④ ［法］莫娜·奥祖夫：《革命节日》，商务印书馆2012年版，第266页。

安排这些实体空间的纪念活动,来阐述法国这些建构物背后的革命叙事,从而来统一或者维护法国的意识形态安全。

法国社会党维护意识形态安全的经验。法国社会党是属于法国左翼的一个大党,它也是法国历史上的主要执政党。即使在当今的法国政治生活中,法国社会党仍然占有毋庸置疑的地位。特别是在1981年到2002年的时期,法国社会党在法国长期执政,推动法国进行了一系列的社会改革,对维护法国的意识形态安全发挥着重要作用。法国社会党不断进行思想和观念的变革,信奉"自由、平等、博爱"的原则,对资本主义社会的不平等现象进行彻底批判,以此来维护法国工人阶级的切身利益。法国社会党不断改革自身的组织结构来增强其整合力。法国社会党是一个组织结构比较严密且民主化程度比较高的政党,从而使政党具有比较高的战斗力与活力。法国社会党通过制定相对较为严密的组织工作体系并不断扩大自己党内的民主,同时,对自己党内存在的不同派系的政治力量进行有效的整合,从而扩大了党的包容性与生命力。社会党不断改革,不断调整政策,向中下层民众进行政策倾斜,从而在一定程度上促进了社会的公平。法国社会党在执政期间,特别重视社会的公平,注重维护公民的切身利益,从而在执政期间获得了广泛的民众拥护。

国民阵线作为一个政党,它要保证自己在选举中获得胜利,就必须考虑选票问题。"移民所带来的一系列问题和影响促使法国政治家对法国社会模式进行思考。他们希望构思一种新政策,该政策不是以同化来消除移民的特性和愿望,而是以新的'社会行动结构'将坚持共和原则与发挥移民价值两者结合起来。"①这是法国国民阵

---

① 马胜利:《"共和同化原则"面临挑战——法国的移民问题》,《欧洲研究》2003年第3期。

线政策的转变。法国国民阵线在政治上奉行民粹主义思想，他们"反对精英政治，拒绝并对抗主流政党，指责精英为全球化和欧洲大市场所迷惑而出卖了国家。法国当今之衰退，责任全在他们。若把法国继续交在精英手中，法国会进一步走向衰亡。"[1]新当选法国国民阵线主席的玛丽娜·勒庞希望把国民阵线"改革成为一个强大而受欢迎的政党，不仅受到右翼选民的欢迎，也能为整个法国所欢迎"。[2]法国国民阵线是一个作为"政治特色"存在的政党，它能够存续且有崛起之势，从维护意识形态安全的角度而论，还是很有特色的。法国民众具有强烈的民族优越感，而外来移民在法国带来了一系列问题。需要指出的是，法国国民阵线强调的种族主义并不是传统意义上的生物学意义上的种族主义，而是强调在文化上的种族主义，即"文化之间差异的绝对化"。[3]国民阵线以此为基础，不断强调法兰西文化的先进性以及法兰西民族的纯洁性，从而统一法兰西民众的思想，达到一致对外。法国国民阵线还不断进行意识形态的转换，以此获得更多民众的支持。法国国民阵线不断调整自己传统的过激行为，运用新媒体的动员力量，以此扩大自己的政治影响力。

四、德国维护意识形态安全的举措

在世人的印象中，德国是一个相对稳定的国家，这就意味着德国政党体制具有相对的稳定性，从而反映出德国意识形态相对安全

---

[1] 彭姝祎：《法国极右政党"国民阵线"缘何强劲崛起》，《当代世界》2014年第12期。
[2] 张莉：《当前欧洲右翼民粹主义复兴运动的新趋向》，《欧洲研究》2011年第3期。
[3] 项佐涛，黄震：《法国国民阵线的兴起探究》，《党政研究》2017年第6期。

的特征。其实,"第二次世界大战结束时,德国作为被占领国一度不能享有完全的国家主权,处于分裂的状态,直到两德统一之后,德国才从国际法意义上被确认为一个完整的国家。因此德国对享有完全主权倍加重视和自豪"①。有学者将德国意识形态安全的稳定性归之为"两个半党"②:联盟党与社民党长期垄断执政的结果,他们最多的时候能够控制94%的联邦议院的席位,是大家公认的"全民党"。在德国除两大主要政党之外的其他联邦议院的政党却被称为"利基党",对整个德国的政治格局的影响力却是有限的。随着时间的推移,近些年来,在德国政党之间原来具有的权力结构形态产生了一些深刻的变化,其中非常明显的是两大政党与多数小政党之间的权力竞争日渐激烈。曾经联邦议院大选中就出现了六个政党联合执政的政治新格局,这就是一种被G·萨托利称为的"极端多党体制"已然成型。③在2021年德国联邦议院的大选中,默克尔所在的联盟党却出其不意地遭受到重创,结束了联盟党连续多年的执政历史,德国政治从此进入了"后默克尔时代"。其中,联盟党获得的选票创下历年最低,根本就没有组阁的权力,并且两大政党控制的议会席位也是跌到谷底。大选之后,由社民党、绿党和自民党联合组成政府。而在联邦议院中的一批小政党,则取得了选举的胜利。学界把这种情况称为"外因决定论"和"右翼标签论"。"外因决定论"就是把政党的活动变化看作外部因素影响的结果;"右翼标签论"则是将政党的意识形态因素作为其核心因素,他们认为极右翼政党的施政理念符合时代变局,在凝合国家主义、保守主义与民粹主义社

---

① 刘胜湘等:《世界主要国家政治体制与安全体制研究》,时事出版社2022年版,第223页。
② 伍慧萍:《德国政党体制的变迁》,《德国研究》2008年第1期。
③ [意]G.萨托利:《政党与政党体制》,商务印书馆2006年版,第180页。

会力量方面有着先天的优势，自然能够在与其他势力的竞争中占据主动。2021年经过选举，绿党和自民党即将进入政府而共同执政，在选举中各个政党巧妙地调整了自己的竞选纲领，用以确保国家意识形态安全。

2021年11月，德国新政府开始了三党执政的历史，他们共同发布了新政府的施政纲领，其中非常明显的是对共同的价值观在新政府执政中的重要性。他们讲道："我们的国际政治将以价值观为基础，植根于欧洲，与志同道合的伙伴密切协调，对国际规则破坏者持明确反对态度。欧盟的主权将得到加强，与伙伴的战略团结将得到扩大。我们致力于建立一个在内部和外部都保护其价值观和法治的欧盟。"这就是德国三党执政的领导人特别强调的基于价值观的外交，抑或是德国意识形态的高度统一。这正如德国前总理科尔的导师，即施特恩贝格早在1979年就讲过的那样："我们并非生活在一个完整的德国。但是，我们生活在一部完整的宪法之下，生活在一个完整的宪法国，它本身也是祖国的一种形式。"①可见，德国人特别认同宪法的作用，认同由宪法规定的国家意识形态，此种超越民族国家情感的身份认同在德国获得巨大反响。正是强大的宪法认同和扎实的民意基础，让默克尔领导的德国政府没有在应对难民危机的过程中轻易改变立场，相反却致力推动欧盟实施应对难民危机的整体方案，而非主权国家各自为政。②德国宪法的认同受到知识分子的高度赞誉，这与德国意识形态的教育密不可分。

德国是世界上经济发达的国家之一，也是欧洲最大的经济体，是全球最为著名的工业强国之一。从德国的整个历史上来看，德国

---

① ［德］克里斯托夫·默勒斯：《德国基本法：历史与内容》，赵真译，中国法制出版社2014年版，第110页。
② 郑春荣：《德国蓝皮书：德国发展报告（2016）——欧洲难民危机背景下的德国》，社会科学文献出版社2016年版，第6页。

的统治阶级一直都非常重视对公民实施意识形态的灌输教育，从而确保德国意识形态安全。德国在纳粹时期，意识形态的教育达到了前所未有的高度。德国纳粹主义曾经给德国民众，乃至整个人类带来了深重的浩劫。所以，"在战争的最后几年里，盟国就开始思考如何消除德国的民族社会主义毒素，探讨如何消除纳粹分子并防止其在战后重新获得权力和影响"①。所以，盟国为德国民众制定了一系列"非纳粹化"的政策，来快速清除纳粹主义的影响，但这远远不能让德国的民众深刻地认识纳粹德国的邪恶和残暴，所以盟国随后又强调"再教育"问题。在《柏林州学校法》中就明确提出，学校教育"其目的是使培养出来的人，有能力坚决抵制纳粹的意识形态和其他追求暴力统治的政治学说，有能力塑造建立在民主、和平、自由、人类尊严、男女平等基础上并与自然和环境和谐的国家和社会生活"②。第二次世界大战之后，虽然德国进行意识形态教育的形式和内容发生了深刻的变化，但是，德国维护意识形态安全的传统却是艰难地保存下来。1968年，德国联邦议院就明确规定，德国政治养成的目标就是培养民众对政治意识形态的判断能力。在相关的宪法中就明确表明：高校的任务就是要负责培养青年的品质，向他们灌输"政治责任感"③。在德国高校，不论是文科课程，还是理工科课程，都非常重视意识形态安全教育。德国家庭在学生教育中具有重要作用。《德国基本法》第六条就明确规定：父母的自然权

---

① 胡笑冰：《德国西占区"非纳粹化"初探》，《北京科技大学学报（社会科学版）》2001年第4期。
② 刘向：《看德国历史教科书如何"反纳粹"》，《廉政瞭望》2005年第7期。
③ 陈立思：《当代世界的思想政治教育》，中国人民大学出版社1999年版，第176页。

利就是抚养和照顾孩子，这是他们最基本的责任、义务以及使命[1]。可以说，德国高校学生意识形态安全教育体现了主题化、隐性化与生活化。

德国学校开展的思想政治教育就是为了解决"政治认同"这一意识形态问题。在这里，作为德国学校思想政治教育的两个关键词，"政治认知"和"政治参与"关系密切，前者是后者的基础，后者又以前者的发展为前提，两者是青少年学生政治社会化的实现基础，其实现社会化的根本途径。[2]正如有学者指出的，"公民政治参与的程度越高，政治体系对公民意愿的反应就越敏感，这样也就提高了公民对政治体系的一体化和认同感，直接促进了政治体系的稳定"[3]。因此，政治参与成为德国学校思想政治教育的必然要求。事实证明，像德国这样的发达资本主义国家，不仅存在着思想政治教育，而且还有着系统的思想政治教育理念以及丰富的思想政治教育经验，其目的就是教育学生维护国家的文化传统，确保国家意识形态安全。由此可见，即使是在宣扬"多元化"的德国，其统治阶级也始终牢牢控制对民众思想政治上的领导权，维护德国既有的政治秩序和意识形态安全。

---

[1] 李建平：《当代国外思想政治教育比较》，社会科学文献出版社2009年版，第190页。
[2] 傅安洲，阮一帆：《德国政治教育若干问题研究》，《战略与管理》2004年第3期。
[3] 程同顺：《当代比较政治学理论》，南开大学出版社2001年版，第57页。

第三节 社会主义国家意识形态安全的问题

1991年12月25日，苏联国旗在莫斯科克里姆林宫上空飘扬了69个春秋后，在暮霭沉沉中缓缓降落。与此同时，象征着俄罗斯的镶嵌着白蓝红的三色旗在夜空中徐徐升起。克里姆林宫易帜，标志着由伟大的无产阶级革命家理论家列宁同志亲手缔造的苏维埃社会主义共和国联盟从此消失在人类历史的长河中。世界上第一个社会主义国家的覆灭何以如此迅速，一个超级大国的解体何以如此剧烈？千里之堤，溃于蚁穴。作为人类文明史上第一个将科学社会主义理论付诸实践并取得伟大胜利的国家，以苏联为代表的社会主义国家之所以解体，是因为在动荡不安和社会演变的诸多因素中，包括思想理论问题在内的意识形态阵地的失守，从而最终演变为联盟瓦解和国家消失的催化剂。

一、苏联在意识形态安全建设上的失败

意识形态、思想文化等精神文明建设对于任何一个社会的长治久安都是十分重要的指标。作为与经济基础相依存的上层建筑，意识形态与思想文化等既是社会经济政治生活的现实反映，同时也对政治经济产生着积极的反作用。作为世界上第一个社会主义大国，苏联对意识形态领域的掌控理应更为强有力，但随着国家领导人的轮换、对科学社会主义意识形态的放弃以及西方"和平演变"的意

识形态渗透等诸多内外因素的较量与纠缠，苏维埃政权最终仍难逃解体的悲剧命运。

在苏维埃政权早期，苏共和苏联政府较为重视国民教育以及国民思想文化建设问题。每个国民享受受教育权载入苏联宪法，在教育普及以及宣传机器的双重作用下，社会主义思想以及无产阶级意识形态植根于每个国民心里，成为当时苏联社会的主导意识形态。然而，在意识形态与思想文化建设层面上，社会主义国家也暴露出一些严重的问题和弊端。社会思潮泛滥成灾、思想理论混乱无章等内在缺陷层出不穷，这些意识形态阵地的失守也揭开了苏共在政治、组织与思想上溃败的序幕。

第一，苏共意识形态工作教条化、僵硬化，极大地禁锢了社会主义思想文化的发展。当时的苏联仍然处在一个社会生产力与文化水平较为低下，远未达到实现社会主义国家的水平。列宁据此现状作出了若完成向社会主义的过渡需要"整整一个历史时代"①的基本事实判断，并由此提出了"文化革命"的思想，即在苏维埃领导的无产阶级夺取和掌握政权的前提下，要积极发展社会生产力，同时提高全民的文化教育水平，从而逐步向社会主义过渡的发展道路。作为伟大的无产阶级革命导师，列宁的社会主义建设理论与实践充满了辩证法的精神与实事求是的精髓，深刻体现了马克思主义活的灵魂。到斯大林时期，苏共的意识形态工作逐渐让位于党内斗争和国内阶级斗争，社会主义"精神文明"建设继而被束之高阁，导致国内思想文化的发展被禁锢，苏联社会笼罩在巨大的精神压抑之下。纵观整个苏共执政期间，从斯大林到戈尔巴乔夫，国内的意识形态工作一直处于一种封闭、僵化、理论脱离实际、社会生活如一潭死

---

① 《列宁全集》第四十三卷，人民出版社1987年版，第364页。

水的精神状态中，仅有的几次"解冻"时期也是转瞬即逝。苏共的最高领导人垄断真理、垄断马克思主义的解释权，政治与科学的界限混淆不清，首长意志成为"真理"并被奉为圭臬，由此衍生的本本主义、教条主义成为党内政治对手互相攻击的工具，严重阻碍了苏联社会发展。积极加强意识形态工作，全面促进思想文化建设应当成为国内战争结束后的重点任务，"党在无产阶级专政时期的重大任务之一，就是开展以无产阶级专政和社会主义的精神改造老一代和教育新一代的工作。旧社会遗留下来的旧的习气、习惯、传统和偏见是社会主义最危险的敌人……同这些传统和习气作斗争，在我们各方面的工作中必须克服这些传统和习气，并且以无产阶级的社会主义精神教育新的一代。这就是我们党的当前任务，不执行这些任务，就不能取得社会主义的胜利"①。然而，实践表明，本应面向广大人民群众广泛宣传马克思主义世界观与方法论的意识形态工作和精神文明建设被阶级斗争所取代。伴随着斯大林对马克思的理解和解释以及其个人的全部论断成为评判是非曲直、划分敌我界限的唯一标准和依据成为现实，国内社会主义理论探讨实际上被中断。到赫鲁晓夫时代，各种"反马克思列宁主义的见解""对党的诽谤""右倾的复活"等反马列主义粉墨登场，任何对手都没有反驳申辩的可能和余地。由此可见，当时苏联的意识形态工作和思想文化领域何其僵化，人民的思想被完全禁锢。

第二，西方对苏联的意识形态斗争以及和平演变战略。第二次世界大战结束后，以美国为首的西方资本主义国家长期敌视社会主义大国苏联，因时而变因势而导，从政治、经济、文化以及军事等诸方面对苏联展开或明或暗的攻击。其中，以美国为首的帝国主义

---

① 《斯大林全集》第六卷，人民出版社1956年版，第217页。

在意识形态领域对苏联的斗争尤为激烈，以20世纪70年代中期欧安会赫尔辛基协定为标志，其战略大致经历了从防守到进攻的过程。与西方其他国家对苏联的战略不同，意识形态渗透在美国的对外尤其是对苏联的对抗政策中占有极其重要且十分特殊的地位和功能。其持续渗透时间之长、政策覆盖规模之广，均是其他西方国家的对苏策略无法比拟的。

伴随着俄国十月革命的胜利，包括中国在内的一大批发展中国家的民族民主运动大多以马克思主义为旗帜，以社会主义、苏联道路为民族解放和发展的指引。同时，在走资本主义道路的法国、意大利等国家内，共产党的力量和阵地也较为强大，可以说马克思主义成为世界上被压迫民族的"曙光"，在资本主义国家也产生了相当大的影响力，称为"代表未来的思潮"。此时的美帝国主义则主要致力坚守资本主义的阵地，并提出一系列的"遏制"政策，如"麦卡锡主义"、在20世纪五六十年代开始布局的"和平演变"的战略等。究其原因主要有以下两点：其一，美利坚合众国是移民组成的国家，在新兴国家文化中宗教信仰占据着绝对的精神领导地位，美民众以"上帝的选民"自居，自视其社会思想、价值理念、民主制度皆为世界上最为优越的蓝本，因而十分有必要向全世界推广；其二，经历过两次世界大战后的西方其他国家都不同程度地衰落，而美国则是战争的最大受益者，因而，美国认为自己是保卫"西方文明"的救世主。到70年代中期后，伴随着美国在越南战场上的失利，其组织反苏反共的阴谋诡计也不断被戳破，美国的遏制活动宣告失败。热战消去，则冷战渐起。变换手法后的美国，在反苏遏共政策中积极突出文化与意识形态等"软力量"的渗透。而此时社会主义国家内部的空虚也给了美国以可乘之机，以苏联为首的新生的社会主义国家普遍面临着政治与经济体制僵化的局面，出现了马克思主义宣传与现实严重脱节的困境，从而为以美国为首的西方国家推行其价值理念和社会制度提供了可能。凭借着强大的经济基础和技术实力，美国在苏联布局了数量惊人的电台、广播以及报刊等宣传机构，推动民间和政府关于学术、教育、经商等之间的交流互动，以可口可乐、好莱坞等为代表的大量美国文化符号充斥苏联社会，对苏联民众尤其是价值观尚未成熟的青少年而言无疑是最为"致命"的诱惑。正如尼克松所言："对于苏联来说，最大的危险之一，就是他们的思想和我们的思想之间的接触。这种接触引起种种不受欢迎的对比，播下不满的种子，这些种子有朝一日将结出和平演变之果。"

第三，戈尔巴乔夫的新思维改革。1985年3月戈尔巴乔夫当选为苏共中央最高领导人，上任之初，戈尔巴乔夫随即提出了关于国家政治经济改革和关于国际关系的新思维。但事与愿违，戈尔巴乔夫"改革"的错误路线、方针和政策成为苏联解体的直接原因，其在意识形态、思想理论上的严重错误更是成为苏联解体的强大催化剂。

意识形态、思想理论工作担负着指导改革、动员人民积极投身改革事业的艰巨任务。正是在这一重要领域，苏联及其领导人在党内外开始冒出了一些错误的苗头，此后错误不但没有得到及时的纠正，反而越来越明显、越来越严重，直至彻底丧失了社会主义意识形态的阵地，最终导致苏共不可避免地葬身于自己所发动的解放思想的政治深渊中。新思维诞生于苏联传统的政治经济体制与生产力矛盾日益尖锐的困难时期，其一经提出便引起了国内外极大的反响，西方报刊直接宣称这是"标志着苏联历史上一个新时代的开始"。戈尔巴乔夫说，"改革给我们的政治实践和社会思维提出了新任务"，必须"结束我们社会科学的僵化状态","彻底消除垄断理论的后果","使社会政治思维发生急剧的转折"。"苏共第二十七次代表大会和历次中央全会为创造性思维开辟了广阔的前景,给这种思维的发展以有力的推动。"①虽然新思维是适应历史发展需求而产生的,具有历史的积极意义,但它对国家统一和社会主义制度的作用却走向了反面。1989年11月26日,戈尔巴乔夫在《真理报》上发表了题为《社会主义思想与革命性改革》的长文,在文章中戈尔巴乔夫提出要"根本改造我们的整个社会大厦:从经济基础到上层建筑"。也正是根据这一指导思想,苏联开始了政治体制全面改革的进程,以此引发了苏联国内的政治危机和政治信仰。苏共领导人对当代资本主义进行了重新认识,提出"全人类的利益高于一切"的口号,其价值取向逐渐扭曲。此前,苏共长期坚持列宁在第一次世界大战前后提出的、后来由斯大林所概括的"帝国主义和无产阶级革命的时代观"②,认为当资本主义发展到帝国主义阶段,其生产关系与生产力、经济基础与上层建筑、压迫民族与被压迫民族以及帝国主义国家之间的矛盾已经全面激化;"垂死、寄生和腐朽"的资本主义已经走向"全面反动";垄断资本主义国家之间对殖民地、商品、利润、劳动力等的索取与再瓜分势必会导致新一轮的世界大战,而战争必然会加速资本主义的快速灭亡,即"资本主义总危机"理论。在这种危机理论的指导下,帝国主义时代由此成为作为社会主义的苏联与资本主义国家"总决战"的关键时期。因此,苏联在这种紧张的对抗状态下,长期同外部世界相隔绝,给国内的经济、政治、

---

① [苏]米·谢·戈尔巴乔夫:《改革与新思维》,新华出版社1987年版,第55页。
② 《斯大林全集》第六卷,人民出版社1956年版,第63页。

文化等带来了一系列消极的影响。为了顺应改革的需要，戈尔巴乔夫对当时的苏联国内外因素进行了重新梳理，对当代资本主义进行了重新认识。他提出，"与最初的预料相反，击溃资本主义制度的最'薄弱环节'并不是'最后的决定性战斗'，而是长期而复杂的过程的开端"。他认为，资本主义没有"绝对停滞"，"在历史螺旋的每一圈上，旧世界的势力都有可能消除当时最危险的矛盾，延长自己的统治"。他指出，"生活纠正了我们关于向社会主义过渡的规律和速度的认识"①。在这种错误认识的基础上，戈尔巴乔夫转而大谈世界统一体、矛盾的同一性，由此提出"全人类的利益高于一切""全人类的价值至高无上"的论点，到后来甚至得出结论："在资本主义社会和社会主义社会有着就其内容来说十分相似的进程。"②苏共领导人的这种放弃集团对抗、停止"冷战"、全面"开放"，承认"全人类的价值"，追求"全人类共同利益和理想"以及混淆社会主义与资本主义界限的做法实质就是向所谓的"西方文明"缴械，全盘接受西方价值观。苏共领导人对社会主义的认识发生了相应的变化，掺杂了很多"新"的东西，最终形成了"民主的、人道的社会主义观"。这种社会主义制度统治下的社会除了政治高度民主化、经济多元化外尤为强调意识形态多元化，意识形态多元化主要体现在必须"排除现代两大社会体系的对抗性，抽象的形而上学的对立"，不仅应该主动吸取资本主义国家的经验，而且应该吸取"世界社会主义的经验"，特别是社会民主党的经验。同时，苏共领导人的"改革理论"不断发生变化，造成党内和社会上思想混乱。随着政治

---

① 戈尔巴乔夫：《十月革命与改革：革命在继续》，《真理报》1987 年 11 月 3 日。
② 戈尔巴乔夫：《社会主义思想与革命性改革》，《真理报》1989 年 11 月 26 日。

体制改革的全面展开，苏共领导人逐渐把苏共以及整个苏联政治和经济体制看成改革的绊脚石，将党的领导视作官僚专制和行政命令的根源，将党组织以及党的干部视作顽固不化的保守势力。同时，苏共领导人盲目相信群众的自发力量，想当然地认为人民群众会坚定不移地支持改革，而罔顾人民群众作为改革的推动者的前提是党深入人民群众中去发动群众的革命规律。从而导致苏共的改革指导思想不仅融进了西欧社会民主党的思想以及西方资本主义国家的东西并发挥着主导作用，本应占据绝对支配地位的社会主义蜷缩一角，此后更是仅仅成为口头上和形式上的东西了。苏联解体的主要原因与苏联本身的弊端和戈尔巴乔夫推行的错误改革路线方针政策固然脱不了干系，但是毋庸置疑，西方的和平演变战略和意识形态分裂活动也加速了苏联解体的进程。西方的和平演变战略和分裂活动之所以得逞，与戈尔巴乔夫的"改革新思维"存在着必然的直接关系。

二、中亚国家"颜色革命"中意识形态失误

什么是"颜色革命"？西方理论家概括为"和平的民主革命"，指21世纪初期一系列以颜色命名的，以和平、非暴力方式展开的政权变更方式。"颜色革命"主要发生在中亚地区，包括格鲁吉亚的"玫瑰革命"、乌克兰的"橙色革命"以及吉尔吉斯斯坦的"黄色革命"，以美国和西方支持苏联加盟共和国反对派成功上台为目的。"颜色革命"起源于20世纪80年代末捷克斯洛伐克的"天鹅绒革命"，由民众成立的民主议会实行多党议会民主制发动政变，这场政变自始至终未发生过流血事件，加之因"天鹅绒"一词在俄语中称为"温柔、柔软"之意，故将"通过不流血的方式实现政权和平转移"的政变或革命称为"天鹅绒革命"。"颜色革命"的前奏即是美

国推动前南联盟的"变色",美国等西方国家甚至直接介入了前南联盟的总统选举,以街头政治的手段推动了前南联盟的变色。发动"颜色革命"的各国虽然各有千秋,但还是存在着相似的特征和类似的模式。综合而言,以美国为首的西方国家策动的"颜色革命"基本上采取经济援助、意识形态渗透、推进政治民主、进行军事渗透、利用外交合作以及充分利用选举的全方面的干预模式。其中,意识形态渗透在中亚国家"颜色革命"进程中发挥着极为重要的作用。

"从根本上说,不能认为'颜色革命'完全是美国一手制造出来的,也不能认为这些'革命'的成功都是因为美国的支持和资助,如果没有这些国家国内的条件,美国不可能凭空制造出'革命',国内因素在这些国家的'颜色革命'中是最根本的和第一位的原因。但是,没有美国在这些国家所做的长期准备,没有美国的大力支持和资助,'颜色革命'并不一定会在此时此地发生,发生了也不一定能够取得成功。美国的作用虽然从哲学的层次说不是第一位的,但从'颜色革命'这一具体事物产生的环境来说,它同样是一个具有关键意义的、不可或缺的因素。"[1]因此,在策划中亚国家"颜色革命"的过程中,以美国为首的西方国家非常重视意识形态领域的渗透,主要分为直接和间接这两种意识形态渗透方式。

直接的意识形态渗透主要是灌输美国的生活方式、政治制度以及价值观等,将美式民主、自由、博爱等价值理念加以美化,促使中亚地区的广大群众在潜移默化中认同美国的政治经济制度以及文化形式。具体的手段主要包括以下几点:

第一,利用新闻媒体。在现代社会,伴随着通信技术的高速发

---

[1] 赵华胜:《原苏联地区"颜色革命"浪潮的成因分析》,《国际观察》2005年第3期。

展，大众传媒成为"文明传播者"的极有力工具。新闻媒体本意是公共事件与公共舆论的瞭望台，但在金钱、权势等的诱惑下，其最初所秉持的独立、公正被牵制。在该地区，一些热衷于建立公民社会的组织开始向公共媒介诸如记者、评论员以及报社编辑等兜售"民主"的价值观。在此"民主"概念的粉饰下，大规模骚乱被称为"非暴力抵抗"，政府采取的强硬措施则被冠以"暴政"之名，以违法手段推翻选举合法的政府被认定为"公民反抗"，如此颠倒黑白的暴力行为在所谓"民主"的掩饰下大行其道。美国甚至直接斥巨资赞助建立独立的新闻媒体和出版印刷机构，在民众中传播当局领导人及其家族的各类丑闻，制造、传播各种反面消息。

第二，利用宗教团体。可以说，每一次"颜色革命"的发生其背后都有美国宗教团体如影随形。这种操作模式主要是利用各种宗教团体深入有关国家，通过布道、讲经以及帮助组建和发展当地的宗教组织和宗教信徒，加紧在中亚国家进行宗教渗透，宣扬和灌输美国的西式政治和价值观念，以此建立美式的价值观和社会心理基础，从而达到进一步操纵"颜色革命"的目的。近年来，特别是"9·11"事件后，美国国内出现了新的宗教狂潮。布什总统实际上就是一个基督教原教旨主义者，处处宣传并强调基督教的宗教价值，强调自己是在执行上帝赋予的神圣使命。作为基督教右翼和保守主义理论主导的美国政党人士也极力鼓吹"自由""解放"，在全球范围内推广美式民主和自由，前后一脉相承，显示出浓厚的宗教使命感和意识形态色彩。

第三，强化文化手段。正如亨廷顿指出，"在葡萄牙于1974年结束独裁后的15年间，民主政权在欧洲、亚洲和拉丁美洲30个国家取代了威权政权。在其他国家，发生了威权政权之下的大规模的自由化运动。还有一些国家，促进民主的运动获得力量和合法性。"①威权政权的政治进程更需要借助文化手段扩大其影响力，如学术基金与交流：美国通过建立大学、设立奖学金等途径，扩展与该地区国家的人文科技交流，力图在年轻一代中培养倾慕热爱西方价值观的学生。参与政治组织建立：与有关国家积极活动的国家民主研究所、国际共和研究所、自由之家、欧亚基金会、国际新闻网等密切合作，在其帮助下成立形形色色的政治组织，主要从事反政府的活动。

第四，进行民意调查测验。美国在有些国家开展的民意调查并非实质上独立、客观的调查，而是一项大规模的"洗脑愚民"计划。这些调查并不是简单的民意测验，而是所谓的心理设计和心理重塑。进行调查的目的也并不是为了获取信息，而是在私下误导民意。如美国大型专业选举公司"佩恩、肖恩和伯尔蓝德民调公司"的民意测验专家道格·肖恩通过对当地的民意调查结果进行深度分析，来帮助当地反对党联盟寻找推翻当局的办法和途径。

间接的意识形态渗透则是丑化并妖魔化当局政权。美国从国内外发动全方位的媒体攻势，抹黑当局政权，形成"颜色革命"势在必得的舆论氛围。为增强对有关国家的影响力以及保证行动一举成功，美国及其盟友一道在这些国家推进"民主、自由媒体，尊重人权"的计划，为舆论造势。大肆收集当局政府在工作中的毛病、错误，通过渲染后加以夸大，煽动群众的不满情绪。有时抓住某个突出事例反复宣传，使群众对当局政权留下不好的印象。如在苏联解体前，敌对势力揪住肃反扩大化大做文章，任意扩大肃反中被镇压

---

① [美] 塞缪尔·P. 亨廷顿：《第三波：20世纪后期的民主化浪潮》，欧阳景根译，中国人民大学出版社2013年版，第21页。

的人数，并详细描述他们被迫害的过程和细节，在民众中制造恐怖气氛，从而动摇群众对当局政权的信任。

"颜色革命"前后，当这些国家的当局者不按美国意图行事时，美国便利用媒介对其民主建设、经济发展和人权状况等进行大肆抨击，推动独联体国家的民主建设，敦促这些国家接受西方的政治改革方案。在接受美国援助的同时，独联体国家必须同意附加的一系列条件，承诺进行深层次的改革，保障公民的自由和人权，在军事和军事技术领域接受美国的援助。如若当局不履行承诺，美国则开始对其各方面进行大肆抨击和黑化。当美国准备改变其政权时，便凭借多年积累的宣传策略对该国民众进行反政府煽动。比如在举行选举前，推选出令美国及其盟友满意的反对派候选人，反对派候选人的背后的总导演则是西方的敌对势力。其惯用伎俩是先派遣西方特使以观察员身份进入该国，监督选举投票，这时反对派就已经开始指责政府弄虚作假，存在欺诈行为，同时，在投票点进行选民调查，选择一些不合标准的受访对象，让这些受到蛊惑的"反抗者"回答出他们"所需要的标准答案"，为"公民反抗"作准备，从而达到煽动社会情绪的目的。

当"革命形势"出现后，即开始对美国支持的反对派领袖大加赞赏，给反对派以广泛的舆论支持。例如，在2004年11月22日格鲁吉亚"玫瑰革命"发生前夕，格鲁吉亚反对党的支持者在美国的帮助下在首都游行示威，随后部分反对派人士冲入议会大厦，要求总统辞职。当反对党取得胜利后，2005年5月10日，时任美国总统布什与新当选的格鲁吉亚总统萨卡什维利一同前往格鲁吉亚国会举行记者招待会。

等到"革命"一旦成功，美国媒体便迅速将消息传遍世界，借此推动"多米诺骨牌"效应,引发其他国家的"革命"行动。

三、美国对苏联的意识形态渗透

冷战时期,资本主义国家为了对抗社会主义,采取了和平演变的策略。苏联解体有着复杂原因和过程,内部因素肯定是主要的,但外部因素也是非常重要的因素。苏联解体的内部因素涉及腐败、特权等系列问题。"体制中的行贿受贿比比皆是,甚至发展到破坏计划、完不成任务,无人对此承担责任。"[①]再一个重要原因就是戈尔巴乔夫在政治上改革的严重失误。戈尔巴乔夫大力提倡"民主化""多元化""公开性",为和平演变策略开启方便之门。

戈尔巴乔夫对西方意识形态的渗透没有足够的重视,他亲自下令停止对西方媒体信号的干扰,使得"美国之音""欧洲自由电台"等对苏联人民进行全天候的播报。这些电台针对苏联人民"传播国际以及苏联、东欧国家发生的重大事件,介绍西方社会成就、生活及价值观等来建立各国人民之间的相互了解,促进苏联言论自由和人权原则受到尊重"[②]。这些电台是"对东欧和苏联的发展进程施加影响的最强大的工具"[③]。1990年苏联颁布了《苏联报刊与其他大众传媒法》,其中明确规定取消新闻媒体审查制度,而且允许苏联公民自主创办新闻报刊。这就为反对派的报刊合法化打开了方便的大门。外国新闻媒介也不受苏联管控,趁机肆意歪曲事实,对时政

---

① [哈萨克斯坦] 努·纳扎尔巴耶夫:《时代 命运 个人》,人民文学出版社2003年版,第43页。
② 新华社新闻研究所:《苏联东欧剧变与新闻媒介》,新华出版社1993年版,第80页。
③ 新华社新闻研究所:《苏联东欧剧变与新闻媒介》,新华出版社1993年版,第80页。

进行歪曲、夸大报道。第二次世界大战结束后，美国历任总统都试图通过各种方式搞垮苏联，特别是里根，"一直视苏联为国际舞台上贪得无厌的入侵者和邪恶之徒"①。1983年，美国政府通过了《美国与苏联的关系》第75号文件，强调美国对苏联的政策要内外部相结合，从外部抵抗苏联，从内部对苏联施压，以削弱苏联的社会主义影响力。为实现这一目的，美国先从政治领域对苏联进行了一系列的意识形态渗透。

第一，从思想上颠覆苏联最高层领导的价值观。美国总统里根明确表示期望与苏联最高领导人接触："因为我认为，我们或许可以完成一些外交官因职权所限做不到的事情。换句话说，我认为如果高层人士在高峰会议中交涉谈判，然后两人携手步出会场，宣称'我们已就此事达成协议'，则官僚也无法阻滞、破坏此一协议。"②里根这一愿望的实质是想通过与苏联最高领导人接触而影响其世界观，进而达到影响其在大政方针中的决策。戈尔巴乔夫成为苏共中央总书记后，这一设想具有了变为现实的可能。

随着苏联与西方交往，戈尔巴乔夫的思想开始急速地西化。美国、英国等国领袖也趁机施加影响。据雷日科夫描述，在担任苏联总书记的6年里，戈尔巴乔夫与美国两任总统（里根与老布什）会见了11次。里根在私下曾感慨："在戈尔巴乔夫之前，我无法尝试

---

① ［英］理查德·克罗卡特：《五十年战争：世界政治中的美国与苏联（1941—1991）》，王振西，钱俊德译，王振西校，社会科学文献出版社2015年版，第373页。
② ［美］亨利·基辛格：《大外交》（修订版），顾淑馨，林添贵译，海南出版社2012年版，第713页。

我的构想，现在绝佳机会已到来。"①戈尔巴乔夫也在回忆录中谈到了对美国的看法："我喜欢美国人和他们那种自然、大方、民主、坚强的性格。当然还有他们对自由的崇尚。"②戈尔巴乔夫对美国产生了无比向往与依赖的情结，除了最南部几个州之外，他几乎走遍了整个美国。美国学者孔华润指出："他（戈尔巴乔夫）对苏联发展模式的优越性不抱任何幻想。他知道……苏联与其说像一个西方的发达国家，不如说更像一个第三世界国家……他知道，要想实现现代化，仅靠引进西方技术是不够的，还需要接受西方的某些思想和价值观念。"③可以说，戈尔巴乔夫思想已经完全西化了。

雅科夫列夫的思想蜕变也受到了西方意识形态的影响和渗透。他年轻时参加过苏联卫国战争，对共产主义具有坚定信仰，后被苏共中央作为重要培养对象派往美国哥伦比亚大学进修，回国后世界观和价值观发生变化。他承认去美国访学，到加拿大工作后，资本主义市场经济繁荣与政治民主景象对他产生了强烈冲击，资本主义的自由民主思想在他的脑中扎根。他认为，"我是苏共二十大之后去美国的，当时我比较年轻，具有非常矛盾的思想，在我头脑里已经扎下了关于人的自由的思想"。④他指出，"我的世界观改革早在社会改革之前很久就开始了，尽管还不是彻底的改革，但我已做好了

---

① [俄] 阿纳托利·多勃雷宁：《多勃雷宁回忆录：信赖》，世界知识出版社1997年版，第619页。
② [俄] 米·谢·戈尔巴乔夫：《戈尔巴乔夫回忆录：真相与自白》，述弢等译，社会科学文献出版社2002年版，第135页。
③ [美] 孔华润（沃沦·I.科恩）：《剑桥美国对外关系史》（下），新华出版社2004年版，第454页。
④ [俄] 亚·尼·雅科夫列夫：《一杯苦酒》，徐葵，张达楠，王器，徐志文译，新华出版社1999年版，第22页。

进行彻底改革的准备"①。

第二,从物质上腐蚀苏联党政官员的思想意识。美国不仅用"民主""自由"思想对苏联党政官员进行价值观渗透,还采取经济手段引诱和收买他们。美国对外极力宣传其物质财富的富有,邀请苏联官员访问美国,让他们亲身感受美国的生活方式,以此来渗透和影响他们。叶利钦曾多次访问美国,他最钟爱美国的名酒,每次到访必有美酒相伴,以至于一些人笑称,叶利钦最重要的朋友是杰克·丹尼威士忌。

1989年,叶利钦政治仕途迎来转机,他以私人身份访美,在看到美国经济社会发展繁荣盛景下,对苏联社会主义更加不满。这次美国之行促使叶利钦的思想发生了根本转变:"当我飞过自由女神像上空时,我自己的内心也成了一个自由的人。"②他还在自传中记录了此次访美归国后的思想变化:"那时我已经改变了自己的世界观,明白我虽在苏联历史传统、习惯和教育方面仍是一名共产党员,而在信仰方面已不再是一个共产党人了。"③同时,美国利用苏联情报机构的变节者大做文章,许反水者以优厚待遇。在震惊苏联内外的苏联情报机构高官尤尔琴科叛逃案件中,美国国会、参议院、政府事务委员会及调查常设小组委员会所做的特别声明中多次强调,美对苏叛逃官员进行重新安置使他们远离极权主义。美国认为,叛逃苏联的行为并不可耻,叛逃者的行为只是"选择工作和生活在自由王国"的合理举动,不应该被限制。

美国传递的这一信号,使部分信念不坚定的苏联官员开始在思

---

① [俄] 亚·尼·雅科夫列夫:《一杯苦酒》,徐葵,张达楠,王器,徐志文译,新华出版社1999年版,第24页。
② 鲍里斯·叶利钦:《总统笔记》,东方出版社1995年版,第165页。
③ 鲍里斯·叶利钦:《总统笔记》,东方出版社1995年版,第165页。

想和情感上偏向美国。于是，到西方开开眼界，被苏联不少官员视为一种荣耀，成为他们争相攫取的特殊权利，到西方旅游、出访成为最重要的地位象征。他们看到了资本主义表面的繁荣，忘记了资本主义的本质；他们看到了社会主义暂时的困难，忘记了社会主义的强大活力。他们因向往西方社会的生活方式和物质待遇，而逐渐对社会主义、共产主义产生怀疑，自觉或不自觉地沦为美国瓦解苏联的重要帮手。

第三，运用舆论战捧杀苏联高层领导。舆论具有极强威力及隐蔽性，美国对其有深入研究。美国各大学几乎都有舆论研究中心，美国政府更是早在1939年就开始了对社会舆论的研究。①在一系列研究基础上，美国将舆论战上升为国家战略，积极谋划对苏联展开舆论战，伺机给其以重重一击。

"舆论捧杀"是美国舆论战的重要手段之一，通过"吹捧""赞美"敌对国家及其领导人，麻痹对手，使对方丧失戒备心，特别是注重引导对方的错误决策和行为，诱使对方在错误道路上越走越远，最终达到击败对手的目的。美国"舆论捧杀"的首选对象是苏联最高领导人戈尔巴乔夫。他成为苏共中央总书记后，提出了"民主化""公开性""新思维"等改革主张并付诸实践，造成苏联社会的严重混乱。但这一严重损害苏联和苏联人民利益的改革却得到了美国的大力赞许。1988年5月31日，美国总统里根在莫斯科国立大学演讲中，明确表示赞赏戈尔巴乔夫改革，认为其改革推动了苏联社会朝着自由民主的方向发展，同时给予了戈尔巴乔夫极高评价："苏联历

---

① 李海容：《美国的舆论研究》，《国际新闻界》1984年第4期。

史上最令人激动、最有希望的时代。"①美国老布什政府对戈尔巴乔夫及其改革政策亦是极力吹捧，1989年9月，国务卿詹姆逊·贝克访问苏联时的发言最具有代表性："我在政治界不是新手，见识过很多。但是，从来没有见过一位政治家像您这样有如此的勇气和如此的胆略。"②詹姆逊·贝克还表达了老布什政府对戈尔巴乔夫改革的大力支持。上任两年后，戈尔巴乔夫完成《改革与新思维》一书，全面阐述了他的"新思维"改革思想。这本书虽然指出了苏联社会中存在的问题，但在解决问题的方向和道路上却是完全错误的。尤其在阐述外交新思维方面，刻意模糊了资本主义与社会主义的界限，以迎合西方需要。可见，"新思维"其实并不是真的"新"。这本书受到了美国主流媒体吹捧，他们给了戈尔巴乔夫很多稿酬，"其个人账户上很快就有了100多万美元"③。戈尔巴乔夫也于1987年和1989年被美国《时代周刊》评为"十年风云人物"。在这种"舆论捧杀"之下，戈尔巴乔夫沾沾自喜，极其享受来自各方面的赞誉。戈尔巴乔夫的助手瓦列利·博尔金曾说："他经常匆匆忙忙结束谈话或者（像是对着我）开始大声朗读国外对他在世界上的伟大改革使命的评论，这种东西他有时会读几个小时，时间就这样一点一点地过去了，大量的文件还没有看。"④在这样的情况下，戈尔巴乔夫更

---

① 戴安娜·拉维奇：《美国读本：感动过一个国家的文字》，林本椿等译，许崇信校，生活·读书·新知三联书店1995年版，第851页。
② [俄] 阿·切尔尼亚耶夫：《在戈尔巴乔夫身边六年》，徐葵，张达楠等译，世界知识出版社2001年版，第416页。
③ [俄] 瓦·博尔金：《戈尔巴乔夫沉浮录》，李永全等译，中央编译出版社1996年版，第4页。
④ [俄] 瓦·博尔金：《戈尔巴乔夫沉浮录》，李永全等译，中央编译出版社1996年版，第282页。

加坚定自己的改革立场,即使改革中出现了种种问题,他也始终认为改革方向是正确的。他更加亲近美国,亲近西方,开始对苏联社会进行全面改造,很多改革决策也向西方看齐,向资本主义社会过渡。

第四,运用非政府组织力量干涉苏联内政外交。一些非政府组织一般打着非营利、公益性的旗号,声称与官方无关,但在实际运行中,特别是冷战时期,非政府组织与所在国政府的联系越来越密切,成为配合其执行对外政策的工具。美国等西方国家充分利用并指使非政府组织加强对苏联政治领域进行意识形态渗透,并资助反对派配合西方国家开展瓦解苏联的跨国行动。

美国历届政府深谙非政府组织对苏联开展意识形态渗透的重要性,因此极力鼓励非政府组织参与美国对外事务,竭力将其政治化,使之成为向苏联推行美国价值观的重要武器。西方非政府组织的一项重要任务就是支持苏联境内的所谓"持不同政见者",谴责苏联任何干涉"人权"的行为,"苏联国内和国外的人权批评家都可以义正词严地批评苏联破坏了国际条约"[①]。在非政府组织支持下,苏联境内的非法团体开始组织散布苏联及社会主义制度的谣言,严重影响了苏联社会的稳定与发展。美国非政府组织还设立各种奖项和颁发各种证书支持"持不同政见者"。1987年,美国索罗斯基金会在苏联开始活动,公开支持"持不同政见者"。20世纪80年代的美国"自由之家"也在苏联培养亲美、亲西势力,鼓励和支持"持不同政见者"(或民主分子)、自由主义分子等,并授予他们荣誉,如安德烈·萨哈罗夫被授予"乔治·米尼人权奖"。值得一提的是,安德

---

① 克里斯托弗·安德鲁,瓦西里·米特罗欣:《克格勃绝密档案》(下),王振西主译,当代世界出版社2002年版,第515页。

烈·萨哈罗夫是苏联著名的持不同政见者。美国等西方国家多次邀请安德烈·萨哈罗夫出国访问，给他各种荣誉。安德烈·萨哈罗夫创办的《公开性》杂志通过西方非政府组织在巴黎用俄语发行，发行量达2万份，在纽约用英语出版，还用法语、德语、西班牙语等在国外多地发行。①

美国最后一任驻苏联大使马特洛克上任后不仅立即拜访了安德烈·萨哈罗夫，还多次会见波罗的海三个加盟共和国分裂势力的代表，明确表达美国政府的支持态度。在他的回忆录《苏联解体亲历记》中有这样的记载，当苏联政治斗争不断升级时，"我几乎每天都可见到一些改革者"②，不仅同他们交流思想，而且"经常提供一些令我们的客人感兴趣的出版物"③。

此外，美国非政府组织还向苏联的"持不同政见者"提供书籍、印刷设备以及电脑、美元等，并为他们到西方政治避难提供条件。如美国索罗斯基金会在苏联投资数亿美元对所谓的民主机构和人员予以物质、技术的帮助和支持。④美国学者罗伯特·斯切雷尔认为："美国实行的'人权策略效果十分显著'，该策略支持了苏联境内的'持不同政见者们'，促进了其国内的民族民主运动的开展，并对苏

---

① 曹长胜，张捷，樊建新：《苏联演变进程中的意识形态研究》，人民出版社2004年版，第416页。
② [美]小杰克·F. 马特洛克：《苏联解体亲历记》（下），世界知识出版社1996年版，第437页。
③ [美]小杰克·F. 马特洛克：《苏联解体亲历记》（下），世界知识出版社1996年版，第461页。
④ 季正矩，王瑾：《国家至要——当代国家政治安全新论》，重庆出版社2006年版，第63页。

联体制予以有力的冲击。"①美国正是通过不断扶持"持不同政见者",使他们成为瓦解苏联和苏共政权的重要推手。美国当时的报道毫不掩饰地宣称：即便米哈伊尔·戈尔巴乔夫去世,改革派也有了稳固地位,这对我们来说是个好消息。②可见,非政府组织在美国摧毁苏联计划中发挥了重要作用。

四、美国对华意识形态渗透的新手段

美国对外进行意识形态输出,是其颠覆他国的一贯阴谋,也是美国维护全球霸权的基本方式。新时代以来,美国对中国的快速发展表现出极度的焦虑。美国为了遏制中国的发展,无论是奥巴马政府、特朗普政府,抑或是拜登政府,不断地对中国发起贸易战、科技战、舆论战和军事围堵战,并且别出心裁地对中国进行意识形态渗透。美国对中国的意识形态渗透,不仅沿用传统的意识形态渗透方法,而且花样翻新地采取了很多意识形态渗透的新方式。充分认识美国对中国进行的意识形态渗透的新手段、新方法、新途径,对于维护中国意识形态安全具有重要意义。③

意识形态是关于人和社会本质的相互关联的价值观、思想和信仰体系。它包括一整套关于什么是最好的生活方式以及什么是对社会最合适的制度安排的思想。意识形态包括一个良好社会的图景以及实现的手段。意识形态显然是一个关乎国家旗帜、关乎国家道路、

---

① Robert Strayer: Why Did the Soviet Union Collapse? Understanding Historical Change, Routledge, 2016. pp. 80-81.
② 张宏毅：《美国、苏俄兴衰的历史经验教训及启示》,《高校理论战线》2005年第3期。
③ 刘建华：《当前美国对华意识形态渗透的新手段及其应对》,《华侨大学学报（哲学社会科学版）》2022年第1期。

关乎国家政治安全、关乎国家长治久安的重要工作。可以说，意识形态之间的渗透与反渗透是一场深刻的没有硝烟的战争。凯恩斯认为，"统治世界的不过就是这些思想。许多实干家自以为不受任何理论的影响，却往往已沦为某个过往经济学家的奴隶"①。美国总统尼克松曾经说过，"我们（美国）与东方的接触越多，使东方受到西方榜样的影响就越大，这就不可避免地会提升引起变革的内部力量"②。这里的榜样显然是美国的榜样，是符合美国意识形态的榜样。美国对中国的意识形态渗透从传统的广播、电视、电影，发展到今天的网络，可谓林林总总。同时，美国充分利用自己的资本优势、技术优势、信息强势，企图通过美国的麦当劳的快餐文化、好莱坞的影视文化、网络芯片文化，来进行意识形态的渗透，妄图在不知不觉中摧毁中国人的信仰。新时代以来，美国不断变换着意识形态的渗透方法，将意识形态的内容隐蔽起来，采用学术性的意识形态渗透方法、炒作性的意识形态渗透方法、诱导性的意识形态渗透方法以及具象化的意识形态渗透方法等，妄图蒙骗中国人的眼睛，麻痹中国人的意志，实现美国对中国意识形态渗透的目的。

意识形态的学术性渗透是指打着"学术交流"的借口，邀请中国学者参加美国的学术会议，发表学术论文，提供相关经费等，对我国学者进行的意识形态腐蚀。英国作家弗朗西丝·斯托纳·桑德斯认为，"如果我们把冷战界定为思想战，那么这场战争就具有一个庞大的文化武器库，所藏的武器是刊物、图书、会议、研讨会、美

---

① ［英国］约翰·梅纳德·凯恩斯：《就业、利息和货币通论》，徐毓枬译，译林出版社2011年版，第33页。
② ［美］理查德·尼克松：《现实的和平》，世界知识出版社1984年版，第90页。

术展览、音乐会等"①。"美国间谍机构的触角触及的范围极广,把知识分子和他们的工作当作棋子摆放在棋盘的各个位置,伸展到各种文化事业之中。"②意识形态的炒作性渗透就是针对我国突发性的生活事件、自然灾害等进行的意识形态抹黑、造谣,以此扰乱中国发展的稳定环境。毛泽东指出:"凡是要推翻一个政权,总要先造成舆论,总要先做意识形态方面的工作。"③新时代以来,特朗普政府和拜登政府,对中国的意识形态炒作性渗透特别突出。意识形态的具象化渗透就是指"以生动化的影视形象、具体化的商品物体和差别化的价值符号等具象化的方式实现对人们生活的微观渗透。这种微观渗透力量通过可视化、立体化的具象对中国当代青年的思想观念和价值判断产生不可忽视的影响"④。我们常常可以看到的在中国流行的美国"文化景观",从头顶的"星条帽子"到"可口可乐"的美式饮料等,无不浸润着美式生活方式,契合着美国的意识形态渗透。"当一个社会按照它自己的组织方式,似乎越来越能满足个人的需要时,独立思考、意志自由和政治反对权的基本批判功能就逐渐被剥夺。"⑤资本主义社会的文化产品却使得"文化完全变成了

---

① [英]弗朗西丝·斯托纳·桑德斯:《文化冷战与中央情报局》,曹大鹏译,国际文化出版公司2002年版,第2页。
② [英]弗朗西丝·斯托纳·桑德斯:《文化冷战与中央情报局》,曹大鹏译,国际文化出版公司2002年版,第4页。
③ 《建国以来毛泽东文稿》第十册,中央文献出版社1996年版,第194页。
④ 杨乐强,沈甜玲:《西方意识形态的具象化渗透及青年引导的应对策略》,《当代青年研究》2019年第5期。
⑤ [美]赫伯特·马尔库塞:《单向度的人:发达工业社会意识形态研究》,刘继译,上海译文出版社2008年版,第4页。

商品，并且像信息一样到处传播"①。"西方意识形态积极投身于全球化的文化体系的价值同构过程，从而使其成为获取当代青年的价值观认同、进行具象化渗透的重要步骤。"②意识形态的诱导性渗透就是指通过金钱、美色等诱惑来拉拢、腐蚀、贿赂我国的特定人员，妄图在意识形态领域搞垮中国。其实，"不少境外非政府组织背景复杂，运用多种方式推销西方价值观，搞各种渗透活动"③。由此，美国的一些非政府组织被称为是美国意识形态渗透的"马前卒"。"NGO 的一切行为，恰恰是基于他们的文化与价值观念体系之上。"④当前，美国的一些非政府组织在中国千方百计煽动社会负面情绪，不遗余力地进行意识形态渗透。

美国好莱坞电影的意识形态渗透。美国好莱坞电影广泛受到人们的欢迎，是美国意识形态渗透的国家机器。"普遍性而言，美国电影艺术的最大特征是，尽其所能地把战争演绎成承载上帝旨意的纯洁的美国对邪恶的敌视基督的异端进行宗教征战，并以此宣扬美国的道德理想主义。"⑤好莱坞电影一直以视觉化方式传达着美国的社会思潮与意识形态，往往是通过其设计的生动的人物形象和跌宕起

---

① ［德］马克斯·霍克海默，西奥多·阿道尔诺：《启蒙辩证法：哲学断片》，上海世纪出版集团2006年版，第182页。
② 杨乐强，沈甜玲：《西方意识形态的具象化渗透及青年引导的应对策略》，《当代青年研究》2019年第5期。
③ 《胡锦涛文选》第三卷，人民出版社2016年版，第494页。
④ 资中筠：《财富的归宿：美国现代公益基金会述评》，上海人民出版社2006年版，第350页。
⑤ Barry Cooper, Allan Kornberg, William Mishler: The Resurgence of Conservatism in Anglo-American Democracies, Duke University Press Books, 2012. pp. 434-436.

伏的故事情节来吸引观众，从而达到意识形态的渗透。[①]

美国利用"网络自由"对我国进行意识形态渗透。网络已经成为继领土、领海、领空之外的第四种主权空间。美国前国务卿希拉里就认为，"互联网是加速政治、社会和经济变革的巨大力量"[②]。美国为什么会打着"网络自由"的旗号横行于全世界？其根本原因就在于美国掌控着网络核心技术，"网络自由"就是美国进行意识形态渗透的自由。"西方媒体以杜撰的'解密材料'，否定党的历史和中国道路的选择，丑化、贬损党的领袖，助推历史虚无主义在我国网络上扩散，不断消解我国民众对意识形态的认知认同。"[③]种种迹象表明，中国已经成为美国全球意识形态输出的主要对象。

[①] 金家新：《美国对外意识形态输出的战略与策略》，《毛泽东邓小平理论研究》2018年第12期。
[②] 湘溪：《"E外交"的新战场》，《世界知识》2011年第10期。
[③] 夏自军：《美国利用"网络自由"侵蚀我国意识形态安全》，《江南社会学院学报》2017年第2期。

第六章

新时代意识形态安全维护策略

马克思指出："如果从观念上来考察，那么一定的意识形态的解体足以使整个时代覆灭。"①这是对意识形态安全重要性的深刻阐述。安全不仅是没有危险的客观状态，也是一种没有恐惧困扰的主观感受。因此，维护意识形态安全具有重要的意义。习近平指出："一个政权的瓦解往往是从思想领域开始的，政治动荡、政权更迭可能在一夜之间发生，但思想演化是个长期过程，思想防线被攻破了其他防线就很难守住。"②新时代意识形态安全具有极其特殊而又极端重要的意义。

---

① 《马克思恩格斯文集》第八卷，人民出版社2009年版，第170页。
② 习近平：《胸怀大局把握大势着眼大事努力把宣传思想工作做得更好》，《人民日报》2013年8月21日。

第一节　新时代意识形态安全维护的基本要义

意识形态安全关乎社会未来稳定发展，关乎民族同胞团结一致，其实质是国家政治安全。"党中央几代领导集体都有关于意识形态安全的战略考量，在实践中也有大量的维护意识形态安全的机构和平台，这为明确制定意识形态安全的国家战略奠定了坚实的基础。"[1]随着新时代的到来，意识形态安全问题出现了新的特点和变化。党的十九大报告明确指出："国家治理体系和治理能力有待加强，意识形态领域斗争依然复杂，国家安全面临新情况……这些问题，必须着力加以解决。"针对这一新形势，如何进一步巩固社会主义意识形态工作领导权，保障和维护新时代意识形态安全，有着更多任务和要求。

一、筑牢新时代意识形态安全的思想防线

一个政党的发展壮大必然具有强大的物质基础，同时也必然具有强大的思想基础和理论基础，其中意识形态基础发挥着重要作用而无法替代。习近平指出："不发展有不发展的问题，发展起来有发展起来的问题，而发展起来后出现的问题并不比发展起来前少，甚至更多更复杂了。"[2]意识形态是作为一种解释世界、改造世界的独特的价值观念，它在指导人类实践活动中发挥着重要作用，统一全党思想

---

[1] 徐成芳等：《意识形态安全与建设问题研究》，人民出版社2018年版，第28页。
[2]《习近平谈治国理政》第二卷，外文出版社2017年版，第82页。

觉悟，凝聚人心，从而对党的执政地位保持高度的政治认同。新时代能否做好意识形态安全工作，"事关党的前途命运，事关国家长治久安，事关民族凝聚力和向心力"①。中国共产党一直以来重视理论学习和思想传播，这对于意识形态安全具有一定的保障和支撑。新时代人们接收信息的渠道日益丰富，受非主流思潮影响愈发明显，意识形态安全无疑受到严峻挑战。为此，我们需要强化意识形态阵地意识，以科学思想筑牢意识形态防线，主动掌握意识形态话语权。

第一，坚持马克思主义在意识形态领域的根本指导，增强马克思主义意识形态安全的理论支撑。社会存在决定社会意识，这一原理要求立足人类社会历史发展视角，看清意识形态安全这一问题，始终取决于处在特定历史发展阶段的国家和民族的客观状况。马克思曾指出："理论在一个国家实现的程度，总是取决于理论满足这个国家的需要的程度。"②广大人民群众所具有的民主意识、对于自身利益的维护在新时代的历史条件下都得到全面的释放和展开，意识形态局面由此呈现出更加复杂的态势和状况，相应地，党和国家意识形态安全建设也拥有科学的、完备的、有力的意识形态理论支撑。新时代意识形态以各种形式相互作用，并以内在的逻辑发展前行。

马克思主义作为立党立国的根本指导思想，是维护新时代意识形态安全的最有说服力的理论体系。以马克思主义为指导的社会主义社会实现了真正意义上的绝大多数人当家作主，人民群众获得真实意识形态话语权的体验，意识形态将人民群众物质文化生活结合得更为紧密相关。新时代做好意识形态安全工作，就是要认识和掌

---

① 中共中央党史和文献研究院：《习近平关于总体国家安全观论述摘编》，中央文献出版社2018年版，第99页。
② 《马克思恩格斯选集》第一卷，人民出版社2012年版，第11页。

握马克思主义理论，用马克思主义理论作为自己斗争的武器。恩格斯指出："一个民族要想站在科学的最高峰，就一刻也不能没有理论思维。"①一个国家如果失去了意识形态领域内统一的指导思想，意识形态安全无疑会陷入危机，社会整体也会出现混乱。习近平指出："新形势下，坚持马克思主义，最重要的是坚持马克思主义基本原理和贯穿其中的立场、观点、方法。"②坚持马克思主义在意识形态领域的指导地位是我国意识形态安全得以巩固的基础，也是维护意识形态安全的根本任务。

马克思主义是指引人们树立理想信念、坚定伟大信仰的科学指南，维护新时代意识形态安全必须确立马克思主义科学信仰，持续提高思想觉悟和理论水平。马克思指出："批判的武器当然不能代替武器的批判，物质力量只能用物质力量来摧毁；但是理论一经掌握群众，也会变成物质力量。理论只要说服人，就能掌握群众；而理论只要彻底，就能说服人。"③科学理论与人民群众之间的关系，是双向互动的，也就是说，人民群众生产生活实际上受到意识形态全方位、全领域、全时段的影响，如何用马克思主义意识形态说服和掌握人，将意识形态的抽象力量转化为创造历史和服务人民的强大物质力量是重要现实问题。习近平指出："意识形态决定文化前进方向和发展道路。必须推进马克思主义中国化时代化大众化，建设具有强大凝聚力和引领力的社会主义意识形态，使全体人民在理想信念、价值理念、道德观念上紧紧团结在一起。"④意识形态在某种意义上说，是思想

---

① 《马克思恩格斯文集》第九卷，人民出版社2009年版，第437页。
② 习近平：《在哲学社会科学工作座谈会上的讲话》（2016年5月17日），人民出版社2016年，第13页。
③ 《马克思恩格斯选集》第一卷，人民出版社2012年版，第10页。
④ 《习近平谈治国理政》第三卷，外文出版社2020年版，第33页。

和价值观的集合，要用马克思主义的立场、观点、方法分析问题、解决问题，把实现共产主义远大理想的信念建立在对科学理论的理性认同上，与时代同心同行，朝着共同理想和远大理想努力。

第二，用习近平新时代中国特色社会主义思想武装头脑，树立维护意识形态安全的自觉意识，保持理论清醒和政治坚定。习近平指出："要加强党对国家安全工作的集中统一领导，正确把握当前国家安全形势，全面贯彻落实总体国家安全观，努力开创新时代国家安全工作新局面。"①马克思主义是发展的理论。在党的第十九次全国代表大会上正式提出习近平新时代中国特色社会主义思想，这是"对马克思列宁主义、毛泽东思想、邓小平理论、'三个代表'重要思想、科学发展观的继承和发展，是马克思主义中国化最新成果，是党和人民实践经验和集体智慧的结晶，是中国特色社会主义理论体系的重要组成部分，是全党全国人民为实现中华民族伟大复兴而奋斗的行动指南，必须长期坚持并不断发展"②。作为马克思主义理论谱系的创造性继承和创新性发展，这一新思想坚持以马克思主义作为理论核心，并同中国实际和时代特征紧密结合，在人民群众生动实践中以全新的视野紧抓时代课题，不断深化和探索共产党执政规律、社会主义建设规律、人类社会发展规律这三大规律。可以说，在当代中国，坚持习近平新时代中国特色社会主义思想，也就是真正坚持马克思主义。

对于新时代意识形态安全的维护工作需要坚持意识形态工作的领导权。经济建设是党的中心工作，而"意识形态工作是党的一项

---

① 《习近平谈治国理政》第三卷，外文出版社2020年版，第217页。
② 《习近平谈治国理政》第三卷，外文出版社2020年版，第16页。

极端重要的工作"①。习近平指出了意识形态工作的重要意义,强调维护意识形态安全对发展中国特色社会主义的根本作用,为维护新时代意识形态安全指明方向。中国共产党是马克思主义政党,建党之初就把工人阶级利益与人民群众的根本利益紧紧联系在一起,既具有一般政党的共同性即阶级性,又有自身的特殊性即人民性。在伟大的社会主义实践和复杂意识形态斗争中,坚持党的领导被视为始终不可动摇的政治原则,具体说来,就是要坚持维护社会主义制度,坚决反对一切对于党的领导和我国社会主义制度削弱、歪曲以及否定的言行,这是维护新时代意识形态安全的内在要求。

新时代意识形态安全的维护工作需要坚持总体国家安全观。习近平提出的国家总体安全观是顺应时代发展、适应复杂形势的结果。"当前我国国家安全内涵和外延比历史上任何时候都要丰富,时空领域比历史上任何时候都要宽广,内外因素比历史上任何时候都要复杂,必须坚持总体国家安全观,以人民安全为宗旨,以政治安全为根本,以经济安全为基础,以军事、文化、社会安全为保障,以促进国际安全为依托,走出一条中国特色国家安全道路。"②这一安全观是集政治安全、国土安全、军事安全、经济安全、文化安全、社会安全、科技安全、信息安全等内容于一体的国家安全体系和基本方略。一个国家的意识形态安全与否,是衡量一个国家发展是否稳定的重要指标。在经济全球化、文化多样化、社会信息化和交际网络化的世界格局中,必须"统筹外部安全和内部安全、国土安全和

---

① 中共中央宣传部:《习近平总书记系列重要讲话读本》(2016年版),学习出版社、人民出版社2016年版,第192页。
② 《习近平谈治国理政》第一卷,外文出版社2018年版,第201页。

国民安全、传统安全和非传统安全、自身安全和共同安全"①，捍卫主流意识形态权威和影响力。

新时代意识形态安全的维护工作还需要提高思想认识，认真培育和践行社会主义核心价值观。习近平指出："防范化解重大风险，是各级党委、政府和领导干部的政治责任，大家要坚持守土有责、守土尽责，把防范化解重大风险工作做实做细做好。"②作为一个民族和国家最持久、最深层的力量，核心价值观是国家意识形态的内核，指引着意识形态安全的建设。特别是社会主义核心价值观作为社会主义意识形态在价值理念上的集中体现和主要概括，是我国国家意识形态安全维护的强大精神动力。社会主义核心价值观是在社会主义核心价值体系基础上提出的，体现了其内容的层次性和科学性，集中表达了社会主义意识形态本质内容。我国当前正致力建设和发展社会主义先进文化，中国精神和中国文化在世界范围内逐步被认识和接纳，影响力不断扩大。当今国内社会利益分化、诉求多元和国际格局深刻调整、急剧变革，为西方资本主义企图通过宣扬资本主义意识形态滋生了土壤和生存发展空间。因此，在党的十九大报告中，要求"发挥社会主义核心价值观对国民教育、精神文明创建、精神文化产品创作生产传播的引领作用"③。维护我国意识形态安全，就必须扩大社会主义核心价值观的影响力和感召力，立场坚定、态度鲜明地抵御西方普世价值的渗透，绷紧国家意识形态安全这根弦。

---

① 《中国共产党第十九次全国代表大会文件汇编》，人民出版社2017年版，第20页。
② 《习近平谈治国理政》第三卷，外文出版社2020年版，第223页。
③ 《习近平谈治国理政》第三卷，外文出版社2020年版，第33页。

二、强化新时代意识形态安全的制度支撑

制度是观念与信仰选择的结果与体现。制度作为一种规则或运作模式,与意识形态密切相关,规范着个体行动,表达着一个社会的秩序。习近平在"七一讲话"中明确指出:"我们要坚信,中国特色社会主义制度是当代中国发展进步的根本制度保障,是具有鲜明中国特色、明显制度优势、强大自我完善能力的先进制度。"维护新时代意识形态安全离不开中国特色社会主义的制度保障。

第一,坚持马克思主义在意识形态领域指导地位的根本制度,保障新时代意识形态安全。制度是人类社会所特有的现象,从本质上说是一种国家形式。马克思主义认为,"当人开始生产自己的生活资料,即迈出由他们的肉体组织所决定的这一步的时候,人本身就开始把自己和动物区别开来""而生产本身又是以个人彼此之间的交往为前提的",所以"现存的制度只不过是个人之间迄今所存在的交往的产物"。制度在凡勃伦看来,是个人或社会对有关某些关系或某些作用的一般思想习惯。一定的制度基于一定的意识形态,表现为在一定历史条件下形成的政治、经济、文化等方面的规则体系,是意识形态的外在表达和规范化体现。意识形态是一种价值观系统,起源于人类社会发展对共同行为进行规范与约束的需求。为了实现社会发展的可持续性,社会成员必须通过共同努力建立一种共同的语言、共同的理解,关键是要构建一种新的逻辑。这种"社会共享的,深度持有的假设和价值观"[①]是制度背后的意识形态逻辑。党

[①] Dunn M B, Jones C: Institutional Logics and Institutional Pluralism: The Contestation of Care and Science Logics in Medical Education 1967-2005, Administrative Science Quarterly, 2010, 55(1).

的十九届四中全会开创性地提出了"坚持马克思主义在意识形态领域指导地位的根本制度",凸显马克思主义在意识形态领域指导地位上升到国家根本制度的高度。一方面,坚持马克思主义在意识形态领域指导地位的根本制度,是中国共产党治国理政的内在要求和鲜明特色。中国共产党自诞生之日起,就将马克思主义标识在自己的旗帜上,把实现共产主义确立为党的最高理想。坚持马克思主义的指导地位,经受了中国共产党革命、建设和改革的实践考验,反复证明对马克思主义信仰和共产主义理想是中国共产党人的精神标识,一旦离开信仰便失去先进性和力量源泉,甚至迷失方向。另一方面,这一根本制度是历史的必然和人民的选择,因此是具体和现实的。马克思主义作为一种科学的意识形态,反映了无产阶级的根本经济政治利益,巩固马克思主义在意识形态领域的指导地位,要求意识形态领域的一切工作和活动都要紧紧围绕这一根本制度来展开。在理论武装、新闻宣传、文明创建、文艺创作、文化体制改革、网络建设管理等方面,都要高扬马克思主义旗帜,坚定宣传科学理论,传播先进文化,弘扬主流价值,并加以制度化,确保我国文化建设始终沿着正确方向前进。

第二,发挥中国特色社会主义的制度优势,坚定中国特色社会主义制度自信。"中国特色社会主义制度是一个严密完整的科学制度体系,起四梁八柱作用的是根本制度、基本制度、重要制度,其中具有统领地位的是党的领导制度。党的领导制度是我国的根本领导制度。"[1]习近平指出:"党的十八大以来,党中央高度重视国家安全工作,成立中央国家安全委员会,提出总体国家安全观,明确国

---

[1] 《习近平谈治国理政》第三卷,外文出版社2020年版,第125页。

家安全战略方针和总体部署，推动国家安全工作取得显著成效。"①一般而言，制度优势是国家发展的有利条件，也是新时代意识形态安全的根本性与持续性竞争优势。制度稳定有力则国家稳固安全，表层看来，国家间竞争是经济、科技、军事的角逐，从深层上则是制度的比拼。中国特色社会主义制度在理论上符合科学社会主义的逻辑，在历史上符合中国社会发展逻辑，在实践中展现出了无可比拟的优越性，推动中国社会的进步与发展。中国作为当前世界上最大的社会主义国家，在短短几十年的时间里，创造了令世界惊叹的发展奇迹，展现出了科学社会主义不容置疑的正确性，用现实成果抨击了各种唱衰社会主义的恶言，扭转了社会主义在意识形态领域长期"失语"的境地。党的十八大以来，我们党为保持主流意识形态的竞争优势，积极进行意识形态工作规范化制度化建设，把制度优势不断地转化为治理效能，使得意识形态工作制度体系日趋健全，制度权威日趋加固，凝聚力和吸引力不断增强，为新时代意识形态安全治理体系和治理能力现代化建设提供了经验。理查德·尼克松认为："对一个传统社会的稳定来说，构成主要威胁的，并非来自外国军队的侵略，而是来自外国观念的侵入，印刷品和言论比军队和坦克推进得更快、更深入。"②国家意识形态安全往往是一个社会思想文化的支柱，也是社会思想达成共识的基础，对整个社会思想发挥着强大的凝聚和引领作用，为意识形态安全提供了根本保障。

第三，坚持和完善新时代意识形态工作责任制，维护新时代意识形态安全的制度秩序。习近平指出："各地区要建立健全党委统一

---

① 《习近平著作选读》第一卷，人民出版社2023年版，第236页。
② 理查德·尼克松：《1999：不战而胜》，中国人民公安大学出版社1988年版，第32页。

领导的国家安全工作责任制,强化维护国家安全责任,守土有责、守土尽责。"①面对现今我国意识形态领域所发生的复杂变革,思想文化领域存在的多种观点并存,有先进有落后、有积极有消极、有本土有外来,如何坚持马克思主义意识形态的重要性日益突出。为维护我国意识形态安全,意识形态工作责任制度渐渐形成,这是一个逐步发展的过程。制度的形成在于率先明确意识形态工作的主体责任划分。中共中央办公厅于2015年颁布《党委(党组)意识形态工作责任制实施办法》,从总体要求、责任要求、考核监督和责任追究等方面明确党委责任、阵地范围以及部门职责等。2019年,中共中央出台了《中国共产党宣传工作条例》,从顶层设计的角度明确规定党委的七项主要职责,全方位构架建设和管理工作。同时,由于网络空间中意识形态安全事件往往都较为隐蔽,普通人很难直接看出背后蕴藏的政治目的,因此,在网络意识形态领域,将网络安全升级为法律责任,建立了专人专责的工作责任制。2014年,中央网络安全和信息化领导小组办公室发布《关于加强党政机关网站安全管理的通知》,进一步明确和落实安全管理责任,要求确立专门人员分管网站安全,强化学习培训,提升网络使用技能和安全意识等。2016年《国家网络空间安全战略》中提出依法治理网络空间的基本原则。《中华人民共和国网络安全法》从法律的角度明确了网络意识形态主体责任,履行网络安全保护是任何组织和个人的义务。在这一过程中逐步形成了部门通知——党内法规——全国性法律的制度构建层级,实现了责任主体点面覆盖,部门、岗位、个人责任归属明晰,从实际成效来看,广大党员干部狠抓、常抓、严抓意识形态工作的自觉性和主动性得到强化,意识形态制度初步形成。

---

① 《习近平著作选读》第一卷,人民出版社2023年版,第237页。

三、夯实新时代意识形态安全的实践基础

意识形态安全的维护是一项系统工程，需要在实践中加以强化和落实。马克思指出："一切划时代的体系的真正的内容都是由于产生这些体系的那个时期的需要而形成起来的。"①随着时代的发展，意识形态安全在理论上不断丰富发展，在制度上不断规范完善，为应对意识形态危机奠定了扎实的基础。除此之外，实践基础也是保障新时代意识形态安全的关键所在，是增强意识形态安全的真正动力。

第一，系统总结维护意识形态安全的宝贵经验，为国家意识形态安全提供有效经验供给。安德鲁·文森特在《现代政治意识形态》中认为，意识形态是基本层面和操作层面的相互交叉和重叠的统一体，随着时间的增加，每一种意识形态都是知识杂拌的混合体。中国共产党始终以马克思主义为我国社会主义意识形态的旗帜和灵魂，把意识形态安全建设视为党执政能力建设的重要组成部分，有着良好的意识形态工作传统。首先，坚持党管意识形态工作领导不动摇，为意识形态安全的根本遵循。毛泽东曾将党的意识形态工作喻为一切工作的统帅，"掌握思想领导是掌握一切领导的第一位"②，"不注意思想和政治，成天忙于事务，那会成为迷失方向的经济家和技术家，很危险"③。党管意识形态是把握社会建设规律、科学执政的必然选择。意识形态安全是一个系统复杂的问题，在中国特色社会主义进入新时代背景下，针对当前意识形态安全工作面临的繁重任务、复杂环境和严峻形势，如何有效地保障和维护是重要课题。

---

① 《马克思恩格斯全集》第三卷，人民出版社1960年版，第544页。
② 《邓小平文选》第二卷，人民出版社1994年版，第435页。
③ 《毛泽东文集》第七卷，人民出版社1999年版，第351页。

习近平明确提出积极发扬党管宣传、党管媒体、党管意识形态的优良传统，要求始终坚持党管意识形态工作的根本原则不动摇，在任何时候、任何情况下都要把意识形态工作的领导权、管理权、话语权掌握在手中。其次，重视意识形态斗争。中国共产党创立初期，党的内部存在对于不同路线的论争，抗日战争胜利之后，就建立一个什么样的国家、实行什么样主义的问题也出现分歧。新中国成立之初，党针对封建主义、资本主义和国民党反动残余势力，在全国范围内掀起了学习马克思主义理论的高潮，肃清半殖民地半封建的剥削思想残余和反马克思主义思想。"凡是错误的思想，凡是毒草，凡是牛鬼蛇神，都应该进行批判，决不能让它们自由泛滥"[1]。意识形态领域的斗争不同于一般的阶级斗争，就"这种批判，应该是充分说理的，有分析的，有说服力的，而不应该是粗暴的、官僚主义的，或者是形而上学的、教条主义的"[2]。从一定程度上来说，党中央领导全党全国人民对错误思想特别是反马克思主义、反社会主义思潮始终保持警惕态度，并对之进行有力批判，维护了马克思主义在意识形态领域的指导地位。

第二，主动进行舆论斗争，抵制错误思潮。社会思潮反映了人们在社会生活中的思想状态，有积极和消极、正确和错误之分。毛泽东明确指出："凡是要推翻一个政权，总要先造成舆论，总要先做意识形态方面的工作。"[3]维护新时代意识形态安全要在马克思主义指导下，对于各种多样化社会思潮进行分辨和有效斗争。首先，需要及时关注思想舆论动态，严格区分涉及政治原则、思想认识和学

---

[1] 《毛泽东文集》第七卷，人民出版社1999年版，第281页。
[2] 《毛泽东文集》第七卷，人民出版社1999年版，第281页。
[3] 《建国以来毛泽东文稿》第十册，中央文献出版社1996年版，第194页。

术观点，把握其中的内在意图，廓清成因实质，澄清事实，坚决斗争。对于事关政治原则的重大是非问题，必须彻底澄清、坚决斗争、毫不退让。习近平指出："要深入开展网上舆论斗争，严密防范和抑制网上攻击渗透行为，组织力量对错误思想观点进行批驳。"[①]其次，保持高度理论自觉和政治清醒以抵制错误思潮。当前主流思想舆论牢牢占据强势，通过做正面宣传、深入辨析引导，错误思潮受到较为有力的压制，总体可管可控。但由于西强我弱的格局短期内不会改变，错误思潮生成蔓延的基础短期内不会消除，意识形态领域的斗争将长期持续。因经济利益和社会地位的差异，教育和文化背景的不同，加之社会机制还有待完善，一定程度上为各种社会思潮的滋长提供了环境，也给意识形态安全带来了挑战。20世纪以来，社会矛盾的激化，很大程度上受各种西方学说的影响，比如凯恩斯主义、新自由主义、新保守主义、民主社会主义、实用主义、存在主义、结构主义、后现代主义等[②]，这些社会思潮对人民群众产生了不同程度的影响，部分错误思潮观点侵蚀着人们的思想观念，甚至在一定程度上冲击和瓦解人们对主流意识形态的认同。中国特色社会主义进入新时代，国内外形势发生了深刻变化，各种思想文化的交流碰撞更加频繁，辨别和消除错误思潮影响的难度进一步加大。"面对社会思潮风云变幻的情势，切不可放松警惕，任其自生自灭，而应该把握时度效，找准时机，敢于亮剑，主动出击。"[③]舆论斗

---

① 中共中央文献研究室：《习近平关于全面建成小康社会论述摘编》，中央文献出版社2016年版，第106页。
② 习近平：《在哲学社会科学工作座谈会上的讲话》（2016年5月17日），人民出版社2016年版，第4页。
③ 张志丹：《马克思主义意识形态学论纲》，《理论与评论》2018年第3期。

争水平高低关乎意识形态的安全与否,针对一些具有欺骗性和模糊性的错误思潮攻击,必须斗争到底,掌握主动权,自觉划清界限,坚决捍卫马克思主义在意识形态领域的指导地位。

第三,全方位开展系统教育,提升维护意识形态安全的自觉意识。习近平指出:"要准确把握国家安全形势变化新特点新趋势,坚持总体国家安全观,走出一条中国特色国家安全道路。"[1]意识形态安全事关党的前途命运,事关国家长治久安,事关民族凝聚力和向心力,要加强意识形态安全教育,树立国家安全的自觉意识。在我国维护意识形态安全,必须在党和国家领导下开展以马克思主义为指导思想的中国特色社会主义意识形态教育。中华文明源远流长、博大精深,是中华民族独特的精神标识,是维系中华儿女的精神纽带。中国特色社会主义是具有民族特性、时代特征、体现社会主义本质的价值体系。西方国家通过互联网和技术优势大肆宣扬所谓的"普世价值",使部分受众陷入价值观迷茫的困境,消解了网络主流意识形态的凝聚力、吸引力和引领力,对国家、民族的思想基础和精神纽带造成威胁。为此,习近平指出:"如果我们的人民不能坚持在我国大地上形成和发展起来的道德价值,而不加区分、盲目地成为西方道德价值的应声虫,那就真正要提出我们的国家和民族会不会失去自己的精神独立性的问题了。如果没有自己的精神独立性,那政治、思想、文化、制度等方面的独立性就会被釜底抽薪。"[2]可见,实现中华民族伟大复兴,不仅经济上要自立、政治上要自主,精神上也要自强。距离实现中华民族伟大复兴目标越近,防控网络意识形态风险就越为重要。必须清醒认识到网络空间中意识形态风

---

[1] 《习近平著作选读》第一卷,人民出版社2023年版,第234页。
[2] 中共中央党史和文献研究院:《习近平关于总体国家安全观论述摘编》,中央文献出版社2018年版,第109页。

险的严峻态势，增强忧患意识和底线思维，防范化解来自各方面的风险，为中华民族的伟大复兴保驾护航。

维护意识形态安全，开展意识形态教育，高校是重点。高校不仅是教学育人的场所，同时也是我国意识形态安全建设的主阵地和主战场。高校意识形态安全在国家意识形态安全中处于战略地位，因此，加强高校意识形态安全建设是保障我们党的执政安全和国家长治久安的必然要求。高校思想政治工作关系高校培养什么样的人、如何培养人以及为谁培养人这个根本问题。思想政治理论课承担着马克思主义理论教育的任务，是高校进行意识形态安全教育的主渠道，是落实立德树人根本任务的关键课程。在2019年3月18日学校思想政治理论课教师座谈会上，习近平指出，思想政治理论课要"传导主流意识形态，直面各种错误观点和思潮"。[1]当前，高校必须充分肯定并发挥这一课程的核心作用，创新教育方式方法，增强马克思主义意识形态的吸引力和感染力，使学生们坚定马克思主义信念，共同维护意识形态安全。同时，从当前意识形态现状出发，及时关注有关意识形态安全事件，将思想政治理论课课堂和社会课堂相融合，研究新情况，解决新问题，引导分析社会现象和时事热点。此外，还要重视挖掘各专业学科的意识形态教育资源，共同形成教育合力，构建意识形态安全教育的全员育人、全过程育人、全方位育人格局。

第四，加强网络意识形态安全监管和风险预警。党的十九大报告明确指出："加强互联网内容建设，建立网络综合治理体系，营造清朗的网络空间。"[2]网络作为打破时空界限的最大变量，广泛渗透和影响人民群众生产生活实践，在深刻变革人们生产、生活和思维

---

[1]《中共中央办公厅、国务院办公厅印发〈关于进一步加强和改进新形势下高校宣传思想工作的意见〉》，《人民日报》2015年1月20日。
[2]《习近平谈治国理政》第三卷，外文出版社2020年版，第33页。

方式的同时，也一度削弱了国家的文化控制和同质能力，已经成为意识形态传播的重要渠道和意识形态安全的主战场。网络的发展为意识形态的传播提供了新手段、开辟了新渠道，却也使得意识形态安全的不确定性增加。比如，西方国家占据着网络技术和网络话语的绝对优势，独揽全球网络业务的经营权和规则的制定权，严重威胁着我国网络信息安全。面对网络意识形态的挑战和考验，需要重视网络空间的意识形态问题，密切关注网络空间内的意识形态动态，加强安全监管和风险预警，主动维护意识形态安全。一方面，就网络意识形态安全监管来说，要严格导向要求，强化底线思维，依法依规管理网络，确保依法管网、依法办网、依法上网，增强筛选和引导社会思想和价值观念的技术能力，密切关注有挑战政治原则、政治底线倾向的错误观点和思想动态，保持警惕，及时科普辟谣，适时开展坚决批判和斗争。另一方面，就网络意识形态安全的风险预警，要加强大数据平台的建设，利用网络建设意识形态风险防火墙，为意识形态安全提供技术保障和数据支持。组织专业技术人员研发针对意识形态安全的预警软件，分场域和人群健全相应的判定标准体系，主动研判网络意识形态领域出现的新情况、新问题，以及时监测和预警各种不良情况的出现，对其矛盾问题进行精准分析，加以化解，避免网络舆情和突发事件的发生。

第二节　新时代意识形态安全维护的方针与原则

新时代意识形态安全状况复杂多变，维护任务艰巨，在实际工作中需要遵循系列方针和原则。坚持一定的战略思维和原则才能强化意识形态主阵地，有效应对各种复杂局面和风险考验。

一、积极推进新时代意识形态安全理论武装

马克思指出："理论在一个国家实现的程度，总是取决于理论满足这个国家的需要的程度。"[1]意识形态安全任重而道远，特别需要马克思主义理论的指导。马克思主义作为契合时代的科学意识形态和理论体系，对于维护新时代意识形态安全具有指导作用。学懂弄通马克思主义和中国特色社会主义思想，用具有相当学术基础和时代高度的理论成果破解现实难题，是维护意识形态安全的关键。这要求把理论武装和宣传教育作为战略性工作来抓，提升马克思主义理论素养和理论水平，提供有效理论供给和坚实基础。

第一，开展社会主义核心价值观的深层次理论研究。习近平指出："一个国家的文化软实力，从根本上说，取决于其核心价值观的生命力、凝聚力、感召力。"[2]价值观作为意识形态的高度体现，体现了社会意识形态的本质和要求。作为理论成果本身，社会主义核

---

[1] 《马克思恩格斯选集》第一卷，人民出版社1995年版，第11页。
[2] 《习近平谈治国理政》第一卷，外文出版社2018年版，第163页。

心价值观是中国共产党立足时代、总结经验、把握人民利益的基础上的理论创新成果。社会主义核心价值观作为社会主义意识形态的反映和体现，越是能够为广大社会成员接受并认同，其精神引领和凝心聚力的功能越能发挥，意识形态就越安全。我国意识形态建设实践已证明，发挥核心价值观凝聚人心的作用，对于化解社会矛盾、调和利益关系、抵御思潮渗透、捍卫价值共识具有重要的现实意义。当科学理论是正确行动的指南，这就要求利用科学理论和方法向不同群体展示和解读我国社会发展过程、现实图景和内外问题，挖掘马克思主义世界观、方法论、科学社会主义基本原则对实现社会公正、思想理论界和社会舆论界还存在一定的理解偏差和异议，需要把社会主义核心价值观理论研究工作作为重大的系统工程来做，聚焦意识形态安全方向，发展意识形态理论。培育一批具有战略眼光的研究者，围绕核心价值观的种种问题展开研究，形成系统思路和实施机制，增强理论转化为实践的现实动力，进行理论分析和定量分析，摸清社会思想整体趋向和具体情况。挖掘传统文化资源，结合现代人思想状况和现实需求，扩大主流价值观念的影响力，提高国家文化软实力。对于西方敌对势力的"西化""分化"图谋保持警惕，理论研究走到前列，深刻提升社会主义核心价值观在意识形态安全中的积极作用。

第二，坚持思想建党、理论强党和制度治党同向发力，强化党的意识形态功能。习近平指出："旗帜鲜明讲政治是我们党作为马克思主义政党的根本要求。我们党历来重视提高党员的政治觉悟。"[①] 意识形态是整个无产阶级及其政党联合起来的政治信仰和思想纽带，思想、理论和制度的结合，充分发挥马克思主义意识形态的先进性

---

① 《习近平著作选读》第二卷，人民出版社2023年版，第107页。

是中国共产党近百年来维护意识形态安全的重要法宝和优良经验。随着中国特色社会主义进入新时代，党的意识形态安全问题被提到了前所未有的战略高度。以习近平同志为核心的党中央深刻把握意识形态安全的内在规律，提出了意识形态工作是党的一项极端重要的工作、牢牢把握意识形态工作领导权、建设具有强大凝聚力和引领力的社会主义意识形态等一系列重要论述，为维护新时代意识形态安全提供了重要指导。加强马克思主义学习型政党建设，坚定对马克思主义和共产主义理想的信仰，提高全党的马克思主义理论水平，提升党内文化的先进性。全面从严治党，坚持用马克思主义理论统一全党的思想认识，将意识形态纳入党建工作范畴，净化党内意识形态环境，牢牢掌握意识形态工作的主动权。正确认识和把握意识形态领域的方向性、根本性和全局性问题，筑牢思想防线。从讲政治、讲党性的高度，自觉抓好新时代党内意识形态工作，压实政治责任，增强解读时代、引领时代的理论思维和本领能力，坚定价值认同，应对重大挑战，抵御重大风险。

第三，构建新时代意识形态安全教育体系，深化中国特色社会主义理想信念教育。习近平指出："一个政党必须有自己的政治灵魂。中国共产党的理想信念，就是马克思主义真理信仰、共产主义远大理想和中国特色社会主义共同理想。"[1]理想信念是一个人的精神动力和行动指南，来自思想理论的坚定。根据新时代意识形态安全总体需要，需要关注学生群体和高校场域，在机制机构、教学内容、师资团队、模式方法、校园文化等方面具体落实好维护高校意识形态安全的策略，将意识形态安全战略普及到学生思想意识中。有针对地开展理想信念教育，培养学生形成正确三观，让学生辩证

---

[1]《习近平著作选读》第二卷，人民出版社2023年版，第119页。

思考社会问题。加强思想政治理论课课程建设，摈弃和改进传统意识形态安全教育宣传方式，结合时代发展充分挖掘意识形态安全元素，拓展教育渠道资源，实现高校意识形态安全教育全覆盖。关注青年学生思想行为特点，增强学生责任意识，在实践中提高思想认识，做一名合格的社会主义接班人和建设者。推进高校意识形态话语转型，增强新时代高校意识形态安全教育的实效性。打造高校舆论引导队伍，吸纳和培养公信力较强、觉悟高的老师、学生作为意见领袖和后备力量参与到舆论引导工作中，通过加大意识形态安全宣传教育，营造主流意识形态存在的强大场域和积极氛围，有效夯实意识形态安全基础。

二、新时代维护意识形态安全的主要方针

维护新时代意识形态安全离不开科学思维方针的坚持和引导。习近平曾指出，做好新时代意识形态工作必须"提高战略思维、创新思维、辩证思维、底线思维能力"[1]，这也是对于维护意识形态安全的迫切要求。

第一，维护新时代意识形态安全要坚持底线思维的方针。"我们的事业越前进、越发展，新情况新问题就会越多，面临的风险和挑战就会越多，面对的不可预料的事情就会越多。"[2]底线就是红线，保证底线不会偏离轨道。坚持底线思维，就是以设定最低目标、争取最大期望值为价值取向的思维，即是"往最坏处打算，从最好处努力"的思维逻辑。维护意识形态安全的底线思维就是对于根本性

---

[1]《习近平谈治国理政》第一卷，外文出版社2018年版，第417页。
[2] 习近平：《关于"坚持和发展中国特色社会主义的几个问题"》，《求是》2019年第4期。

问题和颠覆性问题的警觉,始终把意识形态的主动权、领导权握在手中。在维护意识形态安全中坚持底线思维具有鲜明的主动性、实践性以及强烈的忧患意识,也是发挥主观能动性的最大表征。底线思维对于指导意识形态安全工作,特别是应对意识形态安全事件的解决有着实践意义。一是,有助于新时代意识形态工作落实到位。运用底线思维来审视意识形态安全非常有必要,目的就是通过研判发现意识形态安全存在的最大问题,及时改进防治,推动各项工作措施落实到位,最大限度减少和弥补意识形态安全事件造成的损失和危害,全面提高意识形态工作整体效能。二是,有助于检验意识形态安全的现实状态。底线思维是一种针对意识形态工作的科学理念,也是检验工作水准和政治立场的定盘星。只有自上而下都按照底线思维的要求进行反复观察,确保底线不突破,才能维护意识形态安全。三是,有助于妥善处置各类意识形态安全突发事件。意识形态安全的复杂性和不确定性往往使突发事件来得毫无征兆。毛泽东指出:"掌握思想领导是掌握一切领导的第一位。"① 对于作为负责处理和应对意识形态安全突发事件的工作人员来说,保持科学思维特别是底线思维显得尤为必要,需要快速作出有针对性的反应,引导人们冷静客观地面对问题。运用底线思维来维护新时代意识形态安全,需要做到以下几点:一、总体预估意识形态安全局势,掌握人们的思想动态和意识形态需求。对于面临的意识形态形势和即将开展的意识形态工作,特别是对有可能出现的不确定性因素,作出总体的评估和梳理,保持清醒头脑和紧张神经,不可放松警惕。维护意识形态安全需要全方位、全过程、全领域地直面广大人民群众的现实关切和价值困惑,作出总体的判断和准备。二、具体分析

---

① 《毛泽东文集》第二卷,人民出版社1993年版,第435页。

某一已经发生过的意识形态安全事件，认真梳理前后因果和成因，总结归纳和充分评估，启示今后面对同类型问题的应对策略和预案准备。三、理性应对正在发生的影响意识形态安全的事件和问题，评估事态继续发展的可能性，防止继续蔓延扩大。对于已经造成的影响进行及时补救，利用各种分析工具和工作经验进行冷静审视，有条理地组织开展应对处置工作，控制事态的进一步恶化。

第二，维护新时代意识形态安全必须坚持战略思维的方针。战略原指军事将领指挥作战的谋略，后引申为对实现长远性目标的总体谋划。一方面，战略思维对意识形态安全起着主导作用。任何事情都需要按照战略构想并通过相应战略措施实现。战略思维是一种研究全局性、长远性行动方案所要求的思维方式和理念活动的综合，考察的是对于战略策略、机会手段进行分析思考的能力，要求实施者实现目标谋划与措施筹措的统一，具有全局性和导向性特点。"不谋全局者，不足谋一域"，战略本身是一种全局性的谋划，主要是解决全局问题而非局部。维护意识形态安全需要整体设计，做到统筹兼顾、提纲挈领。战略思维与确定维护目标、发展方向、重大举措与基本步骤密切相关，要求站位要高，视野要广，需要制订原则性、指导性和概括性的行动计划。只有用整体观的战略思维才能更好地把握意识形态安全战略的本质。另一方面，维护意识形态安全的战略思维还具有导向性特点。战略思维面向未来发展，要求作出前瞻性判断。意识形态是思维的反映，有着多种可能性，这就需要战略思想加以预测和判断，以引导组织未来的发展方向。要维护意识形态安全就需要考虑意识形态安全的全局，而坚持战略思维的关键在于研究具有决定性意义的工作规律和方式方法。只有以战略思维来深入研究这一规律，对新时代意识形态安全进行理性的谋划，才能科学把握新时代中国社会意识形态安全发展的趋势和方向。

战略思维是维护新时代意识形态安全必须坚持的科学方法和思维方式，对于维护新时代意识形态安全具有重要建设性意义。一是有助于科学判断形势，保持理论自信和战略定力。意识形态安全预判在先，才能高瞻远瞩，充分把握战略机遇期，避免决策的盲目。二是有助于坚定马克思主义信仰，在关键时刻作出战略决策，规避风险。新时代意识形态安全的实质是巩固马克思主义作为意识形态指导地位的合法性，即是说，意识形态安全在根本上体现为人民群众对于马克思主义内在价值的普遍认同和自愿践行。以战略思维保障新时代意识形态安全，应当全面、协调推进意识形态安全的维护和建设工程。这就要求坚持加强党对意识形态工作的全面领导，巩固社会主义意识形态的主导权和话语权，保持意识形态安全定力。习近平始终强调，要在政治上保持战略定力，增强治国理政和政治领导本领，必须提高战略思维能力。"一个国家实行什么样的主义，关键要看这个主义能否解决这个国家面临的历史性课题。"[1]在激荡交织的意识形态领域，必须把战略思维贯穿到维护意识形态安全的方方面面，从习近平新时代中国特色社会主义思想中理解把握提高战略思维能力，保持战略定力，不断提高维护意识形态安全的能力和水平。

第三，维护新时代意识形态安全要坚持全球思维的方针。所谓全球思维，是指不局限于自身，而是放眼全世界，对不同文化和意识形态保持开放和尊重的态度。习近平指出："认清国家安全形势，维护国家安全，要立足国际秩序大变局来把握规律，立足防范风险

---

[1] 《习近平谈治国理政》第一卷，外文出版社2018年版，第22页。

的大前提来统筹,立足我国发展重要战略机遇期大背景来谋划。"①全球思维是普遍存在的社会性思维方式,不仅考虑的是局部个别的生存安危,而且要把问题视角放置整个世界去思考,考虑全世界的长久利益、文化价值和历史责任。维护意识形态安全需要具有全球思维和视野,也就要求对多元化的复杂意识形态环境具有一定的适应性和灵活性,建立起全球范围的安全体系结构。开放的全球思维表明,随着全球化的加深,各国政治、经济、文化的交流和交织达到前所未有的高度,意识形态的斗争却未曾减弱。树立全球思维,一方面,有助于更好地维护在跨文化环境下的意识形态安全,特别是网络空间内发生的影响意识形态安全事件,更好地指导如何在更大的格局和站位下采取合适的行为,只有保持高度清醒和自觉才能有效巩固思想基础。另一方面,有助于更好地把握中国与世界、马克思主义与时代的关系。中国和平崛起的成功经验表明,马克思主义意识形态在中国获得了新的生命力,是观察、解读和引领时代的有力依据。但旧有国际秩序依然存在不平衡的矛盾问题,世界范围内意识形态话语权依然是西强我弱的格局。发达国家总体上仍然主导着全球治理和世界秩序,中国的快速崛起面临着既有的国际规则和西方大国的钳制。习近平认为:"推进全球治理体制变革的必要性,指出世界上很多有识之士都认为,随着世界不断发展变化,随着人类面临的重大跨国性和全球性挑战日益增多,有必要对全球治理体制机制进行相应的调整改革。"②因此,维护新时代意识形态安全要站在国际形势和世界格局的演变趋势下进行更有发展性的建设,

---

① 《习近平著作选读》第一卷,人民出版社2023年版,第236页。
② 习近平:《坚持构建中美新型大国关系正确方向促进亚太地区和世界和平稳定发展》,《人民日报》2015年9月23日。

坚持民主、平等、正义，坚持"为人类对更好社会制度的探索提供中国方案"①，将我国的发展优势和综合实力转化为意识形态话语优势，推进全球治理体系和规则变革，促进国际关系发展进步。从当今世界的实际情况出发，以全球视野建立意识形态安全观，以互信、互利、平等和协作为核心，体现历史发展和时代进步的要求。

三、新时代维护意识形态安全的基本原则

新时代维护意识形态安全除了需要坚持底线思维、战略思维、全球思维外，还需要在实际工作中坚持以下四个原则：

第一，新时代维护意识形态安全应遵循人本性原则。习近平指出："国家网络安全工作要坚持网络安全为人民、网络安全靠人民，保障个人信息安全，维护公民在网络空间的合法权利。"②意识形态作为社会现实的反映，是现实社会的重要存在。人本身就是一个不断生产、不断发展的过程，包括物质和精神。人以社会性为本质属性，意识形态安全问题无法脱离"现实意义上的人"而孤立存在。新时代维护意识形态安全，必须确立以社会主义核心价值观为导向的人本原则。"没有'人的感情'，就从来没有也不可能有人对真理的追求。"③坚持人民立场原则是维护意识形态安全的归宿，有助于强化主流意识形态影响力和公信力，增强群众的凝聚力与向心力。杜威认为："为社会现实生活做好准备的最重要路径就是参与社会现

---

① 习近平：《在庆祝中国共产党成立95周年大会上的讲话》，《人民日报》2016年7月2日。
② 《习近平著作选读》第二卷，人民出版社2023年版，第138页。
③ 《列宁全集》第二十五卷，人民出版社1958年版，第117页。

实生活。"①新时代维护意识形态安全需要立足于社会现实生活，坚持人民立场和实事求是的认识方法，具体问题具体分析，形成思想观念和价值选择在社会生活层面的高度认同，构筑反映现实问题、回应现实需求的意识形态安全防护体系。这就要求充分调动社会现实生活和网络空间的一切有利因素，充分发挥社会主义意识形态的引领力和凝聚力优势，整合具有现实意义和引导价值的意识形态内容体系和表达方式，将具有示范意义的主流意识形态及时传递给广大受众，并通过各方主体主观能动性的发挥，将社会共识转化为个体成员的主动行为，积极引导各方主体自觉捍卫社会主义意识形态的权威。

第二，新时代维护意识形态安全应遵循疏导性原则。意识形态是对现实物质生活基础的反映，所持的观点和看法必然有主观成分，存在正确和错误之分。维护国家意识形态安全面对的是这样的情形，"或者是资产阶级的意识形态，或者是社会主义的意识形态。这里中间的东西是没有的……对社会主义意识形态的任何轻视和任何脱离，都意味着资产阶级意识形态的加强。"②由此可见，要巩固马克思主义意识形态的主导地位，就避免不了同其他非主流意识形态展开正面交锋。疏导，即疏通和引导，其中，疏通是问题解决、实施引导的前提和基础；引导则是对疏通的延展和目的。疏导的目的在于避免激化矛盾，达到调解情绪、化解不利因素的状态。当前社会意识形态依旧呈现出一元主导与多元并存的特点，这就要求意识形态工作需要疏导不良情绪，提升舆论引导水平。社会意识形态借助网络

---

① [美]杜威：《道德教育原理》，王承绪等译，浙江教育出版社2003年版，第13页。
② 《列宁选集》第一卷，人民出版社2012年版，第326页。

这一新的传播方式,全面释放和表达了内在具有价值观念的观点看法,进一步影响更多人的思考和判断。因而,用一元化的指导思想引领多样化的社会思潮,加强对于社会意识形态的正确疏导、讲解和整合是新时代意识形态安全维护的重要原则。新时代维护意识形态安全要求完善意见表达、沟通和反馈机制,要直面错误思潮的干扰侵袭,要勇于回击,切实引领,做好诠释工作。"要多一些包容和耐心,对建设性意见要及时吸纳,对困难要及时帮助,对不了解情况的要及时宣介,对模糊认识要及时廓清,对怨气怨言要及时化解,对错误看法要及时引导和纠正。"① "我们坚持理论联系实际,及时回答时代之问、人民之问,廓清困扰和束缚实践发展的思想迷雾,不断推进马克思主义中国化时代化大众化,不断开辟马克思主义发展新境界。"② 只有这样自下而上增强人民群众意识形态认同和自信,才能牢牢把握我国意识形态领域的主导权、主动权、话语权,最大限度地凝聚社会共识。

第三,新时代维护意识形态安全应遵循监管性原则。监管指的是在维护意识形态安全的过程中,需要进行管理和干预,在管理和干预之间保持必要的张力,实现社会思想的进步和主流意识形态的引领。然而,如果只重视意识形态的管理而不注重理解和团结,就难以形成思想共识,难以巩固马克思主义在意识形态领域的指导地位,难以巩固全党全国人民团结奋斗的共同思想基础。而如果一味放任不同性质的意识形态的肆意妄为,就必然会造成意识形态的混乱,从而失去主流意识形态的指导力和引领力,就会使得社会主流

---

① 习近平:《在网络安全和信息化工作座谈会上的讲话》,《人民日报》2016年04月26日。
② 习近平:《在庆祝改革开放40周年大会上的讲话》,《人民日报》2018年12月19日。

意识形态迷失方向，偏离轨道，出现混乱。对于维护意识形态安全的监督管理，关键是要处理好自由与秩序的辩证关系。对是否安全或危险的限度要谨慎平衡，确保个体思想意识在合理区间的自由表达的同时，坚守底线思维，有序适度地进行监管。在传统时代过于强调意识形态的一致性，导致自由性不足；当今问题在于自由过度，而秩序意识和规矩意识的匮乏与不足。特别是当网络出现了大量错误言论时，要进行必要的监管，对于某些与国家政策、政府管理和主流意识形态不相符的表达，必须采取管理与干预。同时，防止过激言语，保障网络空间的风清气正，确保意识形态安全朝着符合国家和民族根本利益的方向发展，这是新时代维护意识形态安全和稳定的必要原则。

第四，新时代维护意识形态安全应遵循全面性原则。习近平指出："要坚持网络安全教育、技术、产业融合发展，形成人才培养、技术创新、产业发展的良性生态。"[①]一个政党是否能够代表本阶级的利益，关键看这个政党是否掌握了指导社会发展的思想体系。阿尔都塞提出，意识形态不仅以观念的形式存在，更重要的是它的物质存在形式，主要就是指意识形态的国家机器和日常生活实践。首先，意识形态安全的维护需要坚持全面性，进行综合治理。全面维护新时代意识形态安全必须首先树立高度的大局意识，认识意识形态工作全局，把维护意识形态安全工作放到大局中去思考和定位，切实加强政治领导和工作指导，分层次明确角色责任和任务分工，形成大安全体系。其次，全面维护新时代意识形态安全必须做到主体全覆盖，多部门形成合力。特别是"宣传思想部门承担着十分重

---

① 《习近平著作选读》第二卷，人民出版社2023年版，第138页。

要的职责,必须守土有责、守土负责、守土尽责"[1]。再次,全面维护新时代意识形态安全必须做到领域全覆盖。习近平指出:"要积极探索有利于破解工作难题的新举措、新办法,特别是要适应社会信息化持续推进的新情况,加快传统媒体和新兴媒体融合发展,充分运用新技术新应用创新媒体传播方式,占领信息传播制高点。"[2]利用新媒体技术,实现多领域安全的全方位监控,随着形势进行适当调节,发挥各个领域的整体联动作用,有助于形成共同防御意识形态安全风险的良好局面,成为增强意识形态安全的推进动力。

---

[1] 习近平:《胸怀大局把握大势着眼大事 努力把宣传思想工作做得更好》,《人民日报》2013年8月21日。
[2] 中共中央文献研究室:《习近平关于全面深化改革论述摘编》,中央文献出版社2014年版,第108页。

第三节 新时代维护意识形态安全的战略举措

面对复杂多变的局势,新时代维护意识形态安全需要上升到战略高度,以总体国家安全观为指导,制定和实施新时代维护意识形态安全战略举措,保持战略定力,实现战略突破。

一、确立新时代意识形态安全战略目标

意识形态安全是国家安全的重要组成部分和本质体现。面对经济全球化引致的文化冲突、资本负面效应的人为放大、自媒体时代非主流社会思潮引发的舆论旋涡和个体价值偏差等问题,实现新时代意识形态安全首先要对意识形态领域斗争的复杂性和艰巨性保持清醒认识。维护新时代意识形态安全战略核心在于维护以马克思主义为根本指导的社会主义意识形态,其根本目标在于巩固马克思主义在意识形态领域的指导地位和全党全国人民团结奋斗的共同思想基础[1],这就具体要求分析和研判新时代意识形态安全内外因素,统筹国内国际两个大局,把握新时代意识形态安全的基本规律。

新时代意识形态安全战略目标的确立,需要"以人民安全为宗旨,以政治安全为根本,以经济安全为基础,以军事、文化、社会安全为保障,以促进国际安全为依托"[2]。具体来说:

---

[1] 《习近平谈治国理政》第一卷,外文出版社2018年版,第153页。
[2] 《习近平谈治国理政》第一卷,外文出版社2018年版,第201页。

第一，以政治安全为根本，增强"四个自信"，保持战略主导，捍卫政治权威，防止颠覆性失误。意识形态始终是一种涉及政治立场的观念体系。习近平在全国宣传思想工作会议上强调指出："宣传思想工作一定要把围绕中心、服务大局作为基本职责，胸怀大局、把握大势、着眼大事，找准工作切入点和着力点，做到因势而谋、应势而动、顺势而为。""宣传思想工作就是要巩固马克思主义在意识形态领域的指导地位，巩固全党全国人民团结奋斗的共同思想基础。"[1]坚定道路自信，就是要坚信中国特色社会主义道路是实现社会主义现代化和中华民族伟大复兴的必由之路；坚定理论自信，就是要坚信中国特色社会主义理论体系是立于时代前沿、指导人民创造美好生活的科学理论；坚定制度自信，就是要坚信中国特色社会主义制度是当代中国发展进步的根本制度保障；坚定文化自信，就是坚信中国特色社会主义文化是"面向现代化、面向世界、面向未来的，民族的科学的大众的先进文化"。[2]应该说，坚持党对一切工作的领导，坚持党的基本理论、基本路线和基本方略不动摇，统筹"五位一体"的总体布局，协调推进"四个全面"的战略布局，保持高度的政治清醒和政治自觉是保障意识形态安全的首要目标。

第二，以人民安全为宗旨，保持战略定力，凝聚民心民智，以培育和践行社会主义核心价值观为契机，教育人民、引导人民、团结人民。以人民为中心是马克思主义意识形态的鲜明特征，也是中国共产党的优良传统，更是社会主义意识形态建设能够取得成功的关键。习近平指出："网络空间是亿万民众共同的精神家园。网络空

---

[1]《习近平谈治国理政》第一卷，外文出版社2018年版，第153页。
[2]《中国共产党第十九次全国代表大会文件汇编》，人民出版社2017年版，第33页。

间天朗气清、生态良好，符合人民利益。"①人民群众是党和国家建设的坚实基础，广大人民群众对国家意识形态的认同是意识形态安全得到保障的着力点。党的十八大以来，以习近平同志为核心的党中央紧紧抓住民生建设，着力解决好人民群众最关心最直接最现实的利益问题。特别是加大"精准扶贫"的力度，让改革开放的成果被全体社会成员所共享。这些改善民生的举措能够密切党与人民群众的联系，获得人民群众的认同和支持，为意识形态安全夯实基础。价值观念是意识形态的核心内容，通过扎根人民群众，深入生活实践以有效阐释现实问题，增强民众对社会主义意识形态的认同感，最大限度汇聚力量不断满足人民美好生活需要，赢得人民群众的认同和坚守。

第三，以经济安全为基础，坚持中国特色社会主义市场经济发展方向，坚持处理好经济建设和意识形态安全的关系，为社会主义意识形态安全提供经济保障。作为观念上层建筑，意识形态是服从和服务于社会经济基础的，同时反作用于社会经济基础。毛泽东指出："一定形态的政治和经济是首先决定那一定形态的文化的；然后，那一定形态的文化又才给予影响和作用于一定形态的政治和经济。"②在这里，毛主席就是用文化来指代意识形态，意识形态发展的基础是经济发展，维护意识形态安全，必然离不开经济基础这个维度。制度体制决定效率与公平，中国社会主义制度优势为国家经济安全提供重要保障，同时经济安全为意识形态安全提供稳定基础，两者相互依存、互为支撑。当今世界经济形势复杂，贸易保护主义、单边主义、霸权主义盛行，经济危机、贸易摩擦、经济制裁时有发

---

① 《习近平著作选读》第一卷，人民出版社2023年版，第472页。
② 《毛泽东选集》第二卷，人民出版社1991年版，第663页。

生，特别是美国以经济安全为由转嫁自身经济矛盾，威胁中国和世界经济安全。面对新问题和新挑战，维护意识形态安全需要在经济层面来提升党对经济工作领导的质量和水平，切实加强对改革发展和稳中向好经济预期的引导，集中力量做好经济下行压力风险防范化解工作，避免重大系统性经济风险的发生，调动各方面积极性。

第四，以国际安全为依托，积极参与全球治理，保持战略主动。习近平指出："坚持推进国际共同安全，高举合作、创新、法治、共赢的旗帜，推动树立共同、综合、合作、可持续的全球安全观，加强国际安全合作，完善全球安全治理体系，共同构建普遍安全的人类命运共同体。"[1]当今世界正处于百年未有之大变局，要充分正视和平、发展、公正、民主、自由是全人类共同的价值追求和谋求幸福的共同愿望，正确对待全球场域的多元价值的冲击。在此基础上，掌握意识形态话语权，提升自身的权威性和公信力，以维护全球意识形态安全。这就要求进一步重点阐明自身立场，扩大国际认同，彰显意识形态包容性和共存性。长期以来，意识形态工作的重点基本处于国内，对比之下国际舞台缺乏中国声音，加之冷战思维和固有意识形态偏见，使得国际社会对于中国迅速发展的事实存有隐忧和质疑，更有故意歪曲报道来抹黑和造谣中国的丑陋行径。这就意味着既要发出关于中国自身独立发展的声音，又要传播好中国致力世界共同发展的故事，扩大当代中国价值观念和马克思主义意识形态理念的影响力，占据国内外思想舆论高地。同时对于意识形态风险要保持高度警惕，提升敏感力和预判力，及时把握国际社会的话语和议题动向。维护意识形态安全需要拓展话语空间，立体全面展示中国国家形象，让世界了解中国，客观地看待中国。

---

[1]《习近平谈治国理政》第四卷，外文出版社2022年版，第391页。

二、全面构筑新时代意识形态安全的制度

习近平指出："党的十八大以来，党中央加强对国家安全工作的集中统一领导，把坚持总体国家安全观纳入坚持和发展中国特色社会主义基本方略，从全局和战略高度对国家安全作出一系列重大决策部署，强化国家安全工作顶层设计，完善各重要领域国家安全政策，健全国家安全法律法规，有效应对了一系列重大风险挑战，保持了我国国家安全大局稳定。"①"经国序民，正其制度"。制度具有导向、激励和约束功能，是新时代意识形态安全的有力保障。为应对境外意识形态渗透的风险和国内价值观问题，需要加强意识形态工作中的制度建设，对意识形态安全进行规范化、科学化、法治化、制度化的现代化构建，促进意识形态安全可持续发展。

第一，建立意识形态内容生产和传播机制。习近平指出："做好新形势下宣传思想工作，必须以新时代中国特色社会主义思想和党的十九大精神为指导，增强'四个意识'、坚定'四个自信'，自觉承担起举旗帜、聚民心、育新人、兴文化、展形象的使命任务，促进全体人民在理想信念、价值理念、道德观念上紧紧团结在一起，为服务党和国家事业全局作出更大贡献。"②意识形态作为系统地、自觉地反映社会、经济形态和政治制度的思想体系，是人类社会分工的阶段性产物。意识形态内容包括理论思想、政策主张以及价值主张，这三部分内容涉及生产和传播的具体环节，需要建立规范化制度加以约束，保持适度张力和动态平衡，方可保障意识形态安危。由于社会发展的复杂多变，意识形态在内容把握上，要把"两个巩

---

① 《习近平谈治国理政》第四卷，外文出版社2022年版，第390页。
② 《习近平著作选读》第二卷，人民出版社2023年版，第193页。

固"作为根本任务，持续推进理论学说、政策主张和观念创新，加强内容供给和建设，做大做强意识形态宣传教育工作。一旦传播先进意识形态的手段科学，内容合适，则能够顺利促进社会转型和发展，否则引发社会分歧和误解，影响意识形态安全。就意识形态内容生产制度而言，主要包括规范供给和内容整治两个方面。首先，设立关于信息内容的表征和要求，强调其内容的价值导向，鼓励意识形态内容生产者制作、复制、发布具有社会主义核心价值和弘扬正能量的信息内容，并通过有组织的话语建构和数字记忆生产来扩大网络空间中官方舆论场的影响力和公信力。其次，对于现存的内容需要进一步整改和完善，依法依规依约开展转向督查，实现内容治理的有序与安全、自由与秩序的协调。就意识形态内容传播制度而言，主要包括议程设置、舆论引导以及意见领袖的监管。优化传播环境，用制度推动舆情的解决。完善现有网络法律法规体系，从监管到审查有效保障意识形态内容传播的规范开展。通过构建建设性、发展性的话题框架和规制强化，将有态度、有建设性的立场传递给舆论受众，引导受众信任主流意识形态声音、主动参与互动表达，并就所持观点进行二次传播，为各种利益主体的充分诉求和理性表达提供一个思想共识平台，从而实现主流意识形态大众传播、交流与评价。

第二，建立意识形态风险研判和预警机制。习近平指出："实践再次证明，只要秉持科学精神、把握科学规律、大力推动自主创新，我们就一定能够把国家发展建立在更加安全、更加可靠的基础之上。"[①]意识形态安全关乎方向、道路与旗帜等重大政治问题，内核是政治安全，因而防范意识形态风险具有极强的政治性。只有明晰

---

① 《习近平谈治国理政》第四卷，外文出版社2022年版，第394页。

意识形态风险防范工作的重要性和紧迫性，保持对意识形态风险的高度警醒，才能防微杜渐，防患于未然。只有提高政治观察力和信息敏感度，才有可能从战略高度预见可能发生的风险。健全分析研判、定期排查、自查自督的制度，提前做好应急预案，及时抓住防范风险发生的先机，果断鉴别处置，生成一系列规定反应动作，总结经验，将隐患消除在最低状态。意识形态风险来自各种错误观点和不良思潮的扩散和侵扰，制造思想混乱，影响人们的认知和判断，进而侵蚀社会思想根基，消解主流意识形态的群众基础。意识形态风险存在内源和外源两类的叠加交互，加剧意识形态的分化、对立和冲突。这两类风险关联着意识形态制度的存续，需要把好网络自媒体、播客电台、电视新闻，论坛刊物、线上社群以及其他思想观点输出平台，防止隐蔽性错误思想的蔓延扩散。国外反华势力在国际散布抨击言论，在国内培植势力，活跃于舆论之中，内外呼应输出否定性、攻击性声音，扩大斗争范围。这就要求制定完备的预警方案，坚持以问题导向，从危机管控视角定期开展排查研判，调研决策，建章立制，加强对重点领域阵地的管理，做到可防可控。

第三，建立意识形态考察监督和问责机制。习近平指出："各级党委和政府要坚决贯彻总体国家安全观，落实党中央关于维护政治安全的各项要求，确保我国政治安全。"①监督问责即追究和维护保障意识形态安全工作的责任，实际上是权责对等的体现。加强监督，是推动主体责任落实的有效抓手。通过强化责任追究，整治和处理不作为、乱作为的现象，更好维护制度的顺畅运作。制度重在落实。习近平强调："不讲责任，不追究责任，再好的制度也会成为纸老

---

① 《习近平著作选读》第二卷，人民出版社2023年版，第245页。

虎、稻草人。"①制度建设的重要性不言而喻，新时代意识形态安全理应顺应时代的发展变化，加强问责制度，提升现代化的治理水平，推动意识形态安全维护工作科学化、系统化，维护社会团结稳定。有责必履、失责必问，这是我们党的优良政治规矩。2017年下发的《检察机关意识形态工作问责办法（试行）》中，列举出应当予以问责的十种情形以及问责方式和问责程序，对于意识形态问责工作给予了充分的规范和解释。建立意识形态工作责任制的监督考核制度，建立健全监督考核机制，明确检查的主要内容、方法、程序，坚决维护党中央权威和集中统一领导，推动考核工作规范化、常态化。在处置意识形态领域重大问题上严格追责问责，用全面的制度创新完善工作规范体系，是倒逼意识形态安全工作主体责任落实的关键之处。严密追究责任，紧扣意识形态工作监督环节，防止制度规范沦为一纸空文。

三、加紧建设网络意识形态安全阵地

当前5G、人工智能等新兴技术发展突飞猛进，网络作为社会发展的最大变量和最大增量，不断为信息传播提供新方式，为社会生产生活提供新思维，为人类文明发展提供新动力。网络成为意识形态传播场域，重塑了意识形态生成方式和主要格局，成为意识形态安全的前沿阵地。

第一，加强网络意识形态安全的技术支持和队伍建设，提升网络意识形态阵地风险防控能力。习近平要求："坚持正确的网络安全

---

① 中共中央纪律检查委员会，中共中央文献研究室：《习近平关于严明党的纪律和规矩论述摘编》，中央文献出版社、中国方正出版社2016年版，第113页。

观，筑牢国家网络安全屏障。"[①]伴随数字技术不断深入，以互联网为代表的信息通信网络已经渗透到经济、社会、生活等各个领域，给意识形态安全带来了新机遇。人们有了更多渠道进行表达和交流，一些问题得到及时的反馈和监督，为意识形态建设创造了有利条件，提高了核心技术的研发力度和人才队伍的重点培养，共同织好网络意识形态安全的"防护网"。首先，网络技术支持是确保网络意识形态安全的治本之策。网络本身是一个高技术符号的交换工具，提供网状交织的互动，成为人们新的存在方式，奠定了意识形态安全的技术基础。这就要求充分利用网络技术精准而全面地把握社会动态，积极回应和处理网络空间所生成的社会矛盾问题，及时疏导情绪，畅通交流的场域，主动发挥技术手段的互动优势和链接特长，防范和化解诸种意识形态安全风险。要以国家安全为核心驱动力，支持企业、高校以及科研机构等加大核心技术研发投入力度，全面推动网络核心技术自主创新，重点加强对工业互联网、人工智能、大数据等新领域软硬件的安全技术研发与突破，特别是信息侦查、过滤、筛选技术，为实现新时代意识形态安全打牢根基。其次，加强网络意识形态安全工作的队伍建设。当前虚拟世界和现实世界高度融合，网络的影响范围和深度出现了前所未有的状况。网络技术之于网络意识形态安全，关键取决于使用技术的人。很多意识形态问题究其根本，也并不在于网络技术本身。网络意识形态安全反映了技术和意识之间的互动关系，也就少不了人的作用。习近平多次强调："网络空间的竞争，归根结底是人才竞争。建设网络强国，没有一支优秀的人才队伍，没有人才创造力迸发、活力涌流，是难以成功的。"意识形态安全不仅是单个领域的事情，还要提升网络技术工作者的

[①]《习近平著作选读》第二卷，人民出版社2023年版，第148页。

能力素质和政治觉悟。目前我国网络意识形态安全仍面临许多技术难题，在一些核心技术上仍受制于人。这就要求对于意识形态风险挑战具有清醒认识，建设一支政治过硬、能力突出、敢于担当的工作队伍，保证网络意识形态内容建设能够始终坚持正确的政治方向、舆论导向和价值取向。习近平指出："各级党政机关和领导干部要学会通过网络走群众路线，经常上网看看，潜潜水、聊聊天、发发声，了解群众所思所愿，收集好想法好建议，积极回应网民关切、解疑释惑。"[①]网络意识形态安全涉及阵地的抢占和争夺，除了需要能力突出的技术工作者外，还需要注重选优配强宣传思想工作部门领导班子，聚拢一批灵活机动的宣传人员，敢于亮剑发声，据理力争，在技术加持下协同配合，为网络意识形态安全争取主动权和制胜权。

第二，依法依规加强网络空间治理，引导整合社会思潮。习近平指出："坚持依法治网，让互联网始终在法治轨道上健康运行。"[②]网络的迅猛发展致使各种思想信息随意散布，促使意识形态治理面临很多现实困境，而这正需要发挥网络治理的作用。空间治理实际上是在逐步建立规则秩序的过程。"尊重网络主权；维护和平安全；促进开放合作；构建良好秩序"是中国对于构建全球互联网治理新秩序的基本主张和原则。正如从全球网络空间治理实践来看，主要呈现技术主导模式和政府介入模式。网络空间是现实空间的延伸，延展着意识形态功能发挥的空间场域。如今不法分子借助网络进行的跨国犯罪活动和政治攻击更是呈现出了复杂态势，加剧社会不稳定风险。此外政府管制的不完善，引发矛盾和冲突，也加剧了意识形态安全风险。加强网络空间治理，营造安全网络环境是保证

---

① 《习近平著作选读》第一卷，人民出版社2023年版，第472页。
② 《习近平著作选读》第二卷，人民出版社2023年版，第148页。

网络意识形态安全，防止和抵御不良意识形态渗透的基本保证。意识形态空间治理既要尊重网民表达意愿的权利，也要将网络空间治理纳入法治化轨道，实现网络空间有法可依。确立全面治理理念，建立基于数据管理技术的规范化治理清单，以技术管技术，保证权责利的统一。

第三，加强网络环境的国际传播能力建设，注重国际舆论的战略布局。习近平指出："讲好中国故事，传播好中国声音，展示真实、立体、全面的中国，是加强我国国际传播能力建设的重要任务。"[①]舆论作为公众对事务的看法意见，是意识形态的具体动态表征。其正向作用在于维护国家政权安全和制度安全。从某种程度上说，保障舆论安全也就实现了意识形态安全。随着中国的迅速崛起，国际社会对中国的关注度不断提高，对于了解中国的需求日益增长。习近平指出："要加快构建中国话语和中国叙事体系，用中国理论阐释中国实践，用中国实践升华中国理论，打造融通中外的新概念、新范畴、新表述，更加充分、更加鲜明地展现中国故事及其背后的思想力量和精神力量。"[②]全球化深入发展的时代背景下，国际舞台上意识形态话语权的争夺十分激烈。鉴于互联网和资本对意识形态冲击愈发明显，境外社交媒体上国内声音的微弱，使得大量负面信息和评论不断滋生，这也是对治理体系和治理能力的考验。习近平指出："管好用好互联网，是新形势下掌控新闻舆论阵地的关键，重点要解决好谁来管、怎么管的问题。"[③]网络舆论成为意识形态风险的温床，这就要求加强顶层设计，精心构建对外话语体系，加强对

---

① 《习近平谈治国理政》第四卷，外文出版社2022年版，第316页。
② 《习近平谈治国理政》第四卷，外文出版社2022年版，第317页。
③ 中共中央文献研究室：《习近平关于社会主义文化建设论述摘编》，中央文献出版社2017年版，第38页。

外传播能力建设。做好国际媒体传播工作，有效利用世界互联网大会等主场会议，发出中国声音，讲好中国故事，推介中国方案。应国际传播领域移动化、社交化、视频化之势，要加快传统媒介升级转型和新旧融合，解决好文化传播弱化、分散化的问题。"要深入开展各种形式的人文交流活动，通过多种途径推动我国同各国的人文交流和民心相通。"[①]积极推动国内社交媒体走出国门，有计划组织政府部门、机构、媒体、企业以及重要人士在境外社交媒体开设账号，建设专业运营团队，提升中国话题的热度，构建更为多元与合理的国际社交媒体格局。重视、分析他国受众国家的社会环境，针对不同事件、不同舆情科学创设话语议题，进行主流意识形态数字化资源的生产、采集、传输，推动媒体融合向纵深发展。加强国际传播能力建设，全球化多语种多形态传播真实客观声音，及时把握海外舆论场的动态变化，积极鼓励受众的主体参与性，引领国际话语场的讨论和公共外交，为提升中华文化影响力作出努力。

---

① 《习近平谈治国理政》第四卷，外文出版社2022年版，第317页。

主要参考文献

[1]《马克思恩格斯文集》第一卷,人民出版社2009年版。

[2]《马克思恩格斯选集》第一卷,人民出版社1995年版。

[3]《马克思恩格斯选集》第四卷,人民出版社2012年版。

[4]《列宁全集》第六卷,人民出版社2013年版。

[5]《列宁选集》第二卷,人民出版社1995年版。

[6]《毛泽东文集》第一卷,人民出版社1993年版。

[7]《毛泽东文集》第六卷,人民出版社1999年版。

[8]《毛泽东文集》第七卷,人民出版社1999年版。

[9]《毛泽东选集》第四卷,人民出版社1991年版。

[10]《邓小平文选》第二卷,人民出版社1994年版。

[11]《邓小平文选》第三卷,人民出版社1993年版。

[12]《江泽民文选》第三卷,人民出版社2006年版。

[13]《江泽民文选》第二卷,人民出版社2006年版。

[14]《江泽民论有中国特色社会主义》(专题摘编),中央文献出版社2002年版。

[15]江泽民:《论党的建设》,中央文献出版社2001年版。

[16]江泽民:《论"三个代表"》,中央文献出版社2001年版。

[17]《胡锦涛文选》(第二卷),人民出版社2016年版。

[18]《胡锦涛文选》第三卷,人民出版社2016年版。

[19]《习近平谈治国理政》第一卷,外文出版社2018年版。

[20]《习近平谈治国理政》第二卷,外文出版社2017年版。

[21]《习近平谈治国理政》第三卷,外文出版社2020年版。

[22]《习近平谈治国理政》第四卷,外文出版社2022年版。

[23]《习近平著作选读》第一卷,人民出版社2023年版。

[24]《习近平著作选读》第二卷,人民出版社2023年版。

[25]《中共中央关于党的百年奋斗重大成就和历史经验的决议》,人民出版社2021年版。

[26]中共中央宣传部:《习近平新时代中国特色社会主义思想学习问答》,学习出版社、人民出版社2021年版。

[27]范维澄,陈长坤,翁文国,申世飞:《国家安全科学导论》,科学出版社2021年版。

[28]王华:《防范化解意识形态领域重大风险》,国家行政管理出版社2020年版。

[29]全国干部培训教材编审指导委员会:《全面践行总体国家安全观》,人民出版社、党建读物出版社2019年版。

[30]李学忠,田安平等:《国家空天安全论》,解放军出版社2010年版。

[31]《总体国家安全观干部读本》编委会:《总体国家安全观干部读本》,人民出版社2016年版。

[32]中国现代国际关系研究院:《百年变局与国家安全》,时事出版社2021年版。

[33]中国现代国际关系研究院:《地理与国家安全》,时事出版社2021年版。

［34］中国现代国际关系研究院：《大国兴衰与国家安全》，时事出版社2021年版。

［35］中国现代国际关系研究院：《生物安全与国家安全》，时事出版社2021年版。

［36］中国现代国际关系研究院：《文化与国家安全》，时事出版社2021年版。

［37］黄相怀：《做一个思想清醒的人——提升党员干部意识形态能力》，人民出版社2018年版。

［38］宋惠昌：《意识形态问题十讲》，中共中央党校出版社2020年版。

［39］周文彰，陈少雷：《领导干部意识形态能力建设》，国家行政学院出版社2023年版。

［40］王永进：《网络意识形态工作话语权研究》，浙江大学出版社2018年版。

［41］陈锡喜：《意识形态：当代中国的理论和实践》，中国人民大学出版社2018年版。

［42］李艳艳：《美国互联网政治意识形态输出战略与应对》，社会科学文献出版社2018年版。

［43］辛鸣，唐爱军：《当代意识形态问题概论》，中共中央党校出版社2021年版。

［44］高德胜，周笑宇：《国家意识形态安全建设挑战与应对》，人民日报出版社2022年版。

［45］张博：《新时代意识形态工作的理论创新研究》，中国社会科学出版社2022年版。

［46］刘世衡：《自媒体时代我国社会主义意识形态传播的话语

表达方式研究》，经济科学出版社2021年版。

［47］闫方洁：《自媒体时代意识形态工作研究》，人民出版社2018年版。

［48］郑永年：《再塑意识形态》，东方出版社2016年版。

［49］周民锋：《当代中国意识形态观研究》，人民出版社2012年版。

［50］刘慧，李艳：《当代中国意识形态安全现状与路径选择》，中国社会科学出版社2015年版。

［51］吴满意，黄冬霞，苗国厚：《网络意识形态相关问题初探》，人民出版社2019年版。

［52］黄传新等：《社会主义意识形态的吸引力和凝聚力研究》，学习出版社2012年版。

［53］徐成芳：《坚持马克思主义在我国意识形态领域指导地位研究》，人民出版社2017年版。

［54］张耀灿，郑永廷，吴潜涛，骆郁廷等：《现代思想政治教育学》，人民出版社2006年版。

［55］葛红兵：《思想政治教育话语体系研究》，中国文史出版社2016年版。

［56］吴琼：《思想政治教育话语发展研究》，中国社会科学出版社2017年版。

［57］梅荣政：《用马克思主义引领社会思潮》，武汉大学出版社2008年版。

［58］方旭光：《政治认同的逻辑》，中国社会科学出版社2018年版。

［59］刘捷：《当代社会思潮与大学生心理动向》，福建人民出版

社2015年版。

［60］丁祥艳：《社会思潮评价论研究》，中国书籍出版社2013年版。

［61］陈伟军：《社会思潮传播与核心价值引领》，人民出版社2015年版。

［62］万资姿：《当代大学生社会主义核心价值观认同与培育研究》，人民出版社2018年版。

［63］王娟：《社会思潮与大学生主流意识形态认同》，天津人民出版社2017年版。

［64］邓卓明：《社会思潮专题研究》，中国社会科学出版社2012年版。

［65］龙妮娜，黄日干：《新媒体与大学生思想政治教育研究》，光明日报出版社2016年版。

［66］徐兰宾，刘汉一：《社会思潮与青年教育》，江西人民出版社2013年版。

［67］崔华前：《多样化社会思潮对大学生思想行为的影响及其引领路径研究》，武汉大学出版社2020年版。

［68］乔瑞：《当代主要社会思潮的动态研究与批判》（下集），中国社会科学出版社2019年版。

［69］张才国：《新自由主义意识形态》，中央编译出版社2007年版。

［70］邓卓明，姜华，税强：《新时代引领社会思潮合力研究》，中国社会科学出版社2021年版。

［71］洪晓楠：《当代西方社会思潮研究》，人民出版社2017年版。

[72] 朱继东：《新时代党的意识形态思想研究》，人民出版社 2018 年版。

[73] 涂用凯：《社会民主主义的"普世价值"评析》，中国社会科学出版社 2017 年版。

[74] 练庆伟：《当代大学生信仰教育的复杂性研究》，广东人民出版社 2018 年版。

[75] 史元辉：《中西文化比较概论》，陕西师范大学出版总社 2019 年版。

[76] 赵林：《西方宗教文化》，长江文艺出版社 1997 年版。

[77] 李淑梅，宋扬，宋建军：《中西文化比较》，苏州大学出版社 2016 年版。

[78] 曹银忠：《大学生网民群体研究》，人民出版社 2019 年版。

[79] 曹顺庆：《中外文化与文论》（第 40 辑），四川大学出版社 2018 年版。

[80] 阎苹：《中西文化面面观》，辽宁大学出版社 2010 年版。

[81] 卢少华：《高校校园文化建设研究》，吉林大学出版社 2023 年版。

[82] 苏广才，邹红：《中西文化差异比较与教学实践》，郑州大学出版社 2014 年版。

[83] 王晓德，张晓芒：《历史与现实——世界文化多元化研究》，天津人民出版社 2007 年版。

[84] 高奇：《传统文化与治国理政》，中华书局、齐鲁书社 2018 年版。

[85] 陈艳萍：《大数据时代高校意识形态教育工作研究》，中国矿业大学出版社 2018 年版。

[86] 宋文生:《高校意识形态安全研究》,江西人民出版社 2017 年版。

[87] 本书编写组:《西式民主怎么了》,学习出版社 2014 年版。

[88] 俞吾金:《意识形态论》,上海人民出版社 1993 年版。

[89] 侯惠勤等:《马克思主义意识形态论》,南京大学出版社 2011 年版。

[90] 冯刚:《新形势下意识形态相关问题研究》,光明日报出版社 2014 年版。

[91] 郑永廷等:《社会主义意识形态发展研究》,人民出版社 2002 年版。

[92] 史智忠:《辩证唯物主义与历史唯物主义原理》,陕西人民出版社 2001 年版。

[93] 徐成芳等:《意识形态安全与建设问题研究》,人民出版社 2018 年版。

[94] 冯宏良:《国家意识形态安全与马克思主义大众化——基于社会政治稳定的研究视野》,天津人民出版社 2017 年版。

[95] 刘胜湘等:《世界主要国家政治体制与安全体制研究》,时事出版社 2022 年版。

[96] [古希腊]亚里士多德:《政治学》,商务印书馆 1965 年版。

[97] [法]古斯塔夫·勒庞:《乌合之众:大众心理研究》,冯克利译,中央编译出版社 2015 年版。

[98] [斯洛文尼亚]斯拉沃热·齐泽克:《意识形态的崇高客体》(第二版),季广茂译,中央编译出版社 2017 年版。

[99] [英]唐纳德·克雷:《意识形态的起源:16 世纪法国的

意识与社会》，江晟译，浙江大学出版社2023年版。

［100］［英国］约翰·B.汤普森：《意识形态与现代化》，高铦等译，凤凰出版传媒集团、译林出版社2012年版。

后 记

意识形态问题是我一直非常关注的课题。其实，我较早就已经完成了《新时代意识形态发展研究》《新时代意识形态话语研究》《新时代意识形态凝聚力和吸引力研究》《新时代意识形态安全研究》《新时代网络意识形态安全研究》的初稿，只是写完就放下了，没有出版的计划。一次偶然的机会与山西教育出版社编辑白宁聊起这件事，他极力主张修改出版，这才把出版之事提到了议事日程。考虑到目前意识形态研究发展的状态，最终确定修改《新时代意识形态安全论纲》出版。在修改过程中，我系统地学习了党的十八大以来，习近平总书记关于意识形态及其安全的系列论述，阅读了其他学者关于意识形态及其安全的相关著作和论文。虽然这是一个相当庞大的学习任务，可能无法精读全面的著作，但也必须做一个全面的浏览。所以，本书吸收了许多学者的研究成果，在文中做出了注释，当然也可能有遗漏，敬请作者批评。

本书由我拟定写作提纲，并对有关章节进行写作。在出版之前，由我对所有章节进行了修改和完善，也对有关章节进行了改写。但在前期研究中，有不少学者参与了写作任务，承担了相关内容的研究，他们是葛彬超副教授（中山大学新闻传播学院），丁存霞副教授（中山大学新闻传播学院），汤玉华副教授（广东机电职业技术学院马克思主义学院），尹慧博士（吉首大学马克思主义学院），徐丽燕博士（金华理工学院马克思主义学院），黄诗迪博士（广州医科大学马克思主义学院），陈继雯博士（广州医科大学马克思主义学院），龚丹丹老师（广东机电职业技术学院马克思主义学院），徐丽葵博士（中山大学马克思主义学院），金娇博士（中山大学马克思主义学院），严哲博士（中山大学马克思主义学院），郑晓如博士（中山大学马克思主义学院），曾检成博士（中山大学马克思主义学院），黄云妍博士（中山大学马克思主义学院），魏在乾博士（中山大学马克思主义学院）等。衷心感谢大家的精诚合作与辛勤付出！

这里要特别感谢山西教育出版社白宁编辑，没有他的坚持与执着，本书实难出版。感谢白宁编辑后期对本书的修改完善、编辑与校对！

从写作、修改与完善，虽然我们都尽心尽力，但总是觉得还有不尽如人意的地方，感觉与大家的期待还有一段距离。由于新时代发展较快，再加上水平所限，研究时间等因素，本书疏漏之处在所难免，还有不少需要提升的地方，敬请各位专家、学者指正为盼，也希望广大读者提出宝贵的意见和建议！

王仕民
中山大学